グレアム・プリースト

存在しない
ものに
向かって

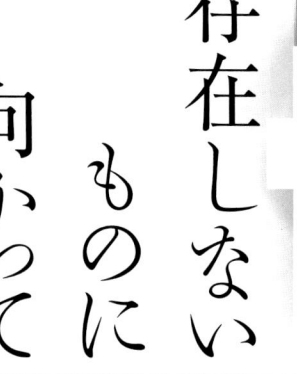

towards

non

-being

by
Graham Priest

TOWARDS NON-BEING
The Logic and Metaphysics of Intentionality

久木田水生・藤川直也 訳

志向性の論理と形而上学

keiso shobo

リチャード(1936-1996)に捧げる
——君はもう非存在対象かもしれないが、
君の Sosein はいまでも私たちと共にある。

**TOWARDS NON-BEING**
The Logic and Metaphysics of Intentionality
by Graham Priest

Copyright © Graham Priest 2005
Towards Non-Being: The Logic and Metaphysics of Intentionality,
First Edition was originally published in English in 2005.
This translation is published by arrangement with Oxford University Press.

# 日本語版へのはしがき

『存在しないものへ向かって』の日本語訳が刊行されることをたいへんうれしく思います．この翻訳によって，英語圏の哲学に関心をもつ日本の哲学者たち——その数はどんどん増えています——にとって，本書がより取り組みやすいものになると確信しています．より多くの日本の哲学者たちを，非存在を巡る活発な議論にお迎えできるのを楽しみにしています．

最初に，これらのことを可能にしてくれた，翻訳者である藤川直也さんと久木田水生さんに，心より感謝を申し上げたいと思います．翻訳というのは骨の折れる——そして割に合わない——仕事です．まず翻訳者は，原書を明瞭で読みやすい言葉に置き換える作業に取り組まなければなりません．英語と日本語ほどに異なる言語が関わっている場合には，これは簡単なことではありません．さらに翻訳者は，原著者が不明瞭であったり曖昧であったりするような箇所に直面したときには，どう翻訳するのが一番よいかを判断するために，テキストを読み込む必要があります．二人の翻訳者は，実に入念にこの作業を行いました．彼らはたびたび，文章の意図した内容を私に確認してきました．実際彼らは，本書を入念に読むことで，いくつもの誤植（これは英文および記号で書かれた部分の両方にありました）を指摘してくれました．この翻訳版では，それらの誤植は修正されています．哲学は，十分な知識に裏付けされた議論によって発展します．そのための必須の前提条件は，理解するということです．私たちすべてが同じ言語で話す日がやってくるまで（その日がやってくるとすればですが），翻訳者の仕事というのは，その不可欠な前提条件であるでしょう．

『存在しないものに向かって』は 2005 年に出版されました．その後の 6 年間で，本書が扱った領域にも進展がありました．第一に，専門家たちの間で，非存在主義（一部の対象は存在しないという見解）に対する態度の変化が見られます

——これが単なる希望的観測ではないことを願います．20世紀の大半にわたってほとんど普遍的な共通見解であった，非存在主義は明らかな不合理だという見解の実体がいまや明らかになりました．それは，レトリックと流行が合理的な考察に勝利したということに過ぎなかったのです．（この点については，Priest (2008a) および (2009a) でさらに論じました[1]．）もちろんこれは，ほとんどの哲学者がいまや非存在対象を信じているということではありません．ですが，多くの哲学者はいまや，非存在対象という考えを用いる理論を考察し，探求することに偏見なく取り組む用意があります．さらには同じことが，本書が用いた別の概念，つまり不可能世界という概念についても言えます．人々は徐々に，不可能世界を用いることが可能世界を用いることと同じくらい有益で啓発的である，と考えるようになっています．もちろん本書がこれらの変化を引き起こしたわけではありません．少なくとも本書が単独でこれを引き起こしたのではないことは確かです．どちらかといえば，本書自体が，新しい時代精神の産物なのでしょう．

　もちろん非存在対象を扱う理論には課題があります．興味深く実質的な内容をもった哲学理論であれば，当然のことです．本書が与えた説明も，その例に漏れません．考察に値するいくつもの問題が批判者たちによって提起されました．たとえば，対象（存在するものであれ，非存在のものであれ）の同一性の本性，非存在主義は偽装したプラトニズムに過ぎないのかどうか，不可能世界における様々な概念の振る舞い，数学的真理が現実世界の真理かどうか，といった問題，そして他にも興味深い問題がたくさん指摘されました．ただ，この序文では，これらの問題に立ち入ることはしません．Priest (2008b) と (2011b) で私は，これらの問題を列挙し，議論しています．

　批判者たちの怒りを一番買ったのは，おそらく，本書が用いた「原初的志向性」という概念でしょう．志向性には，他の仕方では識別不可能な膨大な数の対象（これらは存在するかもしれないし存在しないかもしれません）の中から一つの対象を選び出す能力がある，と私は主張しました．これはとりわけ，フィクションの創作において非存在対象を名づける際に起こっていることです．何人

---

[1] この序文における参照は，この序文の最後にある文献表に対応しています．

かの批判者は，そもそもこんなことがいかにして可能なのかが上手く飲み込めないようでしたが，しかし私としては，心的な指差し（つまり志向性）が無作為に一つの対象を選び出せるということには，物理的な指差しにそれと同じことができるというのと同様に，問題はないと考えています．

しかしながら，名づけの過程で原初的志向性を用いるのを避ける一つの方法として，反実在論的な非存在主義（anti-realist noneism）を定式化するというものがあります．たとえば小説の執筆において，名づけられた対象は，名づけと同時に対象になるというわけです．執筆が対象を存在たらしめると言いたい誘惑に駆られる人もいるでしょうが，この仕方でこの論点を述べるのは，非常に誤解を招くものだということは，明らかでしょう．テクニカルには，このアプローチは，本書の定領域意味論ではなく，可変領域様相意味論に帰着します．この問題は，Priest (2008c)，そして特に Priest (2011a) でさらに詳しく論じています．

本書のテクニカルな部分に関するありうる変更として，もう一つ次を挙げることができます．本書における志向性演算子の意味論の扱いは，様相演算子に対する標準的な関係意味論をモデルにしています．しかしながら，様相演算子には別の意味論があります．いわゆる「近傍意味論（neighborhood semantics）」です．志向性演算子の意味論を近傍意味論をモデルに構成することも同様にできるでしょう．その方法は Priest (2009b) で論じました．いくつかの点で，その結果できあがった意味論は，本書のものと比べてより単純です．とりわけ，その意味論の利点の一つは，「論理的全知」の問題をほとんどすべて（ただ残念ながら完全にすべてではないのですが）回避しているということです．もし本書を今書くとすれば，私は関係意味論よりも近傍意味論を使いたいと思ったでしょう．

これらの問題，そして関連する問題に関する議論が今後どうなっていくかは，時間が教えてくれるでしょう．興味深いことがたくさん起こると私は確信しています．最後にひとつ推測をさせてください．仏教哲学においては，標準的に，規約的実在（conventional reality）と究極的実在（ultimate reality）が区別されます[2]．この区別は，様々な仏教理論の中で様々な仕方で用いられていますが，少

---

[2] ここでの「reality」は，サンスクリット語の「satya」の訳語です．「satya」は「truth」と訳されることもあります．

なくとも一部の対象は，規約的には存在するが究極的には存在しないという点では，すべての理論が一致しています．（多くの仏教理論は，このことがあらゆる対象に当てはまるとしています．）たとえばどの仏教理論も，私が今座っている椅子のような，複数の部分からなる対象（partite object）はこの種の対象だと考えています．したがって，この椅子は非存在対象（ここで存在は究極的な存在を意味するとします）ということになります．すると，西洋の非存在主義の道具立てを，実りある仕方で仏教哲学に適用することが可能です．仏教哲学は西洋の文化より，東アジアの文化においてはるかによく理解されているということを考えれば，日本の哲学者たちがこの仕事をするのにいちばんぴったりだと言えるでしょう．

グレアム・プリースト
セント・アンドリュースにて
2011 年 1 月

Priest, G. (2008a), 'The Closing of the Mind: How the Particular Quantifier Became Existentially Loaded Behind our Backs', *Review of Symbolic Logic* 1: 42–55.

Priest, G. (2008b), 'Replies to Nolan and Kroon', *Philosophy and Phenomenological Research* 74: 208–14.

Priest, G. (2008c), 'Creating Non-Existents: Some Initial Thoughts', *Studies in Logic* 1: 18–24.

Priest, G. (2009a), 'Not to Be', ch. 23 of R. Le Poidevin, P. Simons, A. McGonical, and R. Cameron (eds.), *The Routledge Companion to Metaphysics*, London: Routledge.

Priest, G. (2009b), 'Neighbourhood Semantics for Intentional Operators', *Review of Symbolic Logic* 2: 360–373.

Priest, G. (2011a), 'Creating Non-Existents', pp. 107-118 of F. Lihoreau (ed.), *Truth in Fiction*, Frankfurt-Heusenstamm: Ontos Verlag.

Priest, G. (2011b), 'Against Against Non-Being', *Review of Symbolic Logic*, forthcoming.

# はしがき

「マイノング主義が死んでいないのならば，なにも死んではいない」．オックスフォード哲学の全盛期，ギルバート・ライルはこう言ったとされる[1]．私が思うに，彼の言ったことはまったく正しい．哲学の概念，少なくとも中身のある概念に賞味期限切れなどない．私たちは常に哲学の概念に立ち返り，新たな洞察や新しい適用法，そして決定的と思われた反論に対する応答を見い出している．たとえば西洋哲学史においてプラトニズムはたびたび登場してきた．最近では，思いもよらない分野で，つまり数学の基礎におけるテクニカルな帰結との関連で，プラトニズムが復活したし，アリストテレスの徳倫理学は，カント主義と功利主義が支配的であった数百年を経て，近年再登場を果たした．

もちろん，ライルの言葉をこのように理解するのは彼の思惑に反する．彼が言いたかったのは，マイノング主義は永遠に葬り去られた，ということである．長い間，私もライルと同意見であった．およそ30年前にイギリスで教育を受けた私は，ラッセルがマイノング主義はほとんど迷信と変わりないということを示し，そしてクワインがマイノング主義は話をややこしくしているだけだということを示したと，当然のように考えていた（ただしラッセルはマイノング主義を支持した時期があった）．存在するものは量化の対象となるものであり，それで話はおしまいなのだと．

というわけで，70年代中頃に，リチャード・ラウトリー（彼は後にシルヴァンに改名した）に出会い，彼がある種のマイノング主義をしっかりと擁護しているのを知ったとき（彼がなんらかの見解を擁護するときはいつもそうだ！），私

---

[1] 引用元を見つけることができずにいるため，これは単なるうわさなのかもしれない．私が見つけた文句でこれに一番近いのは次のものである．「対象論（*Gegenstandstheorie*）……は死に，埋葬され，復活することはないだろう」．Ryle (1973), 255.

は憤慨したものである．マイノング主義を真に受けるなんてことがどうやったらできるのか，私には理解できなかった．だが私にとって幸運だったのは，リチャードに出会っただけでなく，長年にわたってその問題について彼と話ができた，ということである．決定的な反論だと私が考えていたものはどれも，不完全であるか，論点先取だということ．マイノング主義はきわめてシンプルかつ自然で常識的な見解だということ．マイノング主義は，よりオーソドックスな見解に無理が生じているような哲学の領域へ適用できるということ．リチャードは私にこれらのことを納得させたのだ．

マイノング主義——少なくともリチャードが『マイノングのジャングルを探検する』（*Exploring Meinong's Jungle and Beyond*）において詳しく論じたアプローチ——の利点の一つは，テクニカルな点での単純さにある．マイノング主義を十分に展開するためには，不可能世界が必要だと思われるだろうが，不可能世界というのは，少なくともあるバージョンの関連論理（relevant logic）に同意するならばどのみち私たちが手にするものだ．マイノング主義にとって論理的なテクニック上のコツは，量化子は存在に関して中立だと考えるということに尽きる．「∀」は「すべてについて」と，「∃」は「あるものについて」と理解される．存在に関するコミットメントが要求される場合，それは，存在述語 $E$ によって明示されなければならない．ここで，存在述語というのは，よくあるカント解釈（そしてそれは間違った解釈なのだが）とは違って，まったく普通の述語である．したがって，「しかじかのものが存在している」は，$\exists x(Ex \wedge \ldots x \ldots)$ と表現され，「存在するあらゆるものがしかじかである」は $\forall x(Ex \supset \ldots x \ldots)$ と表現される．それゆえこの理論の刺激的なところは，主として，テクニックのレベルではなく，哲学のレベルのものだ．

実は，リチャードの見解はある点で，マイノングの理論よりもいっそうシンプルなものである．マイノングによれば，具体的対象は存在し，数や命題といった抽象的対象は存立する（subsist）．そしてしばしば言われるようにマイノングは，単に可能なだけの対象や不可能な対象はいかなる仕方でも存在していない，つまりそれらは存在も存立もしていない，と考えていた．リチャードはこれをより単純化する．具体的対象は存在し，それ以外のもの（抽象的対象，世界，単に可能なだけの対象，不可能な対象）はすべて端的に存在しない．（実はリチャー

ドは，存在するのは現在の具体的対象だけだというより強い見解を採用していた．過去や未来の具体的対象は，抽象的対象と同じ存在上の身分にある．つまりそれは存在しない．ただし，私はこの点に関しては彼に賛成していない．）リチャードは自説とマイノングの見解を区別するために，自説に**非存在主義**（*noneism*）という名前をつけている．私もその用法に従うことにしたい．

さて，1000 ページにおよぶ『マイノングのジャングルを探検する』において解決されることのなかった一つのテクニカルな問題がある．それは特徴づけ問題である．マイノングの主張では，対象の $Sein$（存在）は，その $Sosein$（性質）とは独立である．とりわけ，対象は様々な仕方で特徴づけられうるのであり，対象は，存在するか否かにかかわらず，それがもつと特徴づけられた性質をもつ．このことに関して，存在上の身分は無関係なのである．したがって私たちは対象をひとまとまりの条件によって特定できる．たとえば，探偵であり，ベーカー街に住んでおり，人並みはずれた観察力と推理力をもつ等々の条件を考えよう．これらの条件の連言を $A(x)$ と書くことにしよう．すると，これらの条件によって特徴づけられた対象を「シャーロック・ホームズ」，省略して $s$ と呼ぶとすれば，$s$ はそれを特徴づける性質をもっており（つまり $A(s)$ が成り立っており），さらにそれらの性質から帰結するあらゆる性質ももっている．対象は自身を特徴づける性質をもつという考えは，**特徴づけ原理**（*characterization principle*, CP）と呼ばれる．特徴づけ原理は，とりわけ，どのようにして私たちは非存在対象についてなんらかのことを知ることができるかを説明する．つまり，ある仕方で特徴づけられた対象はそれらの性質をもつということを，その対象がその仕方で特徴づけられたというまさにそのことゆえに，私たちは知っているのだ．

この考えにとっての悩みの種は，CP がどんな場合でも正しいということはありえない，ということだ．もし CP が完全に一般的に正しいのだとすれば，神であれ他のどんなものであれその存在を証明する存在論的論証が構成できてしまうだけでなく，なんでも証明できてしまうのである．たとえば，任意の文 $B$ と，$x = x \land B$ という条件を考えよう．さらに $t$ をこの条件によって特徴づけられる対象だとしよう．すると CP より，$t = t \land B$ であり，ここからは $B$ が帰結する．というわけで，CP が使えるのは，ある限られた文脈 $A(x)$ に関してだ

けだと思われるだろう．問題は，CP が使えるのはどの文脈なのか，ということだ．これが特徴づけ問題である．『マイノングのジャングルを探検する』にはこの問題の解決に向けたさまざまな示唆があるものの，リチャードは結局その本で（そして私の気づいたかぎり，それ以外の著作においても）満足のいく解決にはいたらなかった．

　私が最初に非存在主義にひきつけられたのは，特徴づけ問題に対して私にとってもっとらしいアプローチを見つけたときだった．CP の適用事例はこの世界ではなく別の世界で成り立つかもしれないと考えさえすれば，CP は実は無制限に成り立ちうる．この解決策については第 4 章で詳しく論じる．第 4 章のもとになったのは，一九九九年のセント・アンドリュース大学での学会発表である．イ・ビョンとの後の議論によって，私がいくつかの志向的状態の不確定性を適切に扱えていなかったことが分かった．その難点の改善を試みた第 3 章は，スティーブン・リードとの議論から生まれたものである．第 3 章と第 4 章で，少なくとも私の考える非存在主義の主張を展開している．

　2001 年，ジェイ・ガーフィールドの招きで私はスミス・カレッジに赴き，アリス・アンブローズ・ラゼロウィッツ＝トマス・ティモツコ記念年次論理講演を行った．私は認識論理におけるいくつかの問題，特に，認識的文脈における同一性の振る舞いについて話すことに決めた．本書の第 1 章と第 2 章は，この講演の話題を拡張したものである．この題材を加えれば，志向性一般に関する整合的な意味論的・形而上学的な見取り図が手に入るということが明らかになった．これが本書第 I 部（つまり，第 1 章から第 4 章）の内容である．

　本書の第 II 部（第 5 章から第 8 章）では，第 I 部で展開した見解，特に非存在主義を，いくつかのもっともな反論から擁護する．その過程で，志向的状態の対象以外の様々な種類の対象を非存在主義の立場から論じる．クワインは「なにがあるのかについて」（'On What There Is', 1948）においてマイノング主義を覆したと広く考えられている．しかしクワインの反論は，ラウトリーの「なにがないのかについて」（'On What There Isn't', 1982）において覆されている．クワインの論文は依然として権威のあるものと広く認められているので，ラウトリーの批判を繰り返すのは価値あることだと思われる．第 5 章は本質的にはラウトリーの批判の繰り返しである．第 6 章では，非存在主義をフィクションに素

直に応用し，さらにこの応用に対するさまざまな反論を検討する．第7章では，非存在主義を，数学的対象と世界に応用する．第7章ではさらに，デイヴィッド・ルイスの「なにもないのか，全部あるのか」('Noneism or Allism', 1990) の批判を含む，更なる批判を取り上げる．

実は，非存在主義にとって一番厄介な反論は，第7章までで取り上げるのとは別の反論である．非存在主義にとって，あらゆる語がなんらかのものを表示するという考えに与するというのは自然なことである．しかし，リチャードや私のように，これに加えて，意味論的な概念，特に表示に関する素朴で無制限な原理を支持するならば，まったく受け入れがたいことが帰結するように思われる．このことを示す論証に私が注目するようになったのは，90年代初期，ウーヴェ・ピーターセンによってであった（ただし，非存在主義とは別の文脈においてであった）．この論証について私とリチャードは，彼が1996年に亡くなるまで幾度も議論した．その議論では結論には至らなかったが，その頃私は，あらゆる語が表示するという主張を拒否しようと思うようになっていた．しかし非存在主義は別の答えを必要としている．第8章はその別の答えを提示する試みである．

2001年の終わり近く，セント・アンドリュース大学での連続セミナーで，これらの題材すべてを一つの形にして話した．その年の暮れに，オックスフォード大学出版局のピーター・モンチロフが，これらの仕事を短いモノグラフとしてまとめあげてはどうかと提案してくれた．その提案は私にとって非常にありがたいものであった．こうして本書はでき上がった．

本書は，本書で扱った主題を包括的に扱おうと試みたものではない．志向性に関しては多くの現代的な取り組みがあるし[2]，リチャード以外の論者もマイノング主義を擁護している[3]．またフィクションの対象やその身分に関しては多くの論考がある[4]．これらの論考には，本書と論点を共有しているものもあるが，もちろん重要な相違点もある．有用だと思われたときにはこれらの見解

---

[2] この分野に関しては，Soames and Salmon (1988) や，Anderson and Owens (1990) に収録された論文を参照．
[3] たとえば，Fine (1982), Parsons (1980), Zalta (1988).
[4] 少しだけ名前を挙げれば，Currie (1990), Lewis (1978), Walton (1990) がある．また Howell (1998) がサーベイを与えている．

のいくつかを適宜説明したが、ほとんどの場合、私はそれらにまったく触れていない。だからといって、私がこれらの見解は重要でないと考えているとは思わないでほしい。（現代的な説明のすべてに関する包括的な議論を含めていればもっとよい本になったのかもしれないが、そうすればもちろんこれよりずいぶん分厚い本になっただろう。）ましてや私は、本書の取り組みがこれら他の見解よりも優れたものだということを、体系的に論じようとしているのではない（ただ、本書の見解がもつシンプルさと直接さに比べれば、多くの対案は人工的なものに思われると私は考えているけれども[5]）。さらに私は、本書の見解が決定的なものだと見なしているわけでもない。本書で用いたテクニックの多くは、比較的新奇で従来試されたことのないものであり、よりよいテクニックがいつか発見されるということがありえないのだとすれば、私にとっても驚きである。最後に、本書で私は、自説を包括的に擁護しようとは思っていない。私にとって最重要と思われる問題と反論の多くを取り上げたつもりだが、残された問題や反論——そこには重要なものも含まれるかもしれない——が少なからずあるということは間違いない。本書における私の目的は、こういったことではなく、もっと控えめなものだ。つまり、単にある見解を表舞台に立たせること、志向性に関する（少なくとも今のところ）最も見込みのある非存在主義的説明だと私が考えるものを提示することである。本書の説明が考察に値するに十分なほど魅力的であり、一般的に言って、擁護するのに十分なほどしっかりしたものであれば、本書の狙いは成功したといえる。

　本書は随所で、議論の本筋にとって本質的ではないが関連する話題を扱っている。もちろんこれらの話題の追加は説明全体にとって大事なものだが、仮に読み飛ばしたとしても本筋の理解を妨げることはないだろう。それゆえ、私はこれらの題材を付録としていくつかの章の最後に回しておいた。付録の内容は多岐にわたる。第6章の付録は短編小説である。第3章の付録は、中世における志向性の説明を論じている。おそらく最も重要なのは、第1, 2, 4, 8章の付録で、そこでは、それぞれの章で示された論理的な類いの様々なテクニカルな帰結の証明が与えてある。

---

[5] リチャードの『マイノングのジャングルを探検する』では、対案への反論が多く提示されている。

本書は形式論理の本ではない．もっとも，本書は形式論理のテクニックを使っているが，これが必要なのは，本書が形式意味論を扱ったものだからである．しばしばそうであるように，ある形而上学的な見解が厳密な論理的基盤に支えられているという事実は，その見解に他の仕方では得られない正確さと現実味を与える．さらに本書の最初の部分は，論理学者でない人にとって一番難しい——ともかく，簡単ではない——部分になっている．本書における重要なテクニックの多くは，最初の二つの章で説明されている．第2章まで読み終わって，安堵のため息をつく人もいるだろう．しかし，本書の叙述がこのように進むのにはわけがある．というのも $X$ によって生じる哲学的な問題を論じるには，まず $X$ をある程度理解していなければならないからだ．

本書では，論理学の比較的標準的な部分の説明は省かれている．たとえば，一階論理の基本的な知識は前提されている．形式論理の初級コースを受講していれば背景知識としては十分だろう．量化様相論理の基礎的な知識も，理解にとって好都合だろう．Fitting and Mendelsohn (1998) の第1章から第4章を参照すれば，適切な解説がある．本書は論理的意味論のテクニックを用いているものの，たとえばタブロー法のような形式的証明手続きは扱っていない．それゆえ，完全性といったことも扱っていない．この題材は本書ではなく別の研究の題材にふさわしい．論理学者ではない読者にも可能な限り近づきやすくしたいと思っているので，表記法に関しては，厳密さよりも読みやすさを優先した．大部分の表記法は標準的なものであり，そうでない場合は説明を添えてある．

本書は，すでに出版された文献を利用している（ただし，本書の執筆にあたって随所で形を整え直してあるということは注記しておくべきだろう）．中でも下記の文献が利用されている．「フードを被った男」 *Journal of Philosophical Logic* (2002)；「志向性——マイノング主義と中世の理論」 *Australasian Journal of Philosophy* (2004)（スティーブン・リードとの共著）；「思想の対象」 *Australasian Journal of Philosophy* (2000a)；「シルヴァンの箱」 *Notre Dame Journal of Formal Logic* (1997a)；「マイノングと数学の哲学」 *Philosophical Mathematica* (2003)．これらの題材の再利用を許可してくれた雑誌編集者に謝意を表したい．

最後に，いくつかの謝辞を．お分かりかと思うが，本書で私が最も多くを負っているのは，リチャードである．事実本書は，20数年にわたるリチャードから

の知的刺激に対する返答を，ささやかながらも試みたものだ．第3章はスティーブン・リードに多くを負っている．第3章は彼との共著である．また，本書の元となった研究を行っている間の勤め先であったクイーンズランド大学，メルボルン大学，セント・アンドリュース大学での同僚の多くからも，具体的にこの部分がという仕方で特定することはできないが，本書は恩恵を受けている．同様に，オーストラリア，イギリス，中国，台湾，日本，アメリカの様々な大学で本書に関連する発表を行った際に，有益なコメントをしてくれた人たち——あるいはときとして書簡のやり取りをしてくれた人たち——にも感謝している．その中には，マックス・ドイチュ，ローレンス・ゴールドスティン，アレン・ヘイゼン，イェスパー・カルストルップ，アーニー・コスロウ，ジョー・ラウ，デイヴィッド・ルイス，フレイザー・マクブライド，ダニエル・ノーラン，カルヴァン・ノーモア，ロイ・ペレット，ウーヴェ・ピーターセン，オーグスティン・ラーヨ，スティーブン・リード，グレッグ・レストール，柴田正良，ジョン・スコラプスキ，バリー・テイラー，アッキレ・ヴァルツィ，王文方，クリスピン・ライト，エド・ザルタ，そして私が忘れてしまった人もいるはずだ．感謝する，というのはもちろん志向的な関係である．というわけで，話を進めるとしよう．

# 目　次

日本語版へのはしがき
はしがき

## 第Ⅰ部　志向性の意味論

### 第1章　志向性演算子 …………………………………………… 3
1.1　序：志向性　3
1.2　演算子と述語　5
1.3　世界意味論　8
1.4　非存在主義：その概略　14
1.5　可能世界と不可能世界　16
1.6　否　定　21
1.7　開世界　23
1.8　結　論　30
1.9　テクニカルな付録　30

### 第2章　同一性 …………………………………………………… 37
2.1　序：同一性と志向性　37
2.2　同一性を付け加える　37
2.3　逆説家エウブリデス　38
2.4　フードを被った男のパラドクス　40
2.5　記述と固定指示子　46

- 2.6 ピエールについてのパズル　48
- 2.7 フレーゲとSI　50
- 2.8 SIと開世界　52
- 2.9 世界とアイデンティティ　54
- 2.10 *De re* 論証　59
- 2.11 結　論　64
- 2.12 テクニカルな付録　64

## 第3章　思考の対象　……………………………………………… 71
- 3.1 序：志向性述語　71
- 3.2 非存在　72
- 3.3 形式意味論　76
- 3.4 同一者の置換可能性　78
- 3.5 不確定性　81
- 3.6 結　論　87
- 3.7 付録：志向性についての中世の説明　88

## 第4章　特徴づけと記述　………………………………………… 109
- 4.1 序：*Sein* と *Sosein*　109
- 4.2 特徴づけ原理　110
- 4.3 さらなるコメント　113
- 4.4 同一性　116
- 4.5 不確定記述　121
- 4.6 確定記述と話者の意図　124
- 4.7 記述の性質　126
- 4.8 結　論　127
- 4.9 テクニカルな付録　128

## 第 II 部　存在しないものを擁護する

### 第 5 章　なにがないのかについて ……………………………… 135
- 5.1　序：クワインの批判　135
- 5.2　ラッセルのマイノング主義　136
- 5.3　ラッセルによるマイノング批判　137
- 5.4　なにがあるのかについて　139
- 5.5　戸口に立っている可能的な太った男　143
- 5.6　結論　149

### 第 6 章　フィクション ………………………………………………… 151
- 6.1　序：フィクションの対象　151
- 6.2　フィクション演算子　151
- 6.3　対象を創造する　154
- 6.4　反論　157
- 6.5　結論　162
- 6.6　付録：『シルヴァンの箱』　162

### 第 7 章　数学的対象と世界 …………………………………………… 173
- 7.1　序：様々な非存在対象　173
- 7.2　抽象的対象　174
- 7.3　世界　177
- 7.4　五つの反論　180
- 7.5　指示　181
- 7.6　知ること　186
- 7.7　アプリオリなこと　189
- 7.8　数学の応用　192
- 7.9　プラトニズム　195
- 7.10　結論　199

第 8 章　多重表示 …………………………………………………… 201
　8.1　序：表示のパラドクス　201
　8.2　自己言及の意味論的パラドクス　202
　8.3　ヒルベルトとベルナイスのパラドクス　203
　8.4　いくつかの解決策　204
　8.5　多重表示意味論　207
　8.6　意味論の性質　210
　8.7　パラドクス再訪　211
　8.8　確定記述　213
　8.9　結　論　217
　8.10　テクニカルな付録　218

文献一覧 …………………………………………………………… 231
訳者解説 …………………………………………………………… 239
訳者あとがき ……………………………………………………… 273
索　引 ……………………………………………………………… 275

## 凡　例

- 本書は Graham Priest, *Towards Non-Being: The Logic and Metaphysics of Intentionality*, (Oxford University Press, 2005) の全訳である．
- 原注は 1)，訳注は 訳注 1) のように示した．
- [　] は原著者による挿入語句を示している．〈　〉は訳者が独自に用いた記号である．用法については，下記を参照のこと．
- 原文でイタリックの箇所に関しては，内容に応じていくつかの表記法を使い分けた．基本的な用法は以下の通り．初出の専門用語を表している場合にはゴシック体を，強調の場合には傍点を，表現が概念を表示していることを示している場合は〈　〉を，表現が表現そのものを表示していることを示している場合には「　」を，書名の場合は『　』を用いている．

# 第Ⅰ部

# 志向性の意味論

「名前はあらぬものをも指しうる.」
アリストテレス(『分析論後書』$92^b 29$–$30$).

# 第1章
# 志向性演算子

## 1.1　序：志向性

　志向性は認知の根本的な特徴の一つである．あるいは認知の根本的な特徴といえるのは志向性だけかもしれない．志向性は心的状態の特徴であり，心的状態をある種の対象「に向け」るものだ．言語的には，志向性は「知る」，「信じる」，「恐れる」，「崇める」，「望む」等々の動詞に現れる．これらの表現の意味論，およびそこに付随する形而上学的な描像が本書で扱われるテーマである．

　この説明ではほとんど志向性の定義になっていないが，ここでの試みには定義は必要ない．直観的な理解でまったく十分である[1]．ブレンターノは，志向性は心的状態の定義的な特徴だと考えた[2]．これにはきっと議論の余地があるだろう．たとえば，苦痛を感じていることとか，漠然と不安を感じていることが志向的かどうか，これは明らかではない[3]．しかしこのような問題を解決することもまた，現在の目的にとって必要ではないのである．私たちの目的にとってより重要なのは，志向的な動詞がパズルや難題を生みだすことで悪評が高いということである．そういったパズルの多くについていずれ取り扱うことにしよう．

　志向性，および志向性が引き起こす諸問題は，西洋哲学においては古代ギリシャの時代から論じられてきた．たとえば同一者の置換可能性についてはアリ

---

1) 志向性概念の一般的な入門書としては，Crane (1998) を参照．
2) Chisholm (1960) の ch. 1 を参照．
3) この問題に関しては Searle (1983), 1–2, Crane (1995), 37–40 で議論されている．

ストテレスの『詭弁論駁論』（De Sophisticis Elenchis）（179$^a$24–179$^b$34）におい
て論じられている．志向的文脈の分析に関する問題については，オッカムやビュ
リダンといった中世の偉大な論理学者たちによって論じられている[4]．志向性
はブレンターノ[5]，およびかつてその弟子だったマイノングの仕事の中心的な
問題である．それはフレーゲと初期のラッセルによっても論じられている[6]．し
かしながら20世紀前半には志向性はむしろ攻撃をうけた．ウィトゲンシュタイ
ンは『論理哲学論考』（Tractatus）（5.541-2）で，幾分雑な仕方で志向性を退け
た．クワインはその約30年後に手ひどい攻撃を開始した[7]．1960年代の可能世
界意味論の登場とともに志向性の運命は再び好転した．このとき，ヒンティッ
カ[8]など多くの人々が，これを志向的文脈の分析に応用できるかもしれない，と
気がついたのだった．志向性に対する世界意味論はまた，たとえばクリプキに
よって，さらなる哲学的議論を引き起こした[9]．

　しかし志向的文脈について近年新たに興味がもたれてきたにもかかわらず，志
向性の意味論はまったく満足のいく状態になってはいない．志向的概念の中に
は，特に知識や信念のように，よく知られた可能世界意味論をもつものもある．
しかしこれらはまた，後に見るように，よく知られた問題を抱えている．たと
えば論理的全知（logical omniscience）や同一者の置換などの問題である．命題
以外の目的語を取る志向性動詞の取り扱い方に関しては，現代ではほとんど議
論がなされていない．そしてまた可能的（および不可能的）対象がそもそもい
かなるものであるかについては現在も論争が続けられている．以下の数章では，
志向的文脈についての整合的な分析を提供することを試みる．そこには志向性
動詞の意味論，その意味論が生みだす志向的概念に関する論理的原理，そして
なによりもその意味論の形而上学的解釈が含まれる．

---

4) 中世後期における認識論理については Boh (1993) で全般的に論じられている．オッカム，ビュ
リダン，その他の中世の論理学者については3.7節でより詳しく言及する．
5) Brentano (1874); Chisholm (1960) の chs. 1–3 を参照．ブレンターノ的な志向性概念の中世に
おける起源については，Sorabji (1991) を参照．
6) フレーゲについては2.7節で，ラッセルとマイノングについては第5章で触れる．
7) たとえば Quine (1948), (1956)．
8) Hintikka (1962), (1969)．
9) このことは2.6節で見る．

## 1.2　演算子と述語

　まず最初に，志向性動詞が異なる種類の補部（complement）を取るということに注意しよう．ある場合には志向性動詞は名詞句を文法的補部として取る．たとえば

> ポンセ・デ・レオンは賢者の石を探し求めた．
> Ponce de Leon sought the Philosopher's Stone.
> 古代ギリシャ人はゼウスを崇めた．
> The Ancient Greeks worshipped Zeus.
> ジョージ・W・ブッシュはオサマ・ビン・ラディンによる襲撃を恐れている．
> George W. Bush fears an attack by Osama Bin Laden.

しかしながら補部はまた（英語では場合により「that」が前置される）文でもありうる．

> ジョン・ハワードは彼が偉大な首相であると信じている．
> John Howard believes (that) he is a great prime minister.
> ジョージ・W・ブッシュは彼がトカゲになった夢を見た．
> George W. Bush dreamed (that) he was a lizard.
> コフィー・アナンはイラクの侵攻が中東を不安定にしたと危惧している．
> Kofi Annan fears (that) the invasion of Iraq has destabilized the Middle East.

この種の文において，心的状態が向かう対象は，埋め込み文によって表現される命題だと考えられる．ただしこの種の志向性動詞の補部が，対格不定法の形でも現れることがあることに注意しよう．たとえば「ジョン・ハワードは自分を偉大な首相だと信じている（John Howard believes himself to be a great prime minister）」という文がそうである．

名詞句を補部にもつ志向性動詞を**述語**と呼ぶ．文を補部にもつ志向性動詞を**演算子**と呼ぶ[10]．ある動詞は述語にしかなれない．たとえば

　私はあなたを崇める．
　I worship you.

は可能だが，

　*私は，あなたが私を好きだということを崇める．
　*I worship that you like me.

は不可である．ある動詞は演算子にしかなれない．たとえば

　私は，あなたが私を愛してくれることを夢見た．
　I dreamed that you love me.

は可能だが，

　*私はあなたを夢見た．
　*I dreamed you.

は不可である．ある動詞は両方でありうる．たとえば

　私はあなたを恐れる．
　I fear you.
　私はあなたが去ってしまうことを恐れる．
　I fear that you will go.

---

10) 志向性述語は通常二項述語であることに注意しよう．しかしより多くの項をもつ志向性述語もある．
　例）$x$ は $z$ より $y$ を好む．

はともに可能である．ある動詞が述語として使われている場合と，同じ動詞が演算子として使われている場合の間には体系的な連関はないように思われる[11]．また仮になんらかの連関があったとしても，少なくともそれは私たちの現在の関心事ではない．そこで私は両方の用法をもつ動詞を多義的なものとして扱う．したがってたとえば「……は……ということを恐れる」という演算子と，「……は……を恐れる」という述語は，別個のものと見なす．

おいおい見ていくように，志向性演算子の意味論と志向性述語の意味論は，密接に関係している．しかし本章と次章での私たちの関心事は演算子である．その後に続く二つの章では，私たちは述語に注意を向ける．本書第I部の終わりまでには，私たちは双方についての統一的な説明を与えることになるだろう．

ただしこの二種類の文脈が志向的文脈のすべてを尽くしているわけではないということは注記しておくべきである．以下の例が示すとおり，志向性動詞の補部としては，文法的構成の異なる様々な表現が現れうる．

> IRA はどこで核兵器が手に入れられるかを知っている．
> The IRA knows where to get nuclear weapons.
> 誰も切り裂きジャックが誰だったのかを知らない．
> Nobody knows who Jack the Ripper was.
> ジョン・ハワードはどうすればオーストラリアの選挙人を怯えさせられるかを知っている．
> John Howard knows how to scare the Australian voters.

時折こういった表現に関してコメントを述べることもあるが，しかし大方のところ私はこれらを無視する．この種の補部は名詞的補部よりも命題的補部に近いように思われるが，これらはまた非常に限られた少数の動詞に特有のものに思われる．たとえば以下の文はどれも無意味である．

---

[11] たとえば，$v$ が両方の用法をもつ動詞だとすると，$x$ が $y$ を $v$ するのは，ある $A$ について $x$ が $A(y)$ ということを $v$ するときである，と提案されるかもしれない．しかしこの方法が常に通用するとも限らない．私があなたを忘れているならば，あなたに関する多くのことを私は忘れているに違いない．しかしあなたがワーグナーを嫌いだということを私が忘れているからといって，私があなたを忘れていることにはならない．

*IRA はどこで核兵器が手に入れられるかを欲している．

*The IRA desires where to get nuclear weapons.

*誰も切り裂きジャックが誰だったのかを望まない．

*Nobody hopes who Jack the Ripper was.

*ジョン・ハワードはどうすればオーストラリアの選挙人を怯えさせられるかを恐れている．

*John Howard fears how to scare the Australian voters.

志向性動詞の中にはそれに特有の顕著な性質をもつものがあるだろう．私は折に触れてそれらについてコメントするだろうが，しかし個々の動詞について長々と論じることは避けるつもりだ．志向性動詞一般の意味論が最重要の焦点だからである．

## 1.3　世界意味論

では志向性演算子を含む言語の意味論はどのようなものであるべきだろうか．この問題に関して現在オーソドックスと呼べるものがあるとすれば，それは，ある種の世界意味論によって提供される意味論である．まず手始めに，一つの世界意味論を詳述しよう．

通常の一階の言語を考える．それは，定項の集合，$n$ 項関数記号の集合，$n$ 項述語の集合をもつ．0 項述語（命題変数）も認めることにする．次章までは，同一性は含まれないものと仮定する．この言語を志向性演算子の集まりによって拡張する．これらは大文字のギリシャ文字で書かれる．たとえば $t$ が任意の項，$A$ が任意の式だとすれば，$t\Psi A$（$t$ は $A$ ということを $\Psi$ する）は式である．ここでの議論には様相演算子は大きな役割を果たさないが，時折それらを使えた方が便利な場合がある．よってこの言語は通常の様相演算子，□ と ◇ ももっているものとする．

この言語に対する解釈 $\mathfrak{I}$ は，構造 $\langle \mathcal{C}, @, D, \delta \rangle$ である．$\mathcal{C}$ は世界の集合である．各々の世界は論理的帰結に関して閉じている．よってこれらを**閉世界**と呼ぶ．$@ \in \mathcal{C}$ は現実世界である．$D$ は空でない対象領域であり，$\delta$ はすべての非

論理的記号に表示（denotations）を割り当てる．したがって

 $c$ が定項ならば，$\delta(c) \in D$
 $f$ が $n$ 項関数記号ならば，$\delta(f)$ は $D$ 上の $n$ 項関数
 $P$ が $n$ 項述語であり，$w \in \mathcal{C}$ ならば，$\delta(P,w)$ は対であり，$\langle \delta^+(P,w), \delta^-(P,w) \rangle$
 と書く．
 $\Psi$ が志向性動詞ならば，$\delta(\Psi)$ は，任意の $d \in D$ を $\mathcal{C}$ 上の二項関係に写像
 する関数である．$\delta(\Psi)(d)$ を $R_\Psi^d$ と書くことにする．

最初の二つの規定はオーソドックスなものである．残りの二つについて少し説明しよう．

 $D^n$ は $D$ の要素からなる $n$ 組（$n$-tuples）を要素とする集合，$\{\langle d_1, \ldots, d_n \rangle : d_1, \ldots, d_n \in D\}$ としよう．定義によって $\langle d \rangle$ は単に $d$ であることに注意せよ．$D^0$ は通常は定義されないが，しかし全体の統一をはかるためにこれを $\{\langle\rangle\}$ として定義しておく．ただしここで $\langle\rangle$ は空列である．$P$ が $n$ 項述語であるとき，$\delta^+(P,w), \delta^-(P,w) \subseteq D^n$．$\delta^+(P,w)$ は $P$ の $w$ における**外延**（*extension*），そして $\delta^-(P,w)$ はその**余外延**（*co-extension*）である．直観的には，ある $n$ 項述語の $w$ における外延とは，その述語をそこで真にする $n$ 組からなり，余外延はそれを偽にする $n$ 組からなる．当面は，任意の $P$ に対して $\delta^+(P,w)$ と $\delta^-(P,w)$ は，排他的かつ網羅的であるとする．すなわち

 $\delta^+(P,w) \cap \delta^-(P,w) = \emptyset$
 $\delta^+(P,w) \cup \delta^-(P,w) = D^n.$

言い換えると，述語は標準的な一階の意味論の場合とまったく同様に振る舞う，ということである．標準的な一階の意味論では余外延は外延から読み取れるので，明示的に余外延に言及する必要がない．ここで余外延に言及するのには理由があって，それは後に明らかになる．

 志向性演算子の意味論は様相演算子の二項関係意味論の単純な一般化である．したがって，任意の $\Psi$ と $d$ に対して，$R_\Psi^d$ は $\mathcal{C}$ 上の二項関係である．もし $w$ と

$w'$ が $\mathcal{C}$ に属する世界であれば，$wR^d_\Psi w'$ が成り立つのは，（$w$ における）$d$ が $\Psi$ している通りの事態が $w'$ で成立しているとき，そしてそのときに限る．たとえば $\Psi$ が恐れであれば，$w'$ は（$w$ における）$d$ が恐れていることのすべてが実現している世界である．

特定の志向性演算子 $\Psi$ に関しては，$R^d_\Psi$ に制約を課す理由がある場合もある．たとえば $\Psi$ が「ということを知っている」だと思えば，$t\Psi A$ が $w$ で真であるならば，$A$ もまた真となるように，$R^d_\Psi$ が反射的であることを要請するのは自然である．また種々の二項到達可能性関係を関連づける制約を課す十分な理由もあるだろう．たとえば $\Phi$ が「ということを信じている」だとすれば，$wR^d_\Phi w'$ ならば $wR^d_\Psi w'$ ということを要請するのは自然である．このとき $t\Psi A$ が $w$ で真ならば，$t\Phi A$ もまた $w$ で真である（$t$ が $A$ ということを知っていれば，$t$ は $A$ ということを信じている）．しかしこれらの詳細にはここでは立ち入らない．読者は自分の好むやり方で制約を課すことができる．すでに述べたように，私の関心は意味論の一般的な形式なのである．

式の真理値は自由変項の表示に相対的に割り当てられる．$s$ を自由変項から $D$ への写像だとしよう．これと $\delta$ を用いて，通常の仕方でこの言語のすべての項に表示を割り当てることができる．

$c$ が定項ならば，$\delta_s(c) = \delta(c)$
$x$ が変項ならば，$\delta_s(x) = s(x)$
$f$ が $n$ 項関数記号ならば，$\delta_s(ft_1 \ldots t_n) = \delta(f)(\delta_s(t_1), \ldots, \delta_s(t_n))$.

以上を用いて，ある式 $A$ が世界 $w$ で真または偽であるとはどういうことであるかを，自由変項への評価 $s$（と解釈 $\mathfrak{J}$，ただし通常はこれは既知のものと考える）に相対的に，規定することができる．これら二つの関係をそれぞれ $w \Vdash^+_s A$ および $w \Vdash^-_s A$ と書く．原子式（命題変数 $P$ を含む）に関しては

$w \Vdash^+_s Pt_1 \ldots t_n \iff \langle \delta_s(t_1), \ldots, \delta_s(t_n) \rangle \in \delta^+(P, w)$
$w \Vdash^-_s Pt_1 \ldots t_n \iff \langle \delta_s(t_1), \ldots, \delta_s(t_n) \rangle \in \delta^-(P, w)$.

原子式以外の式に関しては

$$w \Vdash_s^+ \neg A \iff w \Vdash_s^- A$$
$$w \Vdash_s^- \neg A \iff w \Vdash_s^+ A$$

$$w \Vdash_s^+ A \wedge B \iff w \Vdash_s^+ A \text{ かつ } w \Vdash_s^+ B$$
$$w \Vdash_s^- A \wedge B \iff w \Vdash_s^- A \text{ または } w \Vdash_s^- B$$

$$w \Vdash_s^+ A \vee B \iff w \Vdash_s^+ A \text{ または } w \Vdash_s^+ B$$
$$w \Vdash_s^- A \vee B \iff w \Vdash_s^- A \text{ かつ } w \Vdash_s^- B$$

$$w \Vdash_s^+ \Box A \iff \text{すべての } w' \in \mathcal{C} \text{ に対して } w' \Vdash_s^+ A$$
$$w \Vdash_s^- \Box A \iff \text{ある } w' \in \mathcal{C} \text{ に対して } w' \Vdash_s^- A$$

$$w \Vdash_s^+ \Diamond A \iff \text{ある } w' \in \mathcal{C} \text{ に対して } w' \Vdash_s^+ A$$
$$w \Vdash_s^- \Diamond A \iff \text{すべての } w' \in \mathcal{C} \text{ に対して } w' \Vdash_s^- A$$

$$w \Vdash_s^+ A \to B \iff \text{すべての } w' \in \mathcal{C} \text{ に対して } w' \Vdash_s^+ A \text{ ならば } w' \Vdash_s^+ B$$
$$w \Vdash_s^- A \to B \iff \text{ある } w' \in \mathcal{C} \text{ に対して } w' \Vdash_s^+ A \text{ かつ } w' \Vdash_s^- B$$

$$w \Vdash_s^+ t\Psi A \iff \text{すべての } w' \in \mathcal{C} \text{ に対して } wR_\Psi^{\delta_s(t)} w' \text{ ならば } w' \Vdash_s^+ A$$

$$w \Vdash_s^- t\Psi A \iff \text{ある } w' \in \mathcal{C} \text{ に対して } wR_\Psi^{\delta_s(t)} w' \text{ かつ } w' \Vdash_s^- A$$

となる．後に明らかにする理由によって，私は量化子を通常の $\forall, \exists$ ではなく，$\mathfrak{A}$（すべての），$\mathfrak{S}$（ある）と書く．

$$w \Vdash_s^+ \mathfrak{S}xA \iff \text{ある } d \in D \text{ に対して } w \Vdash_{s(x/d)}^+ A$$
$$w \Vdash_s^- \mathfrak{S}xA \iff \text{すべての } d \in D \text{ に対して } w \Vdash_{s(x/d)}^- A$$

$$w \Vdash_s^+ \mathfrak{A}xA \iff すべての d \in D に対して w \Vdash_{s(x/d)}^+ A$$

$$w \Vdash_s^- \mathfrak{A}xA \iff ある d \in D に対して w \Vdash_{s(x/d)}^- A.$$

最後の四つの項目において，$s(x/d)$ は，$x$ に対して値 $d$ を割り当てる以外は $s$ と等しい評価である．

　論理的妥当性の定義は基底世界（base-world）をもつ様相論理における通常の論理的妥当性の定義である．$\mathcal{S}$ が文の集合，$A$ が文であるとき，$\mathcal{S} \models A$ が成り立つのは任意の解釈と，任意の自由変項の評価 $s$ に対して，@ $\Vdash_s^+ B$ が任意の $B \in \mathcal{S}$ に対して成り立つならば @ $\Vdash_s^+ A$ が成り立つとき，そしてそのときに限る．$\models A$ は $\emptyset \models A$ と同じ意味である．$t$ と $A$ が自由変項をもたないならば，$\delta_s(t)$ と $w \Vdash_s^\pm A$ が $s$ に依存しないことは容易に示すことができる（このことの証明，およびその他の本章でのテクニカルな主張の証明については，テクニカルな詳細についての付録を参照．± は + または − のどちらでも構わないことを表す．必要なときは文脈がどちらかを明らかにするだろう）．よってこの場合には，下添え字の $s$ を省略することがある．

　これらの意味論についていくつかコメントをしておこう．外延と余外延に対する上記の制約のもとでは，常に $w \Vdash_s^+ A$ と $w \Vdash_s^- A$ のどちらか一方，そして一方だけが成り立つ．その場合，現在の文脈では $w \Vdash_s^- A$ が成り立つのは $w \Vdash_s^+ A$ が成り立たないとき，そしてそのときに限る．そして外延的結合子と量化子の真理条件は古典論理の真理条件に等しい．

　様相に目を向けると，様相演算子 □ と ◇ は S5 ($K_{\rho\sigma\tau}$) の論理的演算子である．異なる様相論理の体系の方が論理的様相に対して適切であると感じる人は，意味論を標準的なやり方で修正してくれればよい．たとえば演算子の真偽条件に反映される到達可能性関係を導入することによって．しかし実際には，私は S5 が論理的様相に対して正しい体系であると考えている．かつ S5 を用いることで，ものごとが単純になる．ここで問題にしている話題に対して，余分な複雑さはなにも貢献しない．→ は S5 に対応する厳密条件文（strict conditionals）である．私たちは $A \supset B$ を通常の仕方で $\neg A \lor B$ として定義することもでき，したがって実質条件文もまた自由に用いることができる．量化子の領域はどの世界でも同一である．したがってここでの意味論は定領域意味論（constant-domain semantics）である．可変領域意味論（variable domain semantics）にすることもできるが，それはものごとを複雑にするし，いずれにせよ不要である．この問題は次節で再び取り扱うことにしよう．量化様相論理（quantified modal logic）の基本に通じた読者にはもはや明らかであろうが，ここでの意味論は定領域 $S5$ である．

おそらく設定上の細かい部分を別にすれば，ここで目新しいものは唯一，志向性演算子のみだろう．様々な志向性演算子に対応した到達可能性関係に対してなんの付加的な制約も課されなければ，それは本質的に定領域の $K$（そこでは □ に関する到達可能関係になんの制約も課されない）における，第一引数（志向性動詞の主体）をパラメータとして伴う必然性様相演算子 □ と同じ振る舞いをする．この意味論が真と認める原理のうち，私たちが特に関心をもつものは，以下のものである．これらは容易に確かめられる[12]．

### 論理的全知
$\models A$ ならば $\models t\Psi A$

### 論理的帰結に関する閉包
$t\Psi A, A \to B \models t\Psi B$

### 志向的バーカン式
$\mathfrak{A}xt\Psi A(x) \models t\Psi \mathfrak{A}xA(x)$

### 志向的逆バーカン式
$t\Psi \mathfrak{A}xA(x) \models \mathfrak{A}xt\Psi A(x)$

---

12) このうち最初のものについて，$\not\models t\Psi A$ と仮定しよう．このときある解釈が存在して $@ \not\Vdash^+_s t\Psi A$. したがって $@R^{\delta_s(t)}_\Psi w$ を満たすある $w$ に対して $w \not\Vdash^+_s A$. 基底世界 $@$ がこの $w$ であるという点以外はこの解釈とまったく同じであるような解釈を考えよう．この解釈においては $@ \not\Vdash^+_s A$. したがって $\not\models A$. 最後のものについて，$@ \Vdash^+_s t\Psi \mathfrak{A}xA(x)$ と仮定しよう．このとき $@R^{\delta_s(t)}_\Psi w$ を満たすすべての $w$ と，すべての $d \in D$ に対して，$w \Vdash^+_{s(x/d)} A(x)$. したがってすべての $d \in D$ と，$@R^{\delta_s(t)}_\Psi w$ を満たすすべての $w$ に対して $w \Vdash^+_{s(x/d)} A(x)$. すなわち $@ \Vdash^+_s \mathfrak{A}xt\Psi A(x)$. 他の二つは練習問題とする．

## 1.4 非存在主義：その概略

定領域より可変領域の方が世界意味論にとってより適切であると通常考えられている主な理由は，異なる世界には異なるものが存在するのは明らかであるように思われるということである．たとえば私はこの世界に存在している．しかし私の父が第二次世界大戦で殺された世界においては私は生まれていないし，したがって存在していない．あるいは逆に，おそらくこちらの方が意見が分かれる例であろうが，この世界にはシャーロック・ホームズは存在していない．しかしアーサー・コナン・ドイルの物語を実現している世界においてはホームズが存在している．

しかしここには，世界の領域の住民はそこに存在しているものたちだけだという想定がある．そして非存在主義はこの想定を受け入れない．非存在主義者にとって，各世界の領域がまったく同じもの——すなわち，その世界での存在者としての身分がどうであれすべての対象の集合——であってはいけない理由はないように思われる．対象の存在上の身分は存在述語を用いることで表現される．すなわち，各世界 $w$ に対して，$w$ に存在するものが，$w$ における $E$ の外延 $\delta^+(E, w)$ に属するものと正確に一致するような一項述語 $E$ が存在すると仮定するのである．

もちろん，このように考えるならば，$\mathfrak{S}xA(x)$ を「ある $x$ が存在して $A(x)$」と読まないように正確を期さなければならない．存在すること（existence）とあること（being）を同一視するならば，これを「ある $x$ があって $A(x)$」と読むことすら望ましいことではない．「あるもの $x$ に対して $A(x)$」という読みが適当だろう．私が通常とは異なる記号を用いるのはこの理由による．∃ を「存在する／ある」と読みたくなる誘惑は強すぎる．（∀ に関してはこのような問題はないのだが，しかし $\mathfrak{S}$ と対にしておくために，こちらも $\mathfrak{A}$ に変えることにした.）たとえば $\mathfrak{S}x(Px \land Qx)$ は，ある $x$ に対して，$x$ は $P$ であり，かつ $x$ は $Q$ である，ということである．あるいはもっと簡単に，ある $P$ は $Q$，といってもよい．$\mathfrak{A}xA(x)$ に関しては「あらゆる $x$（あるいは，すべての $x$）に対して $A(x)$」という読みのままでよい．たとえば $\mathfrak{A}x(Px \supset Qx)$ は，あらゆる $x$ に対して，もし

それが $P$ ならばそれは $Q$ である，となる．あるいはもっと簡単に，すべての $P$ は $Q$ だ，と読んでもよい[13]．

もしもよりオーソドックスな量化子の解釈を表現したいのであれば，存在述語を使うことによってそうすることができる（またそうしなければならない）．たとえば「ある $x$ が存在して $A(x)$」は「あるもの $x$ に対して，それは存在し，かつ $A(x)$」であり，すなわち $\mathfrak{S}x(Ex \wedge A(x))$ である．また「存在するものはすべて $A(x)$」は，あらゆる $x$ に対して，$x$ が存在するならば $A(x)$，すなわち $\mathfrak{A}x(Ex \supset A(x))$ である．私はこれらをそれぞれ $\exists x A(x)$，$\forall x A(x)$ と書く．したがってこれらの量化子は存在を背負わされているのである．

非存在対象を認めるのがマイノング主義である．あるいははしがきで説明したように，ラウトリー／シルヴァンに従って，私はそれを**非存在主義**と呼ぶ．そして彼がそうしたように私も，存在しない対象がなんらかの程度の低いあり方——たとえば存立（subsistence）といった——をしているのではないことを強調しておきたい．それらはどんなあり方もしていない．言葉のどんな意味においても，それらは存在していない（もちろん問題にしている世界において存在していないということである．それらは他の世界では存在しているかもしれないし，そうでないかもしれない．それらはいかなる世界にも存在していないかもしれない）．

興味深いことに可変領域可能世界意味論もまた非存在主義に与しているように思われる．というのもこの意味論それ自体が，現実世界の対象のみならず，すべての領域の対象の上への量化を行うからである．この結論を避けるためには様相実在論者になって，すべての対象が存在すると考えればよい．しかしこれは極端に肥大した存在論を与える．が，この問題については当面は追及しないことにしよう．後の章で私は再びこの問題に戻ってくる．

非存在主義の戦略は，存在が完全に普通の述語であると考えることを要求する．伝統的には存在は述語ではないと考えられてきたが，しかし存在を述語だと考えてはいけない十分な理由はない．実際クワインの解釈によれば，古典論

---

[13] 実際には，⊃ は制限された全称量化一般と関連させて使うのに適切な結合子ではない．というのもそれは一般的には矛盾した文脈では後件を導出することを可能にしないからである．しかしここではそれを可能にする．→ もまたそれを可能にするが，しかしこれは強すぎる．正しい結合子はこれらのどちらでもないのだが，しかしここでこの問題に深くかかわる必要はない．Beall *et al.* (2006) を参照．

理においてさえ，申し分なく十分な存在述語 $Ex$ がある——それは $\exists y\, y = x$ である——ただこれが空虚であるというだけのことだ．存在は述語ではないという見解は通常カントに帰せられるが，そのカントでさえ存在が述語でないとは言っていない．彼は，それは規定する（determining）述語ではないと言っているのだ[14]．これはマイノング主義者が特徴づけ述語（characterising predicates）と呼んでいるものと密接な関わりがある．しかし存在が述語だとすれば，私たちは神の存在についての存在論的論証を遂行することができ，したがって神が存在することが示されてしまうのだろうか．そしてさらにはあらゆるものの存在が，存在論的論証のような議論によって，示されるのだろうか．答えは「否」である．その種の証明のためには存在が述語であるというだけでは十分ではない．それが特徴づけ公準（Characterization Postulate; CP）の中に現れるということが必要なのである（としばしば理解されている）．ラウトリーのような非存在主義者は，通例この想定を受け入れない．ここではこの問題を追及しないことにする．CP については 4.2 節で再び論じる．

　非存在主義に対する反論は，もちろん，他にもある（興味深い哲学的見解に対してはつねにそうであるように）．それらのほとんどはひどく誤ったものであると言わざるをえない．そしてほとんどは 1000 ページに及ぶ『マイノングのジャングルを探検する』(Exploring Meinong's Jungle and Beyond) の中のどこかでラウトリーによって処理されている．ありうる反論のすべてを再検討することは私の意図するところではない．最も手強い，かつ／または，最も影響力のある反論については後の章で再び取り扱う．

## 1.5　可能世界と不可能世界

　しばらく非存在主義を離れて，世界の問題に戻ろう．これまでのところでは，$Q \to Q$ はすべての世界において真である．したがって $P \to (Q \to Q)$ は論理的真理である．すなわちこの意味論には，いかなる命題変数も共有しない $A$ と $B$ に対して $A \to B$ が論理的真理でありうるという，「関連性の誤謬」が存在す

---

14)　『純粋理性批判』(Critique of Pure Reason), A598 = B626, ff.

るのである．これは直観に反する．

関連論理の要点はこのような「誤謬」を取り除くことである．これに対処する関連論理のための世界意味論における主要な方法は，特殊な種類の世界を用いることである．私たちは閉世界の集合 $\mathcal{C}$ の中に，正規世界（normal world）と非正規世界（non-normal world）の区別を設ける（しばしば文献でこのように呼ばれている）．正規世界は（論理的に）可能な世界であると考えられる．非正規世界は（論理的に）不可能な世界であると考えられる．物理的に不可能な世界，すなわち物理法則が現実の世界とは異なる世界がありうるという考えは標準的なものだ．そういった世界も論理的には可能である．しかし，現実の物理法則とは異なる物理法則をもつ世界があるのとまったく同様に，現実の論理法則とは異なる論理法則をもつ世界もある[15]．いずれにせよ直観的に言えば，私たちが別の論理を考察しているときには，このような世界について推論を行っているのだ．たとえば古典論理を信じる論理学者は排中律が妥当だと信じている．しかし彼らはまた，もし直観主義論理が正しいならば無矛盾律は成り立つが排中律は成り立たない，ということもよく知っている．したがって彼らにとって，論理的に不可能な状況を考え，さらにそのような状況の間で様々な異なる状況を区別することが完全に可能であるように思われる．そしてそのような不可能な世界を考えるならば，$Q \to Q$ が成り立たないような不可能世界のいずれかで $P$ が成り立っているかもしれない．可能世界において $A \to B$ が真であるためには，依然として $A$ が成り立つすべての（閉）世界において $B$ が成り立つことが要請される．したがって $P \to (Q \to Q)$ は論理的真理ではない．

次の疑問は，技術上の問題としてどのように $Q \to Q$ および類似の命題が非正規世界で成り立たないようにするかということである．実際のところ，ここでいくつかの異なるテクニックを用いることができる．よく知られているのは，三項関係を用いて $\to$ の真理条件を与えるやりかたである．したがって私たちは

---

15) $A \models B$ ということは本質的には次のことを意味する．
$\mathfrak{A}x$（もし $x$ が解釈であり，@ が $x$ における基底世界ならば，もし @ $\Vdash^+ A$ ならば @ $\Vdash^+ B$）．
もし妥当性の基準が世界によって変化しうるものであるならば，この言明の真理値もまた世界によって変化しなければならない．解釈も $\Vdash^+$ も，集合論的に定義されている．したがって真理値のこの変化は，成員関係述語 $\in$ の外延が世界によって変化しうるならば，可能である．

意味論が $\mathcal{C}$ 上の三項関係 $R$ を備えているものと考える．そして不可能世界 $w$ における→式の真理条件を以下のように定める．

RM　$w \Vdash_s^+ A \to B \iff Rwxy$ を満たすすべての $x, y \in \mathcal{C}$ に対して $x \Vdash_s^+ A$ ならば $y \Vdash_s^+ B$

(「RM」は Routley/Meyer を表している．というのもこの定義が関連論理に対する Routley/Meyer 意味論の重要な一手だからだ．) 式が偽になる条件も適切に与えることができるが，その細部はここでの関心事ではない．ある世界 $w$ で $Q \to Q$ が成り立たないことがいかにして可能かは明らかである．$w$ は次のような非正規世界でなければならない．ある世界（可能でも不可能でもよい）$x, y$ が存在して，$Rwxy$ が成り立ち，$Q$ が $x$ で成り立ち，かつ $Q$ が $y$ で成り立たない．実際には，ちょっとしたトリックで技術的には問題を単純化することができる．一つの最低限の制約[16]によって，→ に対する真理条件を，RM として一様に与えることができる．ここではしかし，これ以上の細部には立ち入らない[17]．

ある世界で $Q \to Q$ のような論理的真理を成り立たなくさせる別な方法の中には，現在の私たちの関心にとって，より適切なものがある．その方法に目を向けてみよう．論理的不可能世界とは，論理法則が異なるかもしれないような世界である．$A \to B$ という形式の式は論理的帰結（entailment），すなわち論理法則を意味する．したがって，論理的不可能世界においては，こういった式が異なる振る舞いをすることが当然期待される．ではどれほど異なる振る舞いをするのか．論理が変化しうるのなら，それらはどんな風にでも振る舞える．それゆえ不可能世界では $A \to B$ の値はどんなものでもありうるのだ．したがって，形式的モデルにおいて，この式には任意の真理値を割り当てることができる．$Q \to Q$ のような式には，それゆえ，てっとり早く単純に偽の値を割り当てることができる（そして真の値は割り当てられない）．

形式的には，私たちはこのアイデアを以下のように実装する．言語に対する解釈は構造 $\langle \mathcal{P}, \mathcal{I}, @, D, \delta \rangle$ である．$\mathcal{P}$ は可能世界の集合，$\mathcal{I}$ は不可能世界の集

---

16)　すなわち，$w$ が可能世界ならば，$Rwxy \iff x = y$ という制約である．
17)　詳しくは Priest (2001), chs. 8–10 を参照．

合であり，$\mathcal{P} \cap \mathcal{I} = \emptyset$，$\mathcal{P} \cup \mathcal{I} = \mathcal{C}$，かつ @ $\in \mathcal{P}$ が成り立つ．$D$ は以前とまったく同じであり，$\delta$ は，不可能世界において $A \to B$ という形式の式を本質的には原子式として扱い，それらに外延と余外延を割り当てる，という点を除けば以前とまったく同じである．

量化子が適切に機能することを意図するならば，この方法に関しては少し気をつけなければならない．ある道具立てを採用する必要があるが，それは本書のあちらこちらで用いることになるので，ここでそれを丁寧に説明しておこう．項 $t$ が式 $A(t)$ に現れるとする．$t$ が $A(t)$ で束縛される自由変項の現れをもたないとき，$t$ は**自由**に現れると言う．たとえば $fx$ は $Pfx$ においては自由であるが，$\mathfrak{S}xPfx$ においてはそうではない．今すべての変項を一列に並べる正規な並べ方 $v_1, v_2, \ldots, v_n, \ldots$ が与えられているとする．この並べ方で後に（前に）現れる変項をより大きな（小さな）変項と呼ぶ．式 $A$ が**マトリクス**（matrix）と呼ばれるのは $A$ が以下の条件を満たすときである．(i) $A$ は変項以外に自由な項をもたない．(ii) $A$ に含まれるどの自由変項も複数の現れをもたない．(iii) $A$ に含まれる束縛変項のうち，上記の正規な並べ方に関して最大のものを $v_n$ とすると，$A$ に現れる自由変項は $v_{n+1}, v_{n+2}, \ldots, v_{n+i}$ であり，かつこれらは $A$ の中で左から右にこの順番で現れている．(iii) はマトリクスに一意性をもたせるために要請してある．たとえば $P_1$ が一項述語，$f_2$ が二項関数記号であるとき以下の式はマトリクスである（$x_1$, $x_2$ が正規な並べ方で $z$ の直後に来る変項だとして）．

$$P_1 x_1 \to \exists z P_1 f_2 z x_2.$$

現在の文脈でマトリクスに関して重要なことは，どんな式もなんらかのマトリクス（その式自体という可能性もある）から，自由変項をいくつかの項によって置き換えることで得られる，ということである．そのような項は結果的に自由な項である．さらに言えば，どんな式についてもそのようなマトリクスは一意である．これをその式のマトリクスと呼ぶことにする．式 $A$ に対して，そのマトリクスを $\overline{A}$ によって表す．

不可能世界に話を戻そう．$w$ は不可能世界，$C$ は $A \to B$ という形式のマトリク

スであるとする．$w$ において $\delta$ は $C$ に対して，表示 $\delta(C, w) = \langle \delta^+(C,w), \delta^-(C,w) \rangle$ を割り当てる．ただし $\delta^+(C,w), \delta^-(C,w) \subseteq D^n$ である（また，当面は $\delta^+(C,w)$ と $\delta^-(C,w)$ が排他的かつ網羅的であるという想定は維持される）．

$w \in \mathcal{P}$ の場合，条件文に対する真理条件は以前とまったく同様である．すなわち

$$w \Vdash_s^+ A \to B \iff \text{すべての } w' \in \mathcal{C} \text{ に対して } w' \Vdash_s^+ A \text{ ならば } w' \Vdash_s^+ B$$
$$w \Vdash_s^- A \to B \iff \text{ある } w' \in \mathcal{C} \text{ に対して } w' \Vdash_s^+ A \text{ かつ } w' \Vdash_s^- B$$

となる．（世界量化子はまだ $\mathcal{C}$ のすべての世界の上を走っていることに注意せよ．）しかし $w \in \mathcal{I}$ の場合，そこでの条件文は本質的に原子式として扱われる．したがって $C(x_1, \ldots, x_n)$ が $A \to B$ という形式のマトリクスであり，$t_1, \ldots, t_n$ が対応する変項に対して自由に置換できる[訳注1] 項ならば

$$w \Vdash_s^+ C(t_1, \ldots, t_n) \iff \langle \delta_s(t_1), \ldots, \delta_s(t_n) \rangle \in \delta^+(C, w)$$
$$w \Vdash_s^- C(t_1, \ldots, t_n) \iff \langle \delta_s(t_1), \ldots, \delta_s(t_n) \rangle \in \delta^-(C, w)$$

となる．実際には，$\delta$ が個々の述語 $P$ に外延と余外延を割り当てるのではなく，適当なマトリクス $Px_1 \ldots x_n$ に割り当てることで原子式も一様に取り扱うことができる．その場合，原子式の（各世界での）真偽条件は，不可能世界における条件文の真偽条件を与えたのと同じやり方で与えられる．しかしこれを行うために後戻りするのはやめておこう．

すでに明らかであろうが，不可能世界で $Q \to Q$ という形式の式を成り立たなくする方法はいたって簡単である．ただ $\overline{Q \to Q}$ に適切な外延を割り当てればよい．

その他の論理学の道具立てについてはどうだろうか．連言，選言，量化子に対する真理条件はすべての世界で，これまで通りである．これらの演算子は論理法則を表現することとなんの関係ももたない．様相演算子は明らかに異なる．

---

訳注1) 項 $t$ が表現 $E$（式または項）の変項 $x$ に対して「自由に置換できる」というのは，$t$ に含まれる自由変項が置換の結果，束縛されることがないということである．

なぜならばこれらの振る舞いはまさに論理法則に関わっており，そしてなにが論理的に可能あるいは必然的かは，不可能世界においては現実と異なっているかもしれないからである．したがって可能世界 $w$ においては，様相演算子の真偽の条件は以下の通りである．

$$w \Vdash_s^+ \Box A \iff すべての w' \in \mathcal{P} に対して w' \Vdash_s^+ A$$
$$w \Vdash_s^- \Box A \iff ある w' \in \mathcal{P} に対して w' \Vdash_s^- A$$

$$w \Vdash_s^+ \Diamond A \iff ある w' \in \mathcal{P} に対して w' \Vdash_s^+ A$$
$$w \Vdash_s^- \Diamond A \iff すべての w' \in \mathcal{P} に対して w' \Vdash_s^- A.$$

予想されることであるが，世界への量化の範囲が可能世界 $\mathcal{P}$ の上だけに制限されていることに注意せよ．不可能世界では様相文は条件文と同じように扱われる．したがって $w \in \mathcal{I}$ のとき，$\delta$ は $\Box A$ および $\Diamond A$ という形式のマトリクスに，$w$ における外延および余外延を割り当てる．よって $A \to B$ の形式の式に対してと同様に，$C(x_1, \ldots, x_n)$ が $\Box A$ あるいは $\Diamond A$ という形式のマトリクスであり，$t_1, \ldots, t_n$ が対応する変項に対して自由に置き換えできる項とすると，

$$w \Vdash_s^+ C(t_1, \ldots, t_n) \iff \langle \delta_s(t_1), \ldots, \delta_s(t_n) \rangle \in \delta^+(C, w)$$
$$w \Vdash_s^- C(t_1, \ldots, t_n) \iff \langle \delta_s(t_1), \ldots, \delta_s(t_n) \rangle \in \delta^-(C, w)$$

となる．

妥当性の定義は以前と変わらないことに注意せよ．つまりすべての解釈において，基底世界 @ で真理が保存されることである．

この意味論が，量化子が適切に働くために要求される性質をもつこと，特に全称例化と特称汎化が成り立つことを示すことができる．

## 1.6 否定

注意深い読者は，不可能世界を導入してから，否定がどのように振る舞うかが

説明されていないことに気がついているだろう．この穴を埋めることにしよう．

$A \vee \neg A$ は常に成り立つ，という形式の排中律，および $A \wedge \neg A$ は決して成り立たない，という形式の無矛盾律を考えよう．排中律はどこかの世界では成り立たないに違いない．これは次のように示される．排中律は論理的真理でないか論理的真理であるかのどちらかである．前者の場合は $A$ と $\neg A$ のどちらも成り立たない可能世界がある．後者の場合は，論理的不可能世界では論理が異なるかもしれないので，$A$ と $\neg A$ のどちらも成り立たない不可能世界があるかもしれない．いずれの場合もこの原則はどこかの世界では成り立たない．同様のことが無矛盾律についても示される．$A$ と $\neg A$ の両方が成り立つことは，論理的に可能であるか，不可能であるかのどちらかである．前者の場合，$A$ と $\neg A$ の両方が成り立つ可能世界がある．後者の場合，論理的不可能世界においては論理が異なるかもしれないので，論理的不可能世界の中には $A$ と $\neg A$ の両方が成り立つ世界があるかもしれない．いずれの場合にも，両方がどこかの世界で成り立っているかもしれない．この原理が成り立たないことを可能にする方法は単純である．$\delta^+(P,w) \cup \delta^-(P,w) = D^n$, $\delta^+(P,w) \cap \delta^-(P,w) = \emptyset$ という制約，および不可能世界において原子式として扱われる形式のマトリクスに対する同様の制約を緩めるだけでよい．前者の制約，すなわち網羅性の制約を緩めることで $A \vee \neg A$ が $w$ で成り立たないことが可能になる．後者の制約，すなわち排他性の制約を緩めることで $A \wedge \neg A$ が $w$ で成り立つことが可能になる．

どの世界でこの制約を緩めるかはまた別の問題である．最も保守的な方法は不可能世界でのみ緩めることである．この方法を採用すると関連論理の意味論とすっかり同じものができあがる．したがって $\not\models P \rightarrow (Q \vee \neg Q)$ および $\not\models (P \wedge \neg P) \rightarrow Q$ を得る．より一般的に，$\models A \rightarrow B$ が成り立つときは常に，$A$ と $B$ は同じ述語または同じ命題変数をもつ．

最もリベラルな（放埓な）方法はすべての世界で制約をなくすことである．この方法をとると，現実世界が真理値ギャップ（truth value gap）（一つの式がどちらの真理値ももたないこと）と真理値過多（truth value glut）（一つの式が両方の真理値をもつこと）を含んでもよいことになる．このことによって得られる論理は関連的である上に，矛盾許容的（paraconsistent）である．すなわち $A, \neg A \not\models B$ である．双対的に $A \not\models B \vee \neg B$ もまた得られる．

中道を行く手もある．他の可能世界では制約を緩めるが，現実世界 @ においては維持するというものである．やはり現実世界というのは特殊なケースなのだ．このとき得られる論理は関連的ではあるが，もはや矛盾許容的ではない．またこの場合，どの解釈でも $A \wedge \neg A$ が基底世界で成り立つことはないが，$\Diamond(A \wedge \neg A)$ は成り立つかもしれない．同様に $\models A \vee \neg A$ は成り立つが，それでも $\models \Box(A \vee \neg A)$ は成り立たない．したがって様相論理の必然化法則は成り立たない．

もちろん両方の制約が同じように扱われなければならないというアプリオリな理由はない．したがって真理値ギャップの存在は認めたいが，しかし矛盾を許容したくないと感じる人は，@ に対する網羅性の制約を捨て，そして排他性の制約をもち続ければよい．矛盾は許容したいが，排中律は認めたくないと感じる人[18]は逆にすればよい．

もちろん私たちがどれを選ぶべきかということは別の問題である．これは真理値ギャップの存在や，真矛盾主義 (dialetheism) などについての議論を巻き起こすだろう．私たちはここでそれらに関わる必要はない．本書の大部分にとって，少なくとも最後の章までは，私たちの考慮するべき問題にとってこの選択はほとんど重要性をもたない．

## 1.7 開世界

以上で志向性演算子の話題，特によく知られた問題に話を戻す準備ができた．不可能世界を導入する前の，1.3 節の意味論のままだったらどうなるか考えてみよう．この意味論は**論理的全知**というよく知られた問題を免れない．1.3 節で述べたように，$A$ が論理的真理あるいは必然的真理であれば $t\Psi A$ も同様である．このことは到底任意の $\Psi$ に対して受け入れられるものではない．たとえば排中律が論理的真理だとしよう（もしそうでないのなら例を変えればよい）．ブラウワーがこれを論理的真理だと思っていなかったことは確実である．あるいは $A$ が，牛が黒いならば牛は黒い，という命題だとしよう．これは論理的真理で

---

[18] Priest (1987) のように．

ある．しかしフレーゲは $A$ ということを危惧してはいなかった．あるいは $A$ は，無限に多くの素数が存在する，という命題だとしよう．「ということを証明しようとする」は志向性演算子である．しかしフン族のアッティラが $A$ ということを証明しようとしなかったことは確実である．これが論理的全知の問題である．

志向性にとって問題となるのは論理的全知だけではない．論理的帰結に関する閉包もそういったものの一つである．これもまた，多くの――ほとんどとまでは言わないにせよ――志向性演算子 $\Psi$ に関して，論理的全知と同じくらい誤っている．$A$ は $P \lor \neg P$ であるとしよう．$B$ は $A$ から論理的に帰結するが，これまで誰も考えたことのない複雑な論理的真理であるとしよう．私は $A$ と信じているが，しかし私は $B$ と信じてはいない．あるいは，フェルマーの最終定理がペアノの公準から帰結するとしよう．私はペアノの公準が正しいことを確かに検証した．しかし私はフェルマーの最終定理が成り立つことを検証したことはない．もう一つ例を挙げよう．私はケーキを食べたいと望むかもしれない．もし私がケーキを食べてしまうと，そのことから私のケーキがもはや存在しないということが帰結する．しかし私はそのケーキがなくなってしまうことを望まない．私はケーキを食べることと，それをもち続けることを同時に求める．これは不合理だろうか．そうかもしれない，だが人とはそういうものである．

最後に，それほど一般的に注目されてはいないが，バーカン式と逆バーカン式もまた，任意の志向性演算子に適用されると誤りを生じる．たとえば，各対象についてある人がそれが $P$ だと知っている，あるいは信じているが，しかしその人はすべての対象が $P$ だとは信じていないということはありうる．それがすべての対象であるということを彼が知らない可能性があるからだ．反対に，私は誰も私を愛さない（つまり $\mathfrak{A}x(x$ は私を愛さない$)$）ことを恐れるかもしれない．しかしだからといって $\mathfrak{A}x$(私は $x$ が私を愛さないことを恐れる) ということは帰結しない．私はフン族のアッティラにはなんの関心ももたないかもしれない．それどころか，どの $x$ についても，$x$ が私を愛さないことを私は恐れていない，というのが実情かもしれない．私が恐れていることはすべての人が私を愛さないことなのだ．

可能世界と不可能世界を区別することによってこれらの問題の解決への一つの道が開かれる．$A$ はたとえば $B \to B$ という論理的真理だとしよう．私たち

は，ある不可能世界 $w$（とある評価 $s$）のもとで $A$ が成り立たないような解釈を構成することができる[19]．この解釈において，@$R_\Psi^{\delta_s(t)}w$ としよう．このとき @$\Vdash_s^+ t\Psi A$ であり，したがって論理的全知は成り立たない．

残念ながら，この道具立ては論理的帰結に関する閉包の問題を解決しない．というのも，$\models A \to B$ として，ある解釈で @$\Vdash_s^+ t\Psi A$ としよう．このときすべての $w \in \mathcal{C}$ に対して，@$R_\Psi^{\delta_s(t)}w$ ならば $w \Vdash_s^+ A$ である．しかしこのとき，そのようなすべての $w \in \mathcal{C}$ に対して，$w \Vdash_s^+ B$ であり，すなわち @$\Vdash_s^+ t\Psi B$ である．志向性演算子に関するバーカン式および逆バーカン式の問題もまたこの道具立てでは解決されない．なぜならばそれは $\to$ と様相演算子の振る舞いを修正するだけであり，そして志向的バーカン式はそれらとはまったく関係がないからである．

この問題をどう処理すればよいだろうか．自然な解答は以下のようなものだ．私たちの想像するものごとのあり方が論理的に可能ならば，そのようなあり方を実現している可能世界が存在する．私たちの想像するものごとのあり方が論理的に不可能ならば，そのようなあり方を実現している不可能世界が存在する．それとまったく同様に，任意の志向的状態の内容に対して，私たちの想像するものごとのあり方を実現している世界が存在しなければならない．そのような状態は論理的帰結に関して閉じていないのだから，これらの世界もまた同様である．したがって私たちは閉じていない世界のクラス，あるいは**開世界**のクラス $\mathcal{O}$ を措定しなければならない．したがって世界の全体 $\mathcal{W}$ は図 1.1 のような構造をなす．

不可能世界の働きを考えれば，開世界がどう働くかは明らかであろう．任意の志向的状態を考えたとき，異なる式 $A$ と $B$ に関して，一般にその志向状態において $A$ と $B$ の間にはなんの結びつきもない．したがって，不可能世界において条件文が勝手に振る舞うことを許されたのとまったく同様に，開世界においてはあらゆる式が勝手に振る舞うことを許される．このことは形式的には以下のように表現される[20]．

---

19) ここではこの証明はしないが，本節の残りの部分がカバーしてくれるだろう．
20) 論理的全知の問題を視野にいれた，同様のアイデアに基づく命題論理の意味論が Rantala (1982) に見られる．

```
                    W
     ┌─────────────────────────────┐
     │              C              │
     │   ┌─────────────────────┐   │
     │   │                     │   │
     │   │   @  P  │ I │ O     │   │
     │   │                     │   │
     │   └─────────────────────┘   │
     └─────────────────────────────┘
```

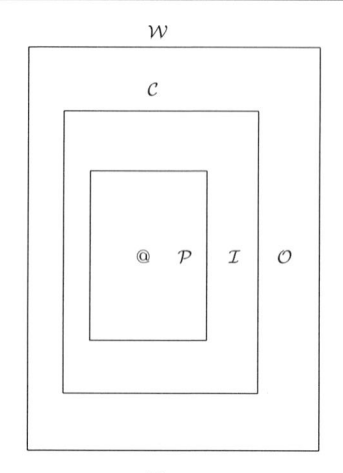

図 1.1

ここでは解釈は $\langle \mathcal{P}, \mathcal{I}, \mathcal{O}, @, D, \delta \rangle$ という組み合わせである．$\mathcal{P}, \mathcal{I}, @, D$ は以前と同様である．$\mathcal{O}$ は開世界の集合であり，したがって $\mathcal{O} \cap \mathcal{C} = \emptyset$. $\mathcal{W} = \mathcal{C} \cup \mathcal{O}$. $\delta$ は，開世界 $w \in \mathcal{O}$ については，任意のマトリクス $C$ ($A \to B$, $\square A$, $\diamond A$ という形式のものだけでなく) に対して $w$ における外延と余外延 $\delta^+(C, w), \delta^-(C, w) \subseteq D^n$ を与える (排他性も網羅性も仮定しないことに注意．そうするべきでないことは明らかである)．それ以外は $\delta$ は以前と同様である．開世界においては，真偽条件は以下のように一様に与えられる．$C(x_1, \ldots, x_n)$ を任意のマトリクスとし，$t_1, \ldots, t_n$ が対応する変項に対して自由に置換できる項とする．このとき

$$w \Vdash_s^+ C(t_1, \ldots, t_n) \iff \langle \delta_s(t_1), \ldots, \delta_s(t_n) \rangle \in \delta^+(C, w)$$
$$w \Vdash_s^- C(t_1, \ldots, t_n) \iff \langle \delta_s(t_1), \ldots, \delta_s(t_n) \rangle \in \delta^-(C, w).$$

閉世界での真理条件は，志向性演算子以外については以前と同様である．志向性演算子については，世界は開世界にも到達できるのであるから，

$$w \Vdash_s^+ t\Psi A \iff \text{すべての } w' \in \mathcal{W} \text{ に対して，} w R_\Psi^{\delta_s(t)} w' \text{ ならば } w' \Vdash_s^+ A$$
$$w \Vdash_s^- t\Psi A \iff \text{ある } w' \in \mathcal{W} \text{ に対して，} w R_\Psi^{\delta_s(t)} w' \text{ かつ } w' \Vdash_s^- A.$$

(しかし可能世界での $\to$ に関する真偽条件においては，関連する世界のクラスは $\mathcal{W}$ ではなく $\mathcal{C}$ のままであることに注意.)

妥当性はここでも @ での真理の保存によって定義される．

志向性演算子を含まない式に対しては開世界は（@ では）なんの影響ももたないが，しかし志向性演算子に対しては，論理的帰結に関する閉包を成り立たなくさせるのに十分な効力をもつ．たとえば $\models A \to B$ としよう．このとき（ある評価 $s$ のもとで） $A$ が成り立つ $\mathcal{C}$ のすべての世界で $B$ が成り立つ．しかしもし $B$ が $A$ とは異なる式であるとすれば，開世界の中には，（ある評価 $s$ のもとで） $A$ が成り立ち，かつ $B$ が成り立たないような世界がありうる．そして @ が $R_{\Psi}^{\delta_s(t)}$ によってその世界に到達することも可能である．このとき @ で $t\Psi A$ が成り立つが，$t\Psi B$ は成り立たないということが可能である．

$\models (Pa \land Qb) \to Pa$ を例にとろう．次の解釈を考えよう．

$\mathcal{C} = \{@\}$
$\mathcal{O} = \{w\}$
$@R_{\Psi}^{\delta_s(t)}w$ （かつ @ は $w$ 以外と関係 $R_{\Psi}^{\delta_s(t)}$ をもたない）
$\delta^+(Px_1 \land Qx_2, w) = D^2$, 一方 $\delta^+(Px_1, w) = \emptyset$

（ただし $Px_1 \land Qx_2, Px_1$ はマトリクス）．このとき

$@\Vdash_s^+ t\Psi(Pa \land Qb) \iff w \Vdash^+ Pa \land Qb$
$\iff \langle \delta(a), \delta(b) \rangle \in \delta^+(Px_1 \land Qx_2, w)$

これは真である．しかし

$@\Vdash_s^+ t\Psi Pa \iff w \Vdash^+ Pa$
$\iff \langle \delta(a) \rangle \in \delta^+(Px_1, w)$

これは真ではない．

この意味論はまたバーカン式に関する問題も解決する．たとえば $t\Psi \mathfrak{A}xPx \not\models$

$\mathfrak{A}xt\Psi Px$ である．これを確かめるには次の解釈を考えればよい．

$$D = \{a\}$$
$$\mathcal{C} = \{@\}$$
$$\mathcal{O} = \{w\}$$
$$@R_\Psi^{\delta_s(t)} w \ (かつ @ は w 以外と関係 R_\Psi^{\delta_s(t)} をもたない)$$
$$\delta^+(\mathfrak{A}xPx, w) = \{\langle\rangle\}$$
$$\delta^+(Px, w) = \emptyset$$

(ただし $Px$ はマトリクス)．

$$@ \Vdash_s^+ t\Psi\mathfrak{A}xPx \iff w \Vdash_s^+ \mathfrak{A}xPx$$
$$\iff \langle\rangle \in \delta^+(\mathfrak{A}xPx, w)$$

これは真である．しかし

$$@ \Vdash_s^+ \mathfrak{A}xt\Psi Px \iff すべての d \in D に対して @ \Vdash_{s(x/d)}^+ t\Psi Px$$
$$\iff すべての d \in D に対して w \Vdash_{s(x/d)}^+ Px$$
$$\iff すべての d \in D に対して d \in \delta^+(Px, w)$$

これは真ではない．逆の含意に対する反証モデルの一つは，単に $\delta^+(\mathfrak{A}xPx, w) = \emptyset$, $\delta^+(Px, w) = D$ とすれば得られる．したがって私たちが見てきたすべての問題は解決される．

この解決法があまりにも安っぽいと心配する人もいるかもしれない．これは志向性演算子に関するすべての推論を破壊してしまう，と．いや，まったく全部というわけではない．量化子に関する様々な推論，たとえば $t\Psi Pc \models \mathfrak{S}xt\Psi Px$ などは保持されている．また到達可能性関係に課される制約によって成り立つ推論もある．たとえば，もし $R_\Psi^d$ が (すべての $d$ に対して) 反射的であれば，$t\Psi A \models A$, など．そしておそらく，1.3 節で説明されたように，特定の志向的概念に対してはより多くの推論ができることを要求するべきだろう．たとえば $\Psi$ が「という

ことを知っている」ならば，少なくともそれが論理的帰結に関して閉じていると考えるのは自然である（もっともそれは間違いだと私は思うが）．もしこれが正しいとして，これには $R_\Psi^d$ に適切な制約を設けることで対応できる．つまり $R_\Psi^d$ は論理的帰結に関して閉じた世界（たとえば $\mathcal{C}$ に含まれる世界）にのみ到達するという制約である．なんらかの論理的帰結の概念に関して閉じている志向的概念も確かに存在する．たとえば「$x$ はこれこれが成り立つということに合理的にコミットする」は，$x$ がどの論理を受け入れるにせよ，その論理に関して閉じている．第4章では，論理的に閉じた志向的概念の一つが重要な役割を果たす．しかしこの種の例は特殊なケースであり，一般的には志向的概念は実際，論理的に見て相当にアナーキーなものである．人とはそういうものである[21]．

最後に，次のことに気づいた方もいるだろう．開世界は論理的帰結に関する閉包およびバーカン式を妥当でなくするために役立つものだが，同様に論理的全知を妥当でなくするためにも役に立つ．たとえばもし $A$ が論理的真理だとして，$A$ が成り立たない開世界を構成することは容易である．実際，この意味論から明らかなことだが，不可能世界はある種の（条件文と様相文だけがアナーキーに振る舞うような）開世界だと考えられる．なぜ不可能世界なしで済ませないのか．実際，志向性演算子に関する限りはそれでもよい．その場合，この論理の非志向的な部分はなんらかの定領域関連論理ではなく，定領域 $S5$ である．しかし論理的帰結の説明に関しては，おそらく，$S5$ よりも関連論理の方がよい[22]．したがって結局，不可能世界のような世界を認めるべきなのだ．そして，上記の構成は，少なくとも，関連論理が志向性演算子の適切な振る舞いと完全に両立可能だということを示している．

---

21) 志向的概念について，そして特に「ということを知っている」について，これほどわずかの推論しか確証しないものが，そもそも論理と呼ぶに値するのか，という疑問を表明する論者もこれまでに幾人かいた（たとえば Horcutt (1972)）．ひょっとしたらその通りかもしれない．しかし何も証明しない論理（null logic）も厳密には論理である．そしてより重要なことだが，その論理がそれほど興味深くないからといって，その意味論まで興味深くないということにはならない．実際，なぜ様々な推論が成り立たないかを示す，志向性演算子の意味論の説明を与えることは，困難な問題である．

22) たとえば Routley *et al* (1982) を参照．

## 1.8 結論

本章で私たちは志向性についての議論に着手した．ここでは様々な世界を使った，志向性演算子に対する一つの意味論を見た．この意味論は関連論理をうまく取り込むだけでなく，論理的全知と論理的帰結に関する閉包の問題を解決することもできる．私はまた非存在主義へと向かう方向を指し示した．しかしながら志向性に関する問題はまだ着手されたばかりである．本章では同一性の問題は無視してきた．同一性はまたそれ独自の問題を引き起こす．次章ではこの問題に目を向けよう．

## 1.9 テクニカルな付録

上の意味論で決定される命題論理は Priest (2001) の第 9 章において $N_4$ と呼ばれたものである．志向性演算子 $\Psi$ に関する論理は，すでに述べたように，ほとんど自明である．したがって多くの注釈を必要とするのは量化子のみである．このテクニカルな付録では，量化子が上で与えた意味論において適切に機能することを示す．世界がやや捉えにくい振る舞いをすることと，後の形式的な証明に関する付録がここでの証明に基づいているということから，私はここで証明を十分な細部まで詳述しようと思う．多くの場合，真 (+) に対する証明と偽 (−) に対する証明は，実質的に同じものである．そのような場合には ± と書き，その多義性の解釈は読者に任せる．

**補題 1** 任意の解釈を考える．$t$ は項，$A$ は式とする．$s_1$ と $s_2$ は変項への評価であり，$t$ と $A$ に自由に現れる変項に関しては同じ値を与えるものとする．このとき

1. $\delta_{s_1}(t) = \delta_{s_2}(t)$
2. 任意の $w \in \mathcal{W}$ に対して，$w \Vdash^{\pm}_{s_1} A \iff w \Vdash^{\pm}_{s_2} A$.

**証明** 1の証明は，項の構成に対する帰納法による．定項に関しては

$$\delta_{s_1}(c) = \delta(c) = \delta_{s_2}(c).$$

変項に関しては

$$\delta_{s_1}(x) = s_1(x) = s_2(x) = \delta_{s_2}(x).$$

関数記号に関しては

$$\begin{aligned}\delta_{s_1}(ft_1\ldots t_n) &= \delta(f)(\delta_{s_1}(t_1),\ldots,\delta_{s_1}(t_n)) \\ &= \delta(f)(\delta_{s_2}(t_1),\ldots,\delta_{s_2}(t_n)) \qquad \text{帰納法の仮定より}\\ &= \delta_{s_2}(ft_1,\ldots,t_n).\end{aligned}$$

2の証明は，$w$ が $\mathcal{C}$ に属する場合と $\mathcal{O}$ に属する場合に分けて行う．$w \in \mathcal{C}$ と仮定しよう．このとき論証は帰納法による．基礎事例に関しては1を用いる．

$$\begin{aligned}w \Vdash^{\pm}_{s_1} Pt_1\ldots t_n &\iff \langle \delta_{s_1}(t_1),\ldots,\delta_{s_1}(t_n)\rangle \in \delta^{\pm}(P,w) \\ &\iff \langle \delta_{s_2}(t_1),\ldots,\delta_{s_2}(t_n)\rangle \in \delta^{\pm}(P,w) \qquad \text{1より} \\ &\iff w \Vdash^{\pm}_{s_2} Pt_1\ldots t_n.\end{aligned}$$

$$\begin{aligned}w \Vdash^{\pm}_{s_1} \neg A &\iff w \Vdash^{\mp}_{s_1} A \\ &\iff w \Vdash^{\mp}_{s_2} A \qquad \text{帰納法の仮定より}\\ &\iff w \Vdash^{\pm}_{s_2} \neg A.\end{aligned}$$

$\wedge$ と $\vee$ の場合は同様である．

$\to$ と様相演算子に関しては $w$ が $\mathcal{P}$ に属する場合と $\mathcal{I}$ に属する場合の二つの場合がある．$w \in \mathcal{P}$ とする．そのとき

$$w \Vdash^+_{s_1} A \to B \iff \text{すべての } w' \in \mathcal{C} \text{ に対して，もし } w' \Vdash^+_{s_1} A \text{ ならば}$$
$$w' \Vdash^+_{s_1} B$$
$$\iff \text{すべての } w' \in \mathcal{C} \text{ に対して，もし } w' \Vdash^+_{s_2} A \text{ ならば}$$
$$w' \Vdash^+_{s_2} B \quad \text{帰納法の仮定より}$$
$$\iff w \Vdash^+_{s_2} A \to B$$
$$w \Vdash^-_{s_1} A \to B \iff \text{ある } w' \in \mathcal{C} \text{ に対して } w' \Vdash^+_{s_1} A \text{ かつ}$$
$$w' \Vdash^-_{s_1} B$$
$$\iff \text{ある } w' \in \mathcal{C} \text{ に対して } w' \Vdash^+_{s_2} A \text{ かつ}$$
$$w' \Vdash^-_{s_2} B \quad \text{帰納法の仮定より}$$
$$\iff w \Vdash^-_{s_2} A \to B.$$

□ に関しては

$$w \Vdash^\pm_{s_1} \Box A \iff \text{すべての／ある } w' \in \mathcal{P} \text{ に対して } w' \Vdash^\pm_{s_1} A$$
$$\iff \text{すべての／ある } w' \in \mathcal{P} \text{ に対して } w' \Vdash^\pm_{s_2} A$$
$$\text{帰納法の仮定より}$$
$$\iff w \Vdash^\pm_{s_2} \Box A.$$

◇ に関しては同様．

次に $w \in \mathcal{I}$ と仮定しよう．$C(t_1, \ldots, t_n)$ という形式の式を考えよう．ただし $C$ は $A \to B$，$\Box A$ または $\Diamond A$ という形式のマトリクスであり，各 $t_i$ は $x_1, \ldots, x_n$ のうちのいくつかを自由に含んでいるかもしれず，かつ $C$ に対して置換した際に自由であるとする．このとき

$$w \Vdash^\pm_{s_1} C(t_1, \ldots, t_n) \iff \langle \delta_{s_1}(t_1), \ldots, \delta_{s_1}(t_n) \rangle \in \delta^\pm(C, w)$$
$$\iff \langle \delta_{s_2}(t_1), \ldots, \delta_{s_2}(t_n) \rangle \in \delta^\pm(C, w) \quad 1 \text{ より}$$
$$\iff w \Vdash^\pm_{s_2} C(t_1, \ldots, t_n).$$

志向性演算子に関しては

$$w \Vdash^{\pm}_{s_1} t\Psi A \iff wR^{\delta_{s_1}(t)}_{\Psi}w' を満たすすべての/ある w' \in \mathcal{W} に対して$$
$$w' \Vdash^{\pm}_{s_1} A$$
$$\iff wR^{\delta_{s_2}(t)}_{\Psi}w' を満たすすべての/ある w' \in \mathcal{W} に対して$$
$$w' \Vdash^{\pm}_{s_2} A \qquad 1 および帰納法の仮定より$$
$$\iff w \Vdash^{\pm}_{s_2} t\Psi A.$$

そして量化子に関しては

$$w \Vdash^{\pm}_{s_1} \mathfrak{A}yA(y) \iff すべての/ある d \in D に対して w \Vdash^{\pm}_{s_1(y/d)} A(y)$$
$$\iff すべての/ある d \in D に対して w \Vdash^{\pm}_{s_2(y/d)} A(y)$$
$$\qquad 帰納法の仮定より$$
$$\iff w \Vdash^{\pm}_{s_2} \mathfrak{A}yA(y).$$

$\mathfrak{S}$ の場合も同様.

次に $w \in \mathcal{O}$ の場合を考える．この場合，帰納法は用いず，各式に対する論証は不可能世界における $\to$ と様相演算子に対する論証と同様になる．∎

**補題2** 任意の解釈を考える．$t'(x)$ は任意の項，$A(x)$ は任意の式とする．$t$ はこれらの $x$ と自由に置換できる任意の項であるとする．$s$ は任意の自由変項の評価であるとする．このとき，もし $d = \delta_s(t)$ ならば

1. $\delta_{s(x/d)}(t'(x)) = \delta_s(t'(t))$
2. 任意の $w \in \mathcal{W}$ に対して $w \Vdash^{\pm}_{s(x/d)} A(x) \iff w \Vdash^{\pm}_s A(t)$.

**証明** 1 の証明は項の構成に関する帰納法による．もし $t'(x)$ が定項または $x$ とは異なる変項である場合，結果は補題1より帰結する．$t'(x)$ が $x$ の場合，

$$\delta_{s(x/d)}(x) = d = \delta_s(t).$$

関数記号については

$$\begin{aligned}\delta_{s(x/d)}(ft_1(x)\ldots t_n(x)) &= \delta(f)(\delta_{s(x/d)}(t_1(x)),\ldots,\delta_{s(x/d)}(t_n(x)))\\ &= \delta(f)(\delta_s(t_1(t)),\ldots,\delta_s(t_n(t))) \quad \text{帰納法の仮定より}\\ &= \delta_s(ft_1(t)\ldots t_n(t)).\end{aligned}$$

2 の証明は，$w$ が $\mathcal{C}$ に属する場合と $\mathcal{O}$ に属する場合の，二つの場合に分けられる．$w \in \mathcal{C}$ と仮定しよう．論証は帰納法による．基礎事例に関しては 1 を用いる．

$$\begin{aligned}w \Vdash^{\pm}_{s(x/d)} Pt_1(x)\ldots t_n(x) &\\ \iff \langle \delta_{s(x/d)}(t_1(x)),\ldots,\delta_{s(x/d)}(t_n(x))\rangle &\in \delta^{\pm}(P,w)\\ \iff \langle \delta_s(t_1(t)),\ldots,\delta_s(t_n(t))\rangle &\in \delta^{\pm}(P,w) \quad \text{1 より}\\ \iff w \Vdash^{\pm}_s Pt_1(t)\ldots t_n(t).&\end{aligned}$$

¬ に関しては

$$\begin{aligned}w \Vdash^{\pm}_{s(x/d)} \neg A(x) &\iff w \Vdash^{\mp}_{s(x/d)} A(x)\\ &\iff w \Vdash^{\mp}_s A(t) \quad \text{帰納法の仮定より}\\ &\iff w \Vdash^{\pm}_s \neg A(t).\end{aligned}$$

∨ と ∧ に関しては同様．

→ と様相演算子に関しては $w$ が $\mathcal{P}$ に属する場合と $\mathcal{I}$ に属する場合の二つの場合に分けられる．$w \in \mathcal{P}$ と仮定する．

$$\begin{aligned}w \Vdash^{+}_{s(x/d)} A(x) \to B(x) &\\ \iff \text{すべての } w' \in \mathcal{C} \text{ に対して，もし } w' &\Vdash^{+}_{s(x/d)} A(x)\\ \text{ならば } w' \Vdash^{+}_{s(x/d)} B(x) &\\ \iff \text{すべての } w' \in \mathcal{C} \text{ に対して，もし } w' &\Vdash^{+}_s A(t) \text{ ならば}\\ w' \Vdash^{+}_s B(t) \quad \text{帰納法の仮定より} &\\ \iff w \Vdash^{+}_s A(t) \to B(t) &\end{aligned}$$

偽の場合も同様である．

$$w \Vdash^{\pm}_{s(x/d)} \Box A(x) \iff \text{すべての／ある } w' \in \mathcal{P} \text{ に対して } w' \Vdash^{\pm}_{s(x/d)} A(x)$$
$$\iff \text{すべての／ある } w' \in \mathcal{P} \text{ に対して } w' \Vdash^{\pm}_{s} A(t)$$
$$\text{帰納法の仮定より}$$
$$\iff w \Vdash^{\pm}_{s} \Box A(t)$$

$\Diamond$ に関しては同様.

次に $w \in \mathcal{I}$ と仮定しよう. $C(t_1, \ldots, t_n)$ という形式の式を考えよう. ただし $C$ は $A \to B$, $\Box A$ または $\Diamond A$ という形式のマトリクスであり, 各 $t_i$ は $x$ を自由に含んでいるかもしれず, かつ $C$ への置換に際して自由であるとする. このとき

$$w \Vdash^{\pm}_{s(x/d)} C(t_1(x), \ldots, t_n(x))$$
$$\iff \langle \delta_{s(x/d)}(t_1(x)), \ldots, \delta_{s(x/d)}(t_n(x)) \rangle \in \delta^{\pm}(C, w)$$
$$\iff \langle \delta_s(t_1(t)), \ldots, \delta_s(t_n(t)) \rangle \in \delta^{\pm}(C, w) \quad 1\text{ より}$$
$$\iff w \Vdash^{\pm}_{s} C(t_1(t), \ldots, t_n(t))$$

志向性演算子に関しては

$$w \Vdash^{\pm}_{s(x/d)} t'(x) \Psi A(x)$$
$$\iff wR^{\delta_{s(x/d)}(t'(x))}_{\Psi} w' \text{ を満たすすべての／ある } w' \in \mathcal{W} \text{ に対して}$$
$$w' \Vdash^{\pm}_{s(x/d)} A(x)$$
$$\iff wR^{\delta_s(t'(t))}_{\Psi} w' \text{ を満たすすべての／ある } w' \in \mathcal{W} \text{ に対して}$$
$$w' \Vdash^{\pm}_{s} A(t) \quad 1 \text{ および帰納法の仮定より}$$
$$\iff w \Vdash^{\pm}_{s} t'(t) \Psi A(t)$$

全称量化子に関して, $A(x)$ が $\mathfrak{A}yB(x)$ という形式の式だとしよう. $y$ が $x$ と等しい変項であれば $\mathfrak{A}yB(t)$ は単に $\mathfrak{A}yB(x)$ であり, かつ $x$ はこの式の中で自由ではないので, 結果は補題 1 より帰結する. そこで $x$ と $y$ が異なると仮定しよう. このとき

$w \Vdash^{\pm}_{s(x/d)} \mathfrak{A}yB(x)$
$\iff$ すべての／ある $e \in D$ に対して $w \Vdash^{\pm}_{s(x/d,y/e)} B(x)$
$\iff$ すべての／ある $e \in D$ に対して $w \Vdash^{\pm}_{s(y/e)} B(t)$  $(\star)$
$\iff w \Vdash^{\pm}_{s} \mathfrak{A}yB(t)$

$(\star)$ に関しては，$t$ は $x$ への置換に際して自由であるから，それは $y$ を自由に含まない．したがって補題 1 より $\delta_s(t) = \delta_{s(y/e)}(t)$ となり，$s$ が $s(y/e)$ であるような場合として帰納法の仮定が適用できる．

$\mathfrak{S}$ に関しては同様．

次に $w \in \mathcal{O}$ の場合を考える．この場合，帰納法は用いず，各式に対する論証は不可能世界における $\rightarrow$ と様相演算子に対する論証と同様になる． ■

補題 2 は量化子が適切に振る舞うということを示すために必要十分である．特に次が成り立つ．

**系 3**　$t$ が $A(x)$ の $x$ への置換に際して自由であるならば

1. $\mathfrak{A}xA(x) \models A(t)$
2. $A(t) \models \mathfrak{S}xA(x)$.

**証明**　1 に関して．@$\Vdash^{+}_{s} \mathfrak{A}xA(x)$ とする．このとき任意の $d \in D$ に対して @$\Vdash^{+}_{s(x/d)} A(x)$．$d = \delta_s(t)$ とする．このとき補題 2 より @$\Vdash^{+}_{s} A(t)$．2 に関して．@$\Vdash^{+}_{s} A(t)$ とする．このとき $d = \delta_s(t)$ とすると，補題 2 より @$\Vdash^{+}_{s(x/d)} A(x)$．したがって @$\Vdash^{+}_{s} \mathfrak{S}xA(x)$． ■

# 第 2 章
# 同一性

## 2.1 序：同一性と志向性

前章では志向性演算子に関して生じる問題のいくつかを見て，それらを解決した．しかしながらもう一つ，取り組まなければならない問題がある．それは同一性が志向性演算子に関してどう振る舞うのかに関わる問題である．

私たちはこの問題に，古代メガラ派の論理学者であるエウブリデスに伝統的に帰されている一つのパラドクスを通じて，アプローチする．そのパラドクスを紹介した後，様々な側面からそれを検討し，そしてその問題を解決する同一性に対する意味論を与える．しかしながらまずは，前章の意味論に同一性を付け加えるならば，どうするのが最も自然なやり方であるかを見てみよう．

## 2.2 同一性を付け加える

同一性を付け加えるために，二項述語 $=$ を私たちの言語に加え，それに対する意味論を以下のように与える．$\delta$ は $=$ に外延と余外延を与えるが，可能世界 $w \in \mathcal{P}$ においては

$$\delta^+(=,w) = \{\langle d,d\rangle : d \in D\}$$

となる．これは世界によって変化しないことに注意したい．$=$ の余外延もまた世界によって変化しない集合である．そして私たちは（少なくとも当面は）$\delta^+(=,w)$

と $\delta^-(=,w)$ が排他的かつ網羅的であると想定してよい．この場合これらは同一性の古典的な条件になっている．したがって可能世界においては同一性はオーソドックスな仕方で振る舞う．特に $\models t = t$ が成り立つ．

不可能世界においては論理法則が成り立たないかもしれない．特に同一律の事例が成り立たないかもしれない．→ 式に関してこれを成し遂げるために，私たちは → 式が勝手に振る舞うことを許した．私たちは同一性に対しても同じことができるだろう．したがって $w \in \mathcal{I}$ のとき，私たちが要求するのは $\delta^+(=,w) \subseteq D^2$ および $\delta^-(=,w) \subseteq D^2$ のみである．外延と余外延が世界によって変化しないこと，同一性言明が無矛盾に振る舞うこと，あるいは，同一律の事例が成り立つことは不可能世界では要求されない．このことによって同一性は関連論理の一部に組み込まれる．たとえば，$\models (t_1 = t_2 \land \neg t_1 = t_2) \to A$ や $\models A \to t = t$ は成り立たない．

最後に，開世界において，同一性述語を含む式は 1.7 節における式と同様の働きをする．すなわち，それらは原子文と同様に扱われる．したがって同一性を含む文に関するいかなる論理的帰結も開世界においては成り立たないが，このことは志向的状態が論理的帰結について閉じていないことのために要求される．

しかし以上の道具立てが与えられた上で，なおこの意味論は同一律のみならず，同一者の置換可能性（以下，SI と呼ぶ）を成り立たせる．すなわち，$t_1$ と $t_2$ が $A(x)$ への置換に際して自由であるならば

$$t_1 = t_2, A(t_1) \models A(t_2)$$

が成り立つ（本章の付録を参照）．この点に関しては，@ における = の外延によって，難しい仕事はすべて終わっている．本章の残りで私たちが関わるのは SI である．以下で見るように，これがパラドクスの核である．

## 2.3 逆説家エウブリデス

最も有名な古代の逆説家と言えばゼノンであることは疑いない．哲学者たちは彼のパラドクス，特に運動のパラドクスに，彼がそれを定式化して以来，取

り組んできた．しかし私の考えでは，最も偉大な古代の逆説家はゼノンではなく，メガラ派の哲学者エウブリデスである．エウブリデスは七つのパラドクスを定式化したと言われている．ディオゲネス・ラエルティウスはそれらを次のように列挙している．嘘つきのパラドクス，変装した者のパラドクス，エレクトラのパラドクス，ベールを被った人物のパラドクス，ソライティーズ・パラドクス，角の生えた人のパラドクス，禿げ頭のパラドクス[1]．これらのうちのあるものは他のものの変種であり，基本的には以下の四つの異なるパラドクスが存在していたように思われる[2]．

1. **嘘つき**．「ある男が，自分は嘘をついている，と言っている．彼が言っていることは真か偽か」．
2. **フードを被った男，気づかれない男，エレクトラ**．「君は自分の弟を知っていると言う．しかしたった今，フードを被って入ってきた男は君の弟であり，しかも君はその男を知らない」．
3. **禿げた男，あるいは砂山**．「二本しか毛のない男を禿げているというか．しかり．三本しか毛のない男を……以下続く．それではどこで線を引くのか」．
4. **角の生えた男**．「君が失っていないものは君がまだもっているものだ．ところで君は角を失ってはいない．したがって君はまだ角をもっている」．

当時の多く人々にとって，エウブリデスの論証は詭弁のように思えたようで，彼はパロディの格好の的にされた．実際に当時のある喜劇詩人は，「論争好きのエウブリデスは，角についての屁理屈を捏ね，過ちに飾り立てられた論証によって論客を惑わせ，デモステネスのような大ぼらを吹いて去って行った」と記した[3]．しかし2500年後の視点から見て，この低い評価はほとんど正当化しがたい．

---

1) Hicks (1925), ii. 108. もちろんエウブリデスがこれらを本当に発明したのかということには議論の余地がある．たとえば変装した者（フードを被った男）のパラドクスは，メガラ学派の始祖であるユークリッドに帰されることもある．
2) Kneal and Kneal (1962), 114 を参照．彼らはそこで原典を引用している．
3) Hicks (1925), ii, 108.

上に挙げたパラドクスの四番目は確かにほとんど詭弁のようなものだ．これは弁護士や他のぺてん師によってしばしば使われ，現在では**多重質問の誤謬**として分類される仕掛け（「あなたは奥さんを殴るのはやめたのですか」といった質問の類）を用いている．字義どおりには，もしあなたが角をもったことがないのなら，あなたは角を失ったこともない．したがって「もしあなたが角を失っていないのであれば，あなたは角を（まだ）もっている」という条件文は偽である．トリックは，人が通常失うことについて話す状況から生じる会話の含みを利用することにある．これとは対照的に，一番目と三番目のパラドクス，嘘つきとソライティーズはまったく異なる．現代の哲学的論理学に通じている人にとっては言われるまでもないことだが，これらは現代の議論において中心的といえるほどの重要性をもっている．さらに，エウブリデスから2500年が経った現在でも，これらのパラドクスをどのように解決するかということについての共通見解は得られていない．このことはこれらのパラドクスがいかに深刻であるかを物語っている．この状況をゼノンのパラドクスに関する状況と比べてみよう．哲学者たちは現在もゼノンのパラドクスについて議論をするかもしれないが，これらのパラドクスに対する解決については，少なくともここ一世紀の間には一般的な共通見解が得られてきた．それゆえに私は，ゼノンとエウブリデスについて，より偉大なのは後者だと述べたのである．

## 2.4 フードを被った男のパラドクス

エウブリデスの二番目のパラドクス，フードを被った男についてはどうだろう．これは嘘つきやソライティーズほど有名ではないが，しかし志向性についての根本的なパラドクスの一つであり，私たちが関心をもつのもこのパラドクスである．

まずは問題を不純物のない仕方で定式化することから始めよう．一人の男が部屋に歩いて入ってきたとする．その男はフードを被っていて，あなたは気づいていないが，あなたの弟である．この場合，パラドクスの論証は単純に

　　この男はあなたの弟だ．

あなたはこの男を知らない．
あなたはあなたの弟を知らない．
This man is your brother.
You do not know this man.
You do not know your brother.

となる．前提は真であるが結論は真ではないように思われる．しかしこの論証は SI の事例なのである．

しかしこれに対しては簡単な解決がある．二番目の前提は偽だ．あなたはその男を実際には知っている．あなたはただ，そのことに気づいていないだけだ．この解決については次章でもっと詳しく論じよう．しかしこの解決は性急すぎる．あなたは実際にその男を知っているかもしれないが，少なくとも彼がフードを被っている間は，あなたは彼が誰かを知らないのだ．しかしあなたはあなたの弟が誰かは知っている．そこで次の定式化が得られる．

この男はあなたの弟だ．
あなたはこの男が誰かを知らない．
あなたはあなたの弟が誰かを知らない．
This man is your brother.
You do not know who this man is.
You do not know who your brother is.

前提は真，そして結論は偽に思われるが，これもまた SI の別の例である．

この論証は多くの議論の種を含んでいる．それらのうち，ここでそれほど中心的でないものを取り除けるかどうか見てみよう．第一に，ある人が誰であるかを知るということはどういうことだろう．あなたが子供に，切り裂きジャックは誰かと尋ねたとしよう．子供は「ヴィクトリア時代のロンドンで，娼婦を殺して内臓を取り出したと言われているけど，その身元は突き止められなかった人」と言う．この子供は切り裂きジャックが誰かを知っている．しかしあなたが同じ質問を歴史家に尋ねたとする．彼らはこの子供が知っていることはす

べて知っている．しかし彼らは，正直に言って私たちは切り裂きジャックが誰だったのかを知らないのだ，と告げるだろう．切り裂きジャックが誰だったのかを知っているためには，切り裂きジャックはヴィクトリア女王だった，あるいは，切り裂きジャックはコナン・ドイルだった，といったようなことを知っていなければならないだろう．

　したがってある人が誰かを知るために私たちが知らなければいけないことは文脈依存的である．しかしその文脈がなんであれ，ある人が誰かを知ることは，彼らについて何事かを知ることに，つまり彼らがかくかくしかじかだということを知ることに帰着する．エウブリデスのパラドクスの場合では，フードを被った男が誰かを知っていることは，彼の名前がこれこれだということ，フードを取ったらこんな外見だということ，あるいは実際に彼があなたの弟だということを知っているというようなことだろう[4]．したがってこのパラドクスは……だということを知ること「knowing that」を使って再定式化できる．これらの同定性質のうち任意の一つ——たとえば，メガラで生まれたこと——を取り上げよう．このとき，パラドクスの論証は次のようなものに帰着する．

　　この男はあなたの弟だ．
　　あなたはこの男がメガラで生まれたということを知らない．
　　あなたはあなたの弟がメガラで生まれたということを知らない．
　　This man is your brother.
　　You do not know that this man was born in Megara.

---

[4] Hintikka (1962), 132, は「あなたは $a$ が誰かを知っている」は $\exists x K x = a$ と理解されるべきだと主張する（ただしここで $K$ は「あなたは……を知る」を表す）．これは疑わしい．この理解は「knowing who」を文脈非依存的にするだけでなく，$a$ が固定指示子（rigid designator）であっても，存在汎化ができないことを要求する．というのも，おそらく常に $Ka = a$ は真だろうから．しかしこの理解でも，「knowing who」は「knowing that」によって実現されている．私が知る限り最も丁寧な「knowing who」の分析は Boër and Lycan (1986) によって提供されている．彼らは「knowing who」が文脈依存的であることを認識しており，関連する文脈とは，話者の目的であると考えている．彼らは「knowing who」はある種の「knowing that」だと主張し，それがどのような種類の「knowing that」なのかをきめ細かく分析している．その詳細にここで立ち入る必要はない．彼らが本書で採用されているような直接的な分析ではなく並列的な「knowing that」の分析を採用していること，そしてそのことによって彼らの「knowing who」の分析がひどく複雑なものになっていることは注記されるべきだろう．

You do not know that your brother was born in Megara.

　次に，エウブリデスの論証は直示詞（demonstratives），具体的には「この男」という直示詞を使っている．直示詞の表示は文脈に依存する．現在の場合では，直示詞の指示は発話者の意図によって固定されている．しかしもしも文脈が変化しなければ，直示詞の表示は変化しないし，同じ役割は当の対象を指示する名前によっても果たされる．そしてこの論証では文脈は変化しないのだから，私たちは直示詞によって生じる余分な複雑さを単純に無視して，その人物が名前によって指示されているものと考えることができる．そこでこのフードを被った男を「ネスキオ」と名づけることにしよう．ここでこの名前は固定指示子（すべての世界で表示が変わらない項である）とする．このときパラドクスの論証は次のようになる．

> ネスキオはあなたの弟だ．
> あなたはネスキオがメガラで生まれたことを知らない．
> ―――
> あなたはあなたの弟がメガラで生まれたことを知らない．
> Nescio is your brother.
> You do not know that Nescio was born in Megara.
> ―――
> You do not know that your brother was born in Megara.

あるいは対偶をとって，再び単純化すると

> ネスキオはあなたの弟だ．
> あなたはあなたの弟がメガラで生まれたことを知っている．
> ―――
> あなたはネスキオがメガラで生まれたことを知っている．
> Nescio is your brother.
> You know that your brother was born in Megara.
> ―――
> You know that Nescio was born in Megara.

以下でフードを被った男の論証が言及されるときには，この論証が言及されて

そしてこのバージョンの論証に関しては，最初の論証のように，あなたは実際にはネスキオがメガラで生まれたことを知っているのだが，ただそのことに気づいていないのだ，と言うことによって問題を避けることはできない．というのもあなたは確かにあなたの弟がメガラで生まれたことを実際に知っているからだ．したがって，この問題は次のような，同種の異なる例において再現される．

> ネスキオはあなたの弟だ．
> あなたはあなたの弟がメガラで生まれたことに気づいている．
> ―――――――――――――――――――
> あなたはネスキオがメガラで生まれたことに気づいている．
> Nescio is your brother.
> You realize that your brother was born in Megara.
> ―――――――――――――――――――
> You realize that Nescio was born in Megara.

あなたがまだ疑うなら，13世紀の人々が水が$H_2O$であることを知らなかったという事実について考えてみればよい．彼らは水が水であることはもちろん知っていた．あるいは，人はジョージ・エリオットがジョージ・エリオットであることをアプリオリに知っているが，ジョージ・エリオットがマリアン・エヴァンズであることをアプリオリには知らない[5]．

---

[5] Salmon (1986) はこのような文脈における普遍的な置換可能性を認める説明を，内包的文脈に与えている．彼によると，知識——および同様の内包的演算子——は，厳密に言えば，行為者，命題，そして外観 (guise)（あるいはフレーゲの意義）の間の三項関係である．無条件の知識は（実は）常になんらかの外観に相対的な知識である．したがって彼の考えでは，あなたは実際にネスキオがメガラで生まれたことを知っている（なぜなら，あなたはそれをあなたの弟というネスキオの外観と相対的に知っているからだ）．あなたはそれを部屋に入ってきた男という外観に相対的には知らない．さらにジョージ・エリオットはジョージ・エリオットだという命題はアプリオリだ，とサモンは主張する．したがってジョージ・エリオットはマリアン・エヴァンズだという命題もまたアプリオリである，とサモンは（クリプキに逆らって）主張する．私には，このことを受け入れると，アプリオリ性が果たさなければならない役割との接触が失われるように思われる．この特定の事実を経験的知識なしに推論できるようにする方法はない．私たちは外観の中には，その下では経験的知識なしにこの命題を推論することができないようなものがあるのだ，と考えたくなるかもしれない．しかしサモンにとっては，アプリオリ性は命題の性質であり，それは外観に相対的なものではない（p. 133）．また，経験的知識なしに推論できないのは「ジョージ・エ

この問題の解決に移る前に，もう一つ重要な事実を指摘しておこう．この文脈では知識に特有のことはなに一つ現れていない，ということである．ここで問題になっている類のパラドクスは，すべての志向性演算子に関して生じる．もしこのことが明らかでなければ，次の例を考えてみればよい．

> ネスキオはあなたの弟だ．
> あなたはあなたの弟がメガラで生まれたと信じている．
> あなたはネスキオがメガラで生まれたと信じている．
> Nescio is your brother.
> You believe that your brother was born in Megara.
> You believe that Nescio was born in Megara.

この結論が偽である可能性は十分にある．特にあなたがネスキオがあなたの弟であると知らない場合には．また

> ネスキオはあなたの弟だ．
> あなたはネスキオが今死んでいるのではないかと不安に思っている．
> あなたはあなたの弟が今死んでいるのではないかと不安に思っている．
> Nescio is your brother.
> You fear that Nescio is now dead.
> You fear that your brother is now dead.

この場合でも結論が真でない可能性は十分にある．また

> ネスキオはあなたの弟だ．
> あなたはネスキオが死ぬことを望んでいる．
> あなたはあなたの弟が死ぬことを望んでいる．
> Nescio is your brother.

---

リオットはマリアン・エヴァンズである」という文の真理だ，と言うこともできない．いかなる文の真理も，（意味についての）経験的知識なしに推論することはできないのである．

> You desire that Nescio die.
> You desire that your brother die.

等々も同様である．オイディプスとイオカステを思い出してみればよい．

だとすれば，ここで問題になっていることは，知識そのものには関係がない．それはすべての志向的命題の文脈における同一性の振る舞いに関する問題なのだ．私はしばしば知識を例に出して，非形式的な説明をすることにはなるけれども，以下で提示する意味論は極めて一般的なものである．このことに留意して，議論を続けよう．

## 2.5 記述と固定指示子

もうひとつ，準備として触れておかなければならない話題がある．それは「あなたの弟」という名詞句をどう理解するべきか，ということである．これは直示詞であるが，単純な直示詞ではない．というのもそれは指示されているものが特定の性質——あなたの弟であるという性質——をもっているという情報を詰め込んでいるからである．文脈が変わらないので直示詞としての側面を無視することはできるが，しかし問題は，この記述がどう機能していると想定するべきか，ということである．記述に対する一般的な意味論はそれらを非固定指示子としている．つまり，その表示は世界によって変化しうるということである．よく知られているように，問題になっている項がこの種の記述である場合，非外延的文脈において，SI（および特称汎化のような量化子に関する推論）が成り立たないことがある[6]．たとえば $9 = 9$ は必然的に成り立つ．しかし惑星の数 $= 9$ は必然的に成り立つわけではない．この世界では「惑星の数」は 9 を指示しているが，異なる世界では異なる数を指示しているかもしれない．

記述に対するこのアプローチを採用すれば，パラドクスは解決される．第 4 章で私は記述に対する意味論を与えるが，わたしはそれらを固定指示子として扱う．したがってこの解決をここで使うことはできない．しかし記述が固定的で

---

[6] たとえば Fitting and Mendelsohn (1998) の，特に chs. 9, 12 を参照．

ないという理論を採用したとしても問題がなくなったわけではないだろう．というのも SI に関する問題は，固有名のような固定的な指示表現に関しても，同様に生じるからである．たとえば，あなたの弟の名前が「カイン」だとしよう．私たちはただこの名前を使ってパラドクスの論証を定式化することができる．このとき論証は次のようになる．

> ネスキオはカインだ．
> あなたはカインがメガラで生まれたことを知っている．
> ――――――――――――――――――――――――
> あなたはネスキオがメガラで生まれたことを知っている．
> Nescio is Cain.
> You know that Cain was born in Megara.
> ――――――――――――――――――――――――
> You know that Nescio was born in Megara.

これは

$$n = c$$
$$\frac{a\Psi Mc}{a\Psi Mn}$$

という形式の論証である（ただし $a$ はあなた）．そしてすでに述べたように，SI のこの事例は同一性に対する 2.2 節の意味論では妥当である．しかしこれは誤っているように思われる．あなたはカインがメガラで生まれたことを実際に知っている．あなたはネスキオがメガラで生まれたことは知らない．したがってその意味論に反して，SI のこの事例は妥当ではないように思われる[7]．

---

[7] すべての名前は擬装した記述であって，したがってこのバージョンの論証は記述を含む論証に還元できる，と主張する向きもある．しかしこのような方法は深刻な困難に直面することがよく知られている．Kripke (1972) を参照．直示詞が偽装した記述であると考えることはとりわけ難しい．というのも，直示詞に関しては，言語的な媒介が何もなくても，指示の選別は確保しうるからだ．

## 2.6 ピエールについてのパズル

上の問題の解決を見る前に，注記するべきことがある．それは，Kripke (1979) が，私たちが扱っているような例が，SI が認識的文脈においては成り立たないことを示している，という考えを反駁しようとしたということである．SI なしでも目下考察中の類の矛盾は生じると彼は論じるのである．したがって，SI に疑いを向けるのは誤りだ，ということになる．よく知られた彼の例はフランス語を母国語とするピエールに関するものである．ピエールは「Londres est jolie」と述べて彼の信念の一つを表現する．それから彼は日本語を学び「ロンドンはきれいじゃない」ということによって彼の信念の一つを表現するようになるが，この際に彼はフランス語での主張に対する以前の態度を変化させてはいない．彼は単に「Londres」と「ロンドン」が同じ場所を指示していることに気がついていないのである．彼はロンドンがきれいであるということと，ロンドンがきれいではないということを，同時に信じているように思われるかもしれない．彼はひょっとしたら「ロンドンはきれいだ」という主張に猛烈に反対することさえしかねない．この場合，彼はロンドンがきれいだと信じ，同時にロンドンがきれいだと信じていないように思われる．

さらに言えば，クリプキの指摘するように，フランス語を経由した回り道も必要ない．ジョージ・エリオットとマリアン・エヴァンズが同一人物であるということを知らずに，「ジョージ・エリオットは男性だ」ということと，「マリアン・エヴァンズは男性ではない」ということを真剣に主張する人物，あるいはより強い場合「マリアン・エヴァンズは男性だ」ということを否定する人物——ピエールとしよう——に関して，まったく同じ問題が生じる．

そこで外国語を経由しないバージョンだけを考えることにしよう．この状況において，

  ピエールはジョージ・エリオットを男性だと信じている
  Pierre believes George Eliot to be a man

および

> ピエールはマリアン・エヴァンズを男性ではないと信じている
> Pierre believes Marian Evans not to be a man

あるいはより強い場合では

> ピエールはマリアン・エヴァンズを男性だとは信じていない
> Pierre does not believe Marian Evans to be a man

と考えることはほとんど不可避である．私たちはこのことを最も確かな筋から聞いているのだ．そしてこの種の証拠が覆される場合（たとえば話者が自分の使っている語を適切に理解していない場合）もあるが，しかしこのような場合が明示的に排除されるように状況を設定することができる．ここに矛盾らしきものが生じるのは，エリオットがエヴァンズであるというさらなる前提が加えられ，ピエールはエリオットを男性ではないと信じている，あるいはより強い場合ではピエールはエリオットを男性だと信じていない，と結論されるときであり，そしてそのときに限る．ここには SI が本質的に関係している．

　対照的に，クリプキが指摘した矛盾は SI ではなく，ピエールの信念がパラフレーズされて報告される仕方に関係している．エヴァンズに関するピエールの信念を「エリオット」という名前を使ってパラフレーズすると，同様の矛盾が得られる．さて，私たちは人の見解を報告する際に，しばしばそれをパラフレーズする．あなたが私に，切り裂きジャックはシャーロック・ホームズ・シリーズの著者だったのだ，と告げるとしよう．あなたの信念を第三者に報告する際に，ドイルが切り裂きジャックだとあなたは考えている，と私が言うことは，通常は正当なことである．しかしながら，もしもあなたがまた，ドイルがホームズ・シリーズを盗作したと考えているならば，上のパラフレーズは正当ではない．

　同様に，身近な例として，エリオットがエヴァンズであるということが，ある集団（ピエールを含む）の中では共通の知識であり，ピエールはエリオットを男性だと信じている（おそらくエリオットが非常に女装のうまい男性だと信じてい

る) としよう．このとき彼の信念を，彼はエヴァンズを男だと信じている，と言うことで報告するのはまったく正当なことだろう．しかし現在問題にしているような場合において，すなわちピエールがエリオットとエヴァンズが同一人物だと知らない場合において，エヴァンズが女性だというピエールの信念を，彼はエリオットが女性だと信じていると述べることでパラフレーズするのは，完全に誤解を招くことである．

　正当なパラフレーズに対する制約，とりわけこの問題で背景知識が果たす役割は，私が思うに，複雑である．しかしここはこの問題に深く立ち入るべき場所ではない．クリプキの問題はこういった制約の違反によって生じるということは明らかである．私たちが関わっている矛盾はまったくパラフレーズには依存していない．そこでは SI が中心的な役割を果たしているのである．

## 2.7　フレーゲと SI

　名前が含まれている場合でも，認識的文脈においては，SI が成り立たないということは，もちろん，よく知られた見解である．それはフレーゲの見解である[8]．フレーゲの見解によれば，フードを被った男についての推論が成り立たないのは，「あなたはカインがメガラで生まれたことを知っている」という文において，「カインがメガラで生まれた」はその標準的な指示 (これはフレーゲにとっては真理値である) を指示せず，その意義 (sense)，すなわちカインがメガラで生まれたという思想 (命題) を指示するからである．そして「カイン」はその標準的な指示である人物を指示するのではなく，その標準的な意義，その人物についてのある考えのようなもの (個体概念) を指示する．同様に，認識的文脈において，「ネスキオ」はその人物を指示するのではなく，ある人物についてのある考えを指示する．そしてネスキオとカインが同一人物であったとしても，その人物についての二つの考えは異なっている．したがって私たちは一方を他方によって置き換えることはできない．(だとすればある意味で SI の不成立は単に構文論的なものであるということになる．というのも私たちは同一指示表現

---

8) Frege (1952) を参照．

を扱っていないことになるからだ.)

残念ながらフレーゲの説明は困難な問題に直面する[9]. 次の推論を考えよう.

> あなたはカインがメガラで生まれたことを知っている.
> カインは赤い髪を生やしている.
> ───────────────────────────────
> 赤い髪を生やした, メガラで生まれたことをあなたが知っている人物がいる.
> You know that Cain was born in Megara.
> Cain has red hair.
> ───────────────────────────────
> There is someone with red hair whom you know to have been born in Megara.

これは確かに妥当であるように思われるだろう. しかしフレーゲにとってはそうではない. 前提が真だったとしても結論

> (1) $\mathfrak{S}x(x$ は赤い髪をもつ $\wedge$ あなたは $x$ がメガラで生まれたことを知っている ).

は偽である. この文が真であるためには, 最初の $x$ は人物でなければならない. しかし二番目の $x$ は個体概念でなければならない. そしていかなる人物も個体概念ではない.

この問題を回避するためにはいくつかの方法が試みられうるだろう. たとえば, この問題を甘んじて受け入れ, (1) が実際に偽であることを認める方法があるだろう. 結論で表現されようとしている真理は次である.

> $\mathfrak{S}x\mathfrak{S}y(x$ は赤い髪を生やしている $\wedge$ $y$ は $x$ の個体概念である $\wedge$ あなたは $y$ がメガラで生まれたことを知っている ).

---

[9] 同様の問題は Boër and Lycan (1986) の並列的な「knowing that」の分析にも, そしてまた, 変項を認識的文脈の中と外で, 自然な仕方で同時に束縛することを不可能にする他のいかなる説明にも, 付きまとっている.

しかしもしもこれが結論だったとしても，上の論証はまだ妥当ではないように思われる．なぜならばこの結論は，個体概念についての言明を帰結としてもつが，しかし前提がそのような言明を帰結としてもつように思われないのは確実だからである[10]．

フレーゲの理論の困難はこれだけではない[11]．しかし本書の目的は他の見解を詳細に論じることではなく，単に特定の見解を描写することである．それでは特称汎化のような推論を保持する意味論はあるのだろうか．後に見るように，それはある．

## 2.8 SIと開世界

SIが提起する問題に対する一つの解決[12]は，少し異なる仕方で開世界を利用することである．上で規定された開世界の意味論では，文「$n = c$」は，それが含む項「$n$」と「$c$」の表示によって充足される述語「$x_1 = x_2$」として扱われる．しかしこれを単純に一つの文全体として扱うこととしよう．したがって各開世界において，$\delta$ は「$n = c$」およびすべての他の文に対して外延と余外延（$\{\langle\rangle\}$ または $\emptyset$）を割り当てる．このとき，フードを被った男の論証が成り立たないのはほとんど自明である．たとえば次の反例が存在する．

$\mathcal{C} = \{@\}$
$\mathcal{O} = \{w\}$
$D = \{0\}$

---

10) 同様の議論は複数的述定および複数的量化に関しても用いられてきた．複数的述語と複数的量化子を含み，標準的な一階の量化子によっては表現できない文が存在する．悪名高い例は次のものである．(2) お互い同士だけを褒めう批評家たちがいる．一部の研究者は，この文は実際は偽装した二階の文であり，批評家の集合に対して量化を行っているのだ，と示唆してきた．このような示唆はきっと正しくないと思われるだろう．量化子が存在を負わされていると考えると，(2)は集合の存在ではなく，批評家の存在を帰結としてもつように思われる．しかし二階の文が帰結としてもつのは集合の存在なのである．たとえば Yi (1999) の特に 165–6 を参照．

11) たとえば固有名が意味論的に重要な意義（semantically significant sense）をもつという考えは Kripke (1972) によって攻撃されている．

12) Priest (2002) で概略が示されている．

$@R^0_\Psi w$ （かつ @ は $w$ に対してのみこの関係をもつ）
$\delta(n) = \delta(c) = \delta(a) = 0$
$\delta^+(Mc, w) = \{\langle\rangle\}$
$\delta^+(Mn, w) = \emptyset.$

$@ \Vdash^+ n = c$, $@ \Vdash^+ a\Psi Mc$ が成り立つ一方で，$@ \nVdash^+ a\Psi Mn$ となることを確かめるのは容易である．

しかしこのアプローチのもつ問題はいたって明白である．このアプローチは，志向性演算子の作用域内に自由変項を含む式に，拡張することができないのである．したがって私たちは志向的文脈への内部量化ができず，そのために $a\Psi Mc \models \mathfrak{S}xa\Psi Mx$（たとえば，あなたはカインがあなたの弟だと信じている，したがって，ある人について，あなたはその人が自分の弟だと信じている）のような，直観的には完璧に正しい推論を妥当なものとすることができない．

もちろん私たちは量化子の対象的理解から代入的理解に後退することもできよう．これは上の推論を妥当にするだろう．しかしそのような後退は非存在主義と反りが合わない．非存在主義はいかなる思考の対象も，単なる言語の上の幻影としてではなく，真の対象として受け入れる．志向的文脈への内部量化を代入的に扱うことはまた，通常の文脈の中への量化も代入的に扱うことを強いる．たとえば「カインはメガラで生まれた，かつ，あなたはカインがメガラで生まれたと信じている；ゆえに，ある人について，その人はメガラで生まれ，かつ，あなたはその人がメガラで生まれたと信じている」という推論，つまり

$$\frac{Mc \wedge a\Psi Mc}{\mathfrak{S}x(Mx \wedge a\Psi Mx)}$$

という推論を考えよう．これは直観的には妥当である．しかしこれを妥当にする唯一の方法は，量化子を置換的に扱うことである．たとえ私たちが志向的文脈では置換的量化を強いられたとしても，しかし通常の文脈での対象的量化をできなくするべきではない．

最後に，いずれにせよ，志向的文脈の中への量化を行っているが，しかしそ

の事例が見つからないような，真なる文があるように思われるだろう．たとえば，私たちの誰もが時折経験する，なにかがおかしいのだが，しかしそれがなにであるかを特定できない，あのもどかしい感情を考えてみればよい．それがおかしいことを人が知っているようななにかがある．しかし $c$ が間違っていると彼が知っているような，$c$ はない．注意しなければならないのは，問題の量化子が狭い作用域をもっている，すなわち，なにかがおかしいと彼は知っているのだ，と言うことは間違いだということである．確かにこれも事実である．しかし問題にしている場合では，人はそれ以上のことを知っている．環境の中のなにかがおかしい——たとえば，時計が動かされたとか，ラジオがなくなっているとかだ．彼は単にそれがなにかを言うことができないだけなのだ．同様に，ほとんどの人はなにか食べたいもの——林檎か，梨か——があるという感じを経験したことがある．しかし，「ああ，トマトだ！」とわかる瞬間が訪れるまで，正確にそれがなにかを指摘することができない．

## 2.9 世界とアイデンティティ

では，他にどんな方法があるだろうか．フードを被った男の例に戻って，カインとネスキオに関する，あなたが知っている状況を考えよう．これら二人は同一人物である（have the same identity）かもしれない．あるいはそうでないかもしれない．つまりあなたが知るすべてのことと両立可能で，彼らが同一人物であるような世界，およびそうでない世界がある．だとすれば，特に対象のアイデンティティ[訳注1)]は世界ごとに異なる可能性がある．このとき任意の対象に対し，それを各世界でのアイデンティティへと写像する関数がある．実際には，テクニカルな単純さのためには，私たちは対象をこの関数と同一視することもできる．したがって私たちは対象を世界からアイデンティティへの写像と見なすことができる．

形式的にはこの意味論は次のようなものである[13)]．解釈は構造 $\langle \mathcal{P}, \mathcal{I}, \mathcal{O}, @, D,$

---

訳注1)　"identity" に対しては「同一性」と「アイデンティティ」という二つの訳語を使い分ける．後者は形式意味論の構成要素としての identity にあてている．

13)　「偶然的同一性体系」に対する同様の意味論は Parks (1974) にも見られる．偶然的同一性に

$Q, \delta\rangle$ である．$\mathcal{P}$, $\mathcal{I}$, $\mathcal{O}$ および @ は以前と同様である．$Q$ は私たちがアイデンティティと見なすことができるものの集合である．$D$ は世界から $Q$ への関数の集まりである．したがって $d \in D$ であれば，$d(w)$ は $w$ における $d$ のアイデンティティである[14]．$\delta$ はすべての定項に，世界によって変化しない $D$ における表示を割り当て，すべての $n$ 項関数記号に $D$ 上の $n$ 項関数を割り当てる．$\delta$ はまた，$\mathcal{C}$ の各世界においては，それぞれの述語に適切な外延と余外延を割り当てる．不可能世界においては，$A \to B$, $\Box A$, $\Diamond A$ の形式のマトリクスに適切な外延と余外延を割り当てる．開世界においてはすべてのマトリクスに適切な外延と余外延を割り当てる．ここではしかし外延と余外延は $D$ の ($n$ 乗の直積の) 部分集合ではなく，$Q$ のそれである．特に $w$ が可能世界であるならば，$\delta^+(=, w) = \{\langle q, q\rangle : q \in Q\}$ であり，$\delta^-(=, w)$ は $\delta^+(=, w)$ の補集合である．以前と同様，変項に対する表示 ($D$ の要素) の割り当てが与えられると，すべての項に対して表示が与えられる．

任意の項の表示は世界からアイデンティティへの関数である．したがって世界 $w \in \mathcal{C}$ における原子式の適切な真偽条件は

$$w \Vdash_s^\pm Pt_1\ldots t_n \iff \langle \delta_s(t_1)(w), \ldots, \delta_s(t_1)(w)\rangle \in \delta^\pm(P, w)$$

という形式になる．不可能世界および開世界において原子式として扱われる式の真偽の条件は同様に定式化される．ただし以前は $\delta_s(t_i)$ と書かれていたものを $\delta_s(t_i)(w)$ に書き換える．結合子と量化子に対する真偽条件は以前とまったく同様である．したがってこの意味論の命題論理，量化論理は以前と変わらない．特に，量化子に関する標準的な規則，たとえば特称汎化などはすべて妥当である．

---

対する他の体系は Hughes and Cresswell (1968), 198–9, Bressan (1972), Gupta (1980) にも見られる．最初の二つに関する議論については，それぞれ Parks and Smith (1974) および Parks (1976) を参照．これらのうちのどれも志向的文脈に関するものではない．

[14] アイデンティティをフレーゲの意義と考えたくなるかもしれないが，しかしこれは正しくない．より意義に近いものがあるとすれば，それは $D$ の要素である．というのもそれらは，複数の世界にまたがる振る舞いを決定するからである．実際，Bressan (1972) や Gupta (1980) は $D$ の要素を本質的にはフレーゲの意義として解釈した．Hintikka (1969) もまた同様の意味論においてそのように解釈していた．しかしながらここでの意味論においては，$D$ の要素を意義として解釈することもまた誤りである．それらは単純に対象そのものである．

後で見るように，これらの意味論は，志向性演算子の文脈の中での SI を妥当でないものにする．しかしそれらはまた，複数の世界を含む他のいかなる文脈の中でも SI を妥当でないものにする．たとえばこれらの意味論はそのままでは以下の推論を妥当でないものにする．

1. $a = b, \Box a = a \vdash \Box a = b$
2. $a = b, Qa \to Qa \vdash Qa \to Qb$
3. $a = b, fa = fa \vdash fa = fb$.

これを確かめるには，$\delta(a) = d_a \neq d_b = \delta(b)$，かつ $d_a(@) = d_b(@)$ となる解釈を選ぼう．このとき前提は充足される．（どのケースでも二番目の前提は論理的真理である．）1 に対しては，ある $w \in \mathcal{P}$ に対して，$d_a(w) \neq d_b(w)$ とせよ．2 に対しては，ある $w \in \mathcal{C}$ に対して，$d_a(w) \neq d_b(w)$，$d_a(w) \in \delta^+(Q, w)$，かつ $d_b(w) \notin \delta^+(Q, w)$ とせよ．3 に対しては，$\delta(f)(d_a) = e_a$，$\delta(f)(d_b) = e_b$ とせよ（ただし $e_a(@) \neq e_b(@)$ とする）．

議論の余地はあるかもしれないが[15]，SI が成り立たないのは志向的文脈においてのみだと考えることは自然である．上に挙げたような推論の不成立は，次の条件を課すことで排除することができる．

(†)    $w \in \mathcal{C}$ ならば，$d(w) = d(@)$
(††)    すべての $1 \leq i \leq n$ に対して $d_i(@) = e_i(@)$ ならば，
$\delta(f)(d_1, \ldots, d_n) = \delta(f)(e_1, \ldots, e_n)$.

第一の条件は，アイデンティティの変化を開世界のみに限定する，という効果をもつ．その他のすべての世界で，対象のアイデンティティは維持される．第二の条件は，関数記号の表示である関数が，@ において（したがって (†) より，$\mathcal{C}$ に属するすべての世界において）同じアイデンティティをもつものを区別しない，という効果をもつ．言い換えると，これらの条件は，アイデンティティの変化

---

[15] たとえば，クリプキの仕事以前には，1 の妥当性を認める人はほとんどいなかった．また私たちは第 8 章で 3 の妥当性を疑う理由を見る．

は開世界においてのみ，すなわちある種の志向的状況を表現する世界においてのみ，重要な役割を果たす，という考えを実現させる．以下では私たちはこれらの条件を想定する．このことは SI の違反は志向的文脈においてのみ起こるということを帰結としてもつ．(付録の証明を参照．)[16]

これらの制約を課しても，この意味論はなお志向的文脈での SI を妥当でないものにする．とりわけフードを被った男の問題に対する解決は今や単純である．問題の推論 ($n = c, a\Psi Mc \vdash a\Psi Mn$) は妥当ではない．これを確かめるには次の解釈を考えればよい．

$\mathcal{C} = \{@\}$

$\mathcal{O} = \{w\}$

$\mathcal{Q} = \{0, 1\}$

$\mathcal{D} = \{d_1, d_2\}$，ただし $d_1(@) = d_2(@) = d_1(w) = 0$ かつ $d_2(w) = 1$

$@R_\Psi^{d_1} w$ (かつ @ は $w$ に対してのみこの関係をもつ)

$\delta(a) = \delta(c) = d_1, \ \delta(n) = d_2$

$\delta^+(Mx, w) = \{0\}$

$\delta^-(Mx, w) = \{1\}$

($Mx$ はマトリクス). 以降で参照するために，この解釈を $\mathfrak{I}$ と呼ぶ．$d_1(@) = d_2(@)$, したがって $@ \Vdash^+ c = n$. また $d_1(w) = 0 \in \delta^+(Mx, w)$ より，$w \Vdash^+ Mc$. したがって $@ \Vdash^+ a\Psi Mc$. しかし $d_2(w) = 1 \notin \delta^+(Mx, w)$ より，$w \nVdash^+ Mn$, した

---

[16] 以下の理由から，異なる世界間でアイデンティティは変化しないと考えられるかもしれない．@ は現実世界であるから，任意の述語 $P$ と閉項 $t_1, \ldots, t_n$ に対して，$(\star)\ Pt_1 \ldots t_n \iff @ \Vdash^+ Pt_1 \ldots t_n$ が成り立つと考えられるかもしれない．ここで私たちは次のように推論できる．$a$ と $b$ は任意の対象とする．$a(@) = b(@)$ としよう．このとき $@ \Vdash^+ a = b$ (真理条件より)，ゆえに $(\star)$ より $a = b$. したがってすべての $w$ に対して $a(w) = b(w)$ (SI より). しかし実際には $(\star)$ は誤りである．@ の現実性から実際に導かれるのは次のことである．$(\star\star)\ Pt_1(@) \ldots t_n(@) \iff @ \Vdash^+ Pt_1 \ldots t_n$. 同様に，通時的対象についての四次元主義者は次にように考える．「ジョンは幸せだ」が時間 $t$ で成り立つのは，$t$ におけるジョンの部分が幸せであるとき，そしてそのときに限る．ジョン自身は時空ワームであり，幸せであったりなかったりするようなものではない．それぞれの文は実際には指標付きのものだが，私たちは指標的でない真理条件を与えているので，ホモフォニーからの逸脱が要求される．

がって $@\Vdash^+ a\Psi Mn$. (さらに言えば，$@\Vdash^+ \neg a\Psi Mn$ が成り立つ.)[17]

　これらの意味論に関するありうる二つの誤解を解消して，この節を終えよう．これらの意味論では，項は実際には固定指示子ではないのだ，と考えたくなる人もいるかもしれない．結局，ある項の，それぞれの世界でのその役割を果たしている部分は，いわば，世界によって異なっているのである．しかしこれは誤った受け止め方だろう．ある項によって表示される対象は世界によって異なってはいない．特に項に対する表示関数は，述語に対する表示関数や，非固定指示子に対する意味論における項に対する表示関数とは異なり，世界パラメータをもたない．さらにいえば，これらの意味論は固定指示子に対してのみ成り立つ，量化子に関する原理を真にする (verify). たとえば，$a\Psi b = b \vdash \mathfrak{S}xa\Psi b = x$ という推論を考えよう．特称汎化のあらゆる事例と同様，この推論は妥当である．しかし $b$ の表示が世界によって異なるならば，この推論は妥当でなくなるだろう．$R_\Psi^{\delta(a)}$ によって到達されるそれぞれの世界において，$b$ と同一であるものは，同一の $x$ ではないかもしれないのだ．同様にして，確定記述が固定的でない仕方で理解されるものとしよう．このときフェルマーの最終定理を解いた人物がフェルマーの最終定理を解いた人物であることは，必然的に成り立つ．しかしフェルマーの最終定理を必然的に解いたような人物がいるということは成り立たない．

　$D$ に属する関数 $d$ の値は対象 $d$ のそれぞれの世界での部分であると考える誘惑に駆られることもあるかもしれない．同様に，もしこれが時間論理であれば，$d$ が時間的部分を含む対象であり，また $Q$ の要素はその時間的部分である，と考えることは自然だろう．確かにそのようにものごとを概念化することはできる．しかし私はものごとをそのように考えることは，少なくとも志向性に関わる事例においては，誤りであると思う．第一にアイデンティティは開世界にお

---

[17] 信念に関するクリプキのパズルもまた解決される．$\Psi$, $M$, $p$, $m$, $g$ はそれぞれ「ということを信じる」，「男性である」，「ピエール」，「マリアン・エヴァンズ」，「ジョージ・エリオット」であるとする．このとき $g = m$, $p\Psi Mg$, $p\Psi \neg Mm$ のすべてが成り立つモデルを構築することは至って容易である．Salmon (1995), 5 は，また別の固定指示子 $n$ が存在して，$n = m = g$ が成り立ち，かつピエールが $Mn$ に関してなんの信念ももっていない，ということも十分にありうる，ということを指摘している．上の式に加えて，$\neg p\Psi Mn$ と $\neg p\Psi \neg Mn$ の両方もまた成り立つモデルを構築することは至って容易である．

いてのみ変化する一方で，時間的部分はすべての世界（＝時点）で異なっている．しかし仮にアイデンティティが任意に変化することを許したとしても，やはりこれがものごとを見る最良の方法とは私には思えない．そのように見ることは，部分が形而上学的に根本的で，対象はその部分の総和であると考えることである．私の考えでは $D$ の要素が形而上学的に根本的だと考える方が好ましい．対象 $d$ のそれぞれの世界における値は，その世界におけるその対象のアイデンティティである．対象はそれぞれの世界で，長さ，色，その他をもつのとまったく同様に，一つのアイデンティティをもつのである．（すべての世界は舞台であり，すべての人々は単なる演者である）．

次の議論がこのことを支持する．もしも形而上学的に根本的な部分があるとすれば，世界から部分への関数には，一つの個体を構成するものとしないものとがあるはずだ，とする理由はなにもないように思われるだろう．（世界的部分（world parts）の間にはいかなる特権的な結びつきもないのだ．）しかしもしすべての関数が一つの個体を構成するのであれば，付録で示すように，次の推論が妥当になる．$a\Psi \mathfrak{S} xMx \vdash \mathfrak{S} xa\Psi Mx$. しかしこれはもちろん妥当ではない．私は，誰についても，その人がスパイだということを知ることなしに，スパイがいることを知ることができる[18]．

## 2.10 De re 論証

私たちはまだフードを被った男の論証に片を付けたわけではない．「カインはメガラで生まれたことが知られている」という形式の言明については，通常二

---

[18] 結局，これらの意味論は偽装したルイスの様相対応者意味論（Lewis (1968)——頁数は転載版を参照）だと考える人もいるかもしれない．たとえば $D$ に属する関数は単に $Q$ の要素の間の対応者関係だと考えられるかもしれない．より詳しくいえば，$x$ が $y$ の対応者であるのは，ある $d \in D$ と $w_1, w_2 \in W$ に対して $d(w_1) = x$ かつ $d(w_2) = y$ であるとき，そしてそのときに限る，と考えられるかもしれない．しかしながら，実際にはそうではない．第一に解釈の問題がある．対応者理論では真の対象であり，したがって量化の領域を構成するのは $Q$ の要素である．しかし上記の意味論では，真の対象であるのは $D$ の要素である．第二に，上記の関係と対応者関係の性質の間には違いがある．上記の関係は明らかに対称的であるが，対応者関係は対称的である必要はない（28–29）．第三に，これらの違いは，その結果として得られる論理に影響を与える．たとえば，対応者関係が対称的でないために，$A \supset \Box \Diamond A$ の全称閉包（$S5$ では妥当）は対応者理論では成り立たない（36）．上記の意味論ではこれは妥当である．

つの異なる理解が区別される．この区別の起源は中世の論理学にまでさかのぼることができる．第一の理解——*de dicto*——では，この言明はある命題，あるいは文のような別の種類の真理の担い手（truth bearer）の性質を表現している．この場合では「カインはメガラで生まれた」という命題（または文）である．私たちがここまで関わってきた志向的な文はすべてこの種のものである．

　第二の理解——*de re*——では，その文は，知識の対象，この場合ではカインに対する述定（predication）を表現するものと考えられる．*De re* 解釈は，よりはっきりと，次のように表現できるかもしれない．カインは，彼がメガラで生まれたことをあなたが知っているものである．(Cain is such that you know him to have been born in Megara.) *De re* 解釈については通常，SI が成り立つと主張される．実際，置換可能性はしばしば *de re* であるための基準と見なされる．したがって，また別のバージョンの逆説的論証が舞台袖に控えているように思われる．それは次のようなものだ．

> ネスキオはカインだ．
> カインは，彼がメガラで生まれたことをあなたが知っているものである．
> ネスキオは，彼がメガラで生まれたことをあなたが知っているものである．
> Nescio is Cain.
> Cain is such that you know that he was born in Megara.
> Nescio is such that you know that he was born in Megara.

しかしこの論証の結論は受け入れられないものだろうか．もしかすると受け入れられるものかもしれない．ネスキオまさにその人は，メガラで生まれたことをあなたが知っているものである．あなたはそれに気づいていないだけなのだ．

　しかし事態はそう単純ではない．SI が *de re* 文脈で機能すると考えよう．このとき，ネスキオが，メガラで生まれたことをあなたが知っている人物，すなわちカインだということは，確かに真である．しかしカインが，メガラで生まれたことをあなたが知らない人物，すなわちネスキオであるということもまた，同様に成り立つように思われる．というのも

ネスキオはカインだ．
ネスキオは，彼がメガラで生まれたとあなたが知らないものである．
―――――――――――――――――――――――――――――――――
カインは，彼がメガラで生まれたとあなたが知らないものである．
Nescio is Cain.
Nescio is such that you do not know him to have been born in Megara.
―――――――――――――――――――――――――――――――――
Cain is such that you do not know him to have been born in Megara.

もまた成り立つからだ．これを**反対論証**と呼ぼう．これもその前の論証とまったく同程度によい論証だと思われる．そしてもしそうだとしたら，メガラで生まれたことをあなたが知っておりかつ知らない人物（ネスキオ，すなわちカイン）がいることになる．私たちはまだ矛盾を手にしているように思われる．これについてなんというべきだろうか．

　この問題に対する可能な解決の一つは，反対論証の第二の前提である，ネスキオは，彼がメガラで生まれたことをあなたが知らないものだ，という前提は単純に偽だ，と主張することである．彼は，メガラで生まれたことをあなたが知っているものである．あなたは単にその事実に気づいていないだけだ．あなたは，*de dicto* 的には，ネスキオがメガラで生まれたことを知らないかもしれない．しかしあなたがネスキオについて *de re* 的に知っていることが，内観に対して開かれていないのである．それは単にあなたが彼をある外観（guise）の下では認識できていないからである．

　これは確かに可能な解決ではあるが，しかしここには問題がある．私たちは，あなたがネスキオがメガラで生まれたことを知らない，という *de dicto* 的主張を認めた．さらにここでの「ネスキオ」は固定指示子である．それは，対象が特定の世界でいかにして選び出されるかということとは独立に，まさにその対象を指示する．ネスキオをまさにこの名前で因果的（実際には知覚的）に命名することさえあるかもしれない．するとこの認識的状態もまた *de re* であることが帰結するように思われる．すなわち，*de dicto* ＋固定指示＋知覚的接触は *de re* を帰結としてもつのである[19]．

―――

19) さらに，ネスキオが部屋に入って五分後に，信頼できる誰かがあなたに，ネスキオについて，彼が実はメガラで生まれたのだ，と告げたとしよう．ネスキオについてのあなたの *de re* 的知識

この反論に対してはいくつかの応答があるかもしれない．結局，de re 的知識という概念はひどく捉え難いものなのだ．しかし他に解決はありうるだろうか．ある．それがどのようなものかを理解するために，次の文を考えよう．

> カインは，彼がメガラで生まれたことをあなたが知っているようなものだ．
> Cain is such that you know that he was born in Megara.

この文の論理形式はどのようなものだろうか．この文を，表面的な形式に忠実に表現する一番の方法は，λ 抽象を用いることで得られる．その結果，上の文は $\lambda x(a\Psi Mx)c$ として表現できる[20]．しかし私たちはこの新しい仕組みを導入することを避けることもできる．De re 的主張の要点は，それが対象そのものについての主張であり，それがどのように指示されるかに依存しない，ということである．そして対象そのものへの言及が量化子によって行われるので，私たちは上の主張の内容を次のように捉えることができる．

> $\Im x(x = カイン \land a\Psi \ x はメガラで生まれた)$.

したがって，上の de re 的推論は次の形式をもつ．

$$n = c$$
$$\frac{\Im x(x = c \land a\Psi Mx)}{\Im x(x = n \land a\Psi Mx).}$$

この論証は見ての通り非志向的文脈においてのみ置換がなされており，妥当である．前提が真であることから，私たちは，フードを被った男，つまりネスキオが実際に，彼がメガラで生まれたとあなたが知っているものである，という

---

は変化したように思われる．しかしもしもあなたがすでにネスキオについて，彼がメガラで生まれたことを知っていたとしたら，このことは成り立ちえない．

20) 量化様相論理の文脈での λ 項の説明については，Fitting and Mendelsohn (1998) の chs. 9, 10 を参照．

結論を受け入れる．(とはいえ，「ネスキオ」という名前で指示されるものとしては，あなたはこのことに気づいていないかもしれない．)

反対論証についてはどうだろう．その論理的形式は次のようなものである．

$$n = c$$
$$\underline{\mathfrak{S}x(x = n \land \neg a\Psi Mx)}$$
$$\mathfrak{S}x(x = c \land \neg a\Psi Mx).$$

これもまた妥当である．したがってもし前提が真であるならば，その結論，すなわちカインは，メガラで生まれたことをあなたが知らないものである，という結論も真である．(とはいえ，「カイン」という名前で指示されるものとしては，あなたはこのことに気づいていないかもしれない．)

したがってネスキオ (すなわちカイン) は，メガラで生まれたことをあなたが知り，かつ知らないものである．これは矛盾のように聞こえる．しかしそうではない．これは次の形式をもつ．

$$\mathfrak{S}x(x = n \land a\Psi Mx) \land \mathfrak{S}x(x = n \land \neg a\Psi Mx).$$

もちろん，問題の $x$ は $n$ であり，$\neg a\Psi Mn$ である．しかし最初の連言肢から $a\Psi Mn$ を得ようとするいかなる試みも，したがって明示的な矛盾を得ようとするいかなる試みも，志向的文脈における SI の不成立という壁に阻まれる．実際，前節の解釈 $\mathfrak{I}$ は @ において $c = n \land a\Psi Mc$ も $n = n \land \neg a\Psi Mn$ も真にするため，上の文を真にするのである．結果は汎化によって得られる[21]．したがって *de re* 問題もまたこの意味論によって解決される．

---

21) もしも *de re* 構文が $\lambda$ 項によって表現されていたならば，$\lambda x(a\Psi Mx)c \land \lambda x(\neg a\Psi Mx)c$ が得られるだろう．$n$ についても同様．しかしこれは矛盾に変換されない．認識的文脈において置換可能性が成り立たないのと正確に同じ理由で，$\lambda$ 変換もまた認識的文脈では成り立たないのである．

## 2.11　結　論

　同一性は実に単純な概念のように思われる．しかし志向的文脈におけるその振る舞いをめぐる旅は，実に長いものであった．そして私たちはまだ同一性に片を付けたわけではない．第8章でそれについてさらに述べることにしよう．しかし私たちは今では少なくとも，フードを被った男のパラドクス——およびその他の志向性演算子に関する同様のパラドクス——を解決する同一性の意味論を手にしている．

　本章および前章で，様相演算子，関連条件文，同一性，そして志向性演算子をもつ量化言語が与えられた．私たちはまだ志向性述語についてはなにも述べていない．この主題には次章で取り組む．そこでの内容は，テクニカルにはずっと単純である（その理由は部分的には，そこでの議論が志向性演算子についての議論に便乗できる，という事実による）．しかしその話題は，非存在主義に関わる哲学的問題を，直接的に表舞台に立たせることになるだろう．

## 2.12　テクニカルな付録

　この付録では，本章に現れるテクニカルな主張を証明する．まず2.2節の同一性に対する意味論を考えよう．この節での同一性の取り扱いに含まれるものはどれも1.9節の補題1および2の証明に影響を与えないことに注意せよ．したがってこれらはここでも変わらずに成り立つ．

**系4**　$t_1$ および $t_2$ が $A(x)$ への置換に際して自由であるならば，$t_1 = t_2, A(t_1) \models A(t_2)$．

**証明**　$@\Vdash_s^+ t_1 = t_2$ かつ $@\Vdash_s^+ A(t_1)$ とする．このとき $\delta_s(t_1) = \delta_s(t_2)$．これを $d$ とする．補題2より $@\Vdash_{s(x/d)}^+ A(x)$，したがって再び補題2より $@\Vdash_s^+ A(t_2)$． ∎

次に同一性についての 2.9 節の意味論に関して，補題 1 と 2 が変わらず成り立つことを示す．具体的には以下の通りである．

**補題 5** 任意の解釈を考える．$t$ は任意の項，$A$ は任意の式とする．このとき，$s_1$ と $s_2$ が $t$ と $A$ の自由変項について一致する変項の評価であるならば，

1. $\delta_{s_1}(t) = \delta_{s_2}(t)$
2. すべての $w \in \mathcal{W}$ に対して，$w \Vdash^{\pm}_{s_1} A \iff w \Vdash^{\pm}_{s_2} A$.

**証明** 1 の証明は補題 1 の 1 の証明とまったく同じである．2 の証明は補題 1 の 2 の証明と同様である．原子式の場合における $\delta_{s_i}(t_j)$ という形式のものをすべて $\delta_{s_i}(t_j)(w)$ に置き換えればよい． ■

**補題 6** 任意の解釈を考える．$t'(x)$ は任意の項，$A(x)$ は任意の式とする．$t$ はこれらの $x$ に対して自由に置換できる任意の項であるとする．$s$ は自由変項の任意の評価であるとする．このとき，$d = \delta_s(t)$ ならば，

1. $\delta_{s(x/d)}(t'(x)) = \delta_s(t'(t))$
2. すべての $w \in \mathcal{W}$ に対して，$w \Vdash^{\pm}_{s(x/d)} A(x) \iff w \Vdash^{\pm}_s A(t)$.

**証明** 1 の証明は補題 2 の 1 の証明と同じである．2 の証明は補題 2 の 2 の証明と同様である．原子式の場合における $\delta_s(t_j(t))$ および $\delta_{s(x/d)}(t_j(x))$ という形式のものをすべて，それぞれ $\delta_s(t_j(t))(w)$ と $\delta_{s(x/d)}(t_j(x))(w)$ に置き換えればよい． ■

ここから量化子の適切な振る舞いが帰結する．

**系 7** $t$ が $A(x)$ の $x$ に対する置換に際して自由であるならば，

1. $\mathfrak{A}xA \models A(t)$

2. $A(t) \models \mathfrak{S}xA$.

**証明**  1.9 節の系 3 の証明と同様. ∎

2.9 節で見たように，同一者の置換可能性は一般には成り立たない．しかし志向性演算子 $\Psi$ の作用域の中で置換するのでなければ，同一者の置換可能性は成り立つ．これは補題 8 から帰結する．

**補題 8**  任意の解釈を考える．$d, e \in D$ とする．$d(@) = e(@)$ とする．$t(x)$ は任意の項，$A(x)$ は任意の式であり，$x$ は $A(x)$ において，どの $a\Psi$ の作用域にも含まれないものとする．このとき任意の評価 $s$ に対して

1. すべての $w \in \mathcal{C}$ に対して，$\delta_{s(x/d)}(t(x))(w) = \delta_{s(x/e)}(t(x))(w)$
2. すべての $w \in \mathcal{C}$ に対して，$w \Vdash^{\pm}_{s(x/d)} A(x) \iff w \Vdash^{\pm}_{s(x/e)} A(x)$.

**証明**  証明には 2.9 節の条件 (†) と (††) を利用する．この付録の中で，これらの条件に訴えるのはここだけだということは注記しておく価値がある．1 の証明は項の構成に関する帰納法による．$t(x)$ が定項 $c$ または $x$ と異なる変項 $y$ のとき，置換はなにもしない．したがって

$$\begin{aligned}
\delta_{s(x/d)}(c) &= \delta(c) \\
&= \delta_{s(x/e)}(c) \\
\delta_{s(x/d)}(y) &= s(y) \\
&= \delta_{s(x/e)}(y).
\end{aligned}$$

どちらの場合にも結果が帰結する．$x$ 自身に関しては

$$\begin{aligned}
\delta_{s(x/d)}(x)(w) &= d(w) \\
&= d(@) \qquad \text{(†) より} \\
&= e(@)
\end{aligned}$$

関数記号に関しては

$$\begin{aligned}\delta_{s(x/d)}&(ft_1(x)\ldots t_n(x)) \\ &= \delta(f)(\delta_{s(x/d)}(t_1(x)),\ldots,\delta_{s(x/d)}(t_n(x))) \\ &= \delta(f)(\delta_{s(x/e)}(t_1(x)),\ldots,\delta_{s(x/e)}(t_n(x))) \quad \text{帰納法の仮定と (††) より} \\ &= \delta_{s(x/e)}(ft_1(x)\ldots t_n(x)).\end{aligned}$$

$$= e(w) \qquad (\dagger) \text{ より}$$
$$= \delta_{s(x/e)}(x)(w).$$

ここから結果が帰結する.

2 に関して. $A(x)$ は原子式と, $x$ を自由に含まない式から, $\neg$, $\vee$, $\wedge$, $\rightarrow$, $\Box$, $\Diamond$, $\mathfrak{S}$, $\mathfrak{A}$ によって作られる. 証明は帰納法による. もし $A$ が $x$ を自由に含まないならば, 補題 5 より結果が帰結する. 原子文に関しては

$$\begin{aligned}w \Vdash^{\pm}_{s(x/d)} &Pt_1(x)\ldots t_n(x) \\ &\iff \langle \delta_{s(x/d)}(t_1(x))(w),\ldots,\delta_{s(x/d)}(t_n(x))(w)\rangle \in \delta^{\pm}(P,w) \\ &\iff \langle \delta_{s(x/e)}(t_1(x))(w),\ldots,\delta_{s(x/e)}(t_n(x))(w)\rangle \in \delta^{\pm}(P,w) \quad 1 \text{ より} \\ &\iff w \Vdash^{\pm}_{s(x/e)} Pt_1(x)\ldots t_n(x).\end{aligned}$$

$\neg$ に関しては

$$\begin{aligned}w \Vdash^{\pm}_{s(x/d)} \neg B(x) &\iff w \Vdash^{\mp}_{s(x/d)} B(x) \\ &\iff w \Vdash^{\mp}_{s(x/e)} B(x) \qquad \text{帰納法の仮定より} \\ &\iff w \Vdash^{\pm}_{s(x/e)} \neg B(x).\end{aligned}$$

他の外延的結合子の場合も同様.

$\rightarrow$ に関して, $w \in \mathcal{P}$ の場合,

$$w \Vdash^{+}_{s(x/d)} A(x) \rightarrow B(x)$$

$$\iff \text{すべての } w' \in \mathcal{C} \text{ に対して, } w' \Vdash^+_{s(x/d)} A(x) \text{ ならば } w' \Vdash^+_{s(x/d)} B(x)$$
$$\iff \text{すべての } w' \in \mathcal{C} \text{ に対して, } w' \Vdash^+_{s(x/e)} A(x) \text{ ならば } w' \Vdash^+_{s(x/e)} B(x)$$
$$\text{帰納法の仮定より}$$
$$\iff w \Vdash^+_{s(x/e)} A(x) \to B(x).$$

偽の場合も同様.$w \in \mathcal{I}$ の場合,$A \to B$ は $C(t_1, \ldots, t_n)$ という形式であるとする(ただし $C$ はマトリクス).このとき

$$w \Vdash^\pm_{s(x/d)} C(t_1(x), \ldots, t_n(x))$$
$$\iff \langle \delta_{s(x/d)}(t_1(x))(w), \ldots, \delta_{s(x/d)}(t_n(x))(w) \rangle \in \delta^\pm(C, w)$$
$$\iff \langle \delta_{s(x/e)}(t_1(x))(w), \ldots, \delta_{s(x/e)}(t_n(x))(w) \rangle \in \delta^\pm(C, w) \quad \text{1 より}$$
$$\iff w \Vdash^\pm_{s(x/e)} C(t_1(x), \ldots, t_n(x)).$$

□ に関して,$w \in \mathcal{P}$ の場合,

$$w \Vdash^\pm_{s(x/d)} \Box B(x) \iff \text{すべての／ある } w' \in \mathcal{P} \text{ に対して, } w' \Vdash^\pm_{s(x/d)} B(x)$$
$$\iff \text{すべての／ある } w' \in \mathcal{P} \text{ に対して, } w' \Vdash^\pm_{s(x/e)} B(x)$$
$$\text{帰納法の仮定より}$$
$$\iff w \Vdash^\pm_{s(x/e)} \Box B(x).$$

$w \in \mathcal{I}$ の場合,論証は $\to$ の場合と同じ.$\diamond$ に関する論証は同様である.

最後に $\mathfrak{S}$ に関して,$\mathfrak{S} y B(x)$ を考えよう.$x$ が $y$ と同じ変項の場合,$x$ は $\mathfrak{S} y B(x)$ において自由ではない.したがって結果は補題 5 から帰結する.そこで $x$ と $y$ が異なる変項としよう.このとき

$$w \Vdash^\pm_{s(x/d)} \mathfrak{S} y B(x) \iff \text{ある／すべての } b \in D \text{ に対して, } w \Vdash^\pm_{s(x/d, y/b)} B(x)$$
$$\iff \text{ある／すべての } b \in D \text{ に対して, } w \Vdash^\pm_{s(x/e, y/b)} B(x)$$
$$\text{帰納法の仮定より}$$
$$\iff w \Vdash^\pm_{s(x/e)} \mathfrak{S} y B(x).$$

𝔄 の場合も同様.　　　　　　　　　　　　　　　　　　　　■

**系9**　$A(x)$ の $x$ への置換に際して, $t_1$, $t_2$ がともに自由であり, かついかなる志向性演算子 $\Psi$ の作用域にも入らないとする. このとき $t_1 = t_2, A(t_1) \models A(t_2)$.

**証明**　@ $\Vdash_s^+ t_1 = t_2$ とする. $d = \delta_s(t_1)$ かつ $e = \delta_s(t_2)$ とする. このとき $d(@) = \delta_s(t_1)(@) = \delta_s(t_2)(@) = e(@)$. したがって

$$@ \Vdash_s^+ A(t_1) \iff @ \Vdash_{s(x/d)}^+ A(x) \quad 補題6より$$
$$\iff @ \Vdash_{s(x/e)}^+ A(x) \quad 補題8より$$
$$\iff @ \Vdash_s^+ A(t_2). \quad 補題6より \quad ■$$

最後に, 約束した通り次の補題を証明する.

**補題10**　ある解釈において, 各世界 $w$ に対して $Q$ の要素を一つ選び出すどんな仕方に対しても, $d(w)$ が $w$ で選ばれたその要素に等しくなるような $d \in D$ があるとする. このとき @$\Vdash_s^+ a\Psi\mathfrak{S}xMx$ ならば @$\Vdash_s^+ \mathfrak{S}xa\Psi Mx$.

**証明**　@$\Vdash_s^+ a\Psi\mathfrak{S}xMx$ とする. このとき @$R_\Psi^{\delta_s(a)}w$ であるようなすべての $w$ に対して, $w \Vdash_s^+ \mathfrak{S}xMx$. したがってある $d \in D$ が存在して $w \Vdash_{s(x/d)}^+ Mx$. すなわち $d(w) \in \delta^+(M,w)$ (または $w \in \mathcal{O}$ のときは $\delta^+(Mx,w)$. ただし $Mx$ はマトリクス. 以下においてもこの但し書きが付いているものとする). したがってある $q \in Q$ が存在して $q \in \delta^+(M,w)$. ここでこのようなすべての $w$ に対して, このような $q$ を一つ選び, それを $q_w$ とする (選択公理による). また $d^* \in D$ は $d^*(w) = q_w$ を満たすようなものであるとする. 他の世界 $w$ に対しては $d^*(w)$ はどんな値を取ってもよい. このとき @$R_\Psi^{\delta_s(a)}w$ を満たす任意の $w$ に対して, $d^*(w) \in \delta^+(M,w)$. すなわち $w \Vdash_{s(x/d^*)}^+ Mx$. したがって @$\Vdash_{s(x/d^*)}^+ a\Psi Mx$, ゆえに @$\Vdash_s^+ \mathfrak{S}xa\Psi Mx$.　　　　　　　　　　　■

# 第3章
# 思考の対象

## 3.1　序：志向性述語

　本章では，志向性演算子から志向性述語へと話題を移す．志向性述語とは，たとえば「ホメロスはゼウスを崇拝した」における「を崇拝した」，「私はシャーロック・ホームズについて読んでいる」における「について読んでいる」，「錬金術師たちは賢者の石を探し求めた」における「を探し求めた」等々のように，補部として，完全な文ではなく名詞句を取るような志向性動詞である．このような述語についての意味論を与え，そのいくつかの特徴を論じることにしたい．

　志向性述語は，志向性演算子とまったく同様に，困難な問題と見かけ上のパラドクスに関与している．私たちはそのようなもののうちの三つについて考察することで，この主題にアプローチしていこう．これらの問題についての議論は現代の哲学にも見出されるが，最も洗練された議論のうちのいくつかは中世の論理学において現れた．そこで，そこからパラドクスの例を取り上げることにしよう．具体的には，私たちは14世紀の偉大な論理学者ジャン・ビュリダン[訳注1)]の三つのソフィスマ（sophismata）[訳注2)]を見る．

---

訳注1)　中世の思想家の名前の表記については，日本ではより一般的と思われる表記を採用している．

訳注2)　中世において「ソフィスマ（sophisma, sophismata）」は奇妙な，または多義的な，または困難を生みだす文を意味し，いわゆる「詭弁」を意味しない．中世の思想家たちはある理論を解説するために，あるいは理論の限界を試すためにソフィスマを用いた．*Stanford Encyclopedia of Philosophy*, "Sophismata" の項を参照．(http://plato.stanford.edu/entries/sophismata/　2010年3月26日．)

本書の目的にとっては，中世の論理学者たち自身が，これらの問題についてどう考えたかを知る必要はない．しかしそれを知ることは理解の助けにはなると私は思う——単に今日の哲学的論理学の教育によって狭められた視野を広げるためだけだとしても．この問題は本章の付録で議論される[1]．

## 3.2 非存在

私たちが指針として取り上げる三つのソフィスマは，志向性述語の三つの明白な特徴を指し示している．それらは非存在，置換可能性の不成立，不確定性に関わっている．これらの現象はしばしば志向性という題目の下に，一緒くたにされてきた．しかし後に見るように，これらはまったく別個の問題である．

第一の，そしてひょっとすると最も根本的な話題は，非存在についての話題である．たとえば「ホメロスはゼウスを崇拝した」のような文を考えよう．この文を，問題にされている認知主体（ホメロス）と，彼の志向的状態の対象（ゼウス）という二つの対象の間の二項関係として分析することは，一見自然である．しかしこの例が示すように，志向的状態の対象が存在しないことがある．二つの対象の間の関係は，その一方が存在しないときに，いかにして成立しうるだろうか．ビュリダンはこの問題を次のように記している[2] 訳注3)．ビュリダンのソフィスマは一つの文から始まり，その後にその文が正しいことの論証が，さらにその後にその文が誤っていることの論証が与えられることに注意しよう．その後に，見かけ上の矛盾を解消するための注釈が続く．

ソフィスマ：非存在者が理解される．（A non-being is understood.）

この命題は不定主語をもつ肯定命題だと考えよう（posit）．するとソフィス

---

1) 本章はスティーヴン・リードとの共著である．本章の本体は彼よりも私によるところが大きい．付録は私よりも彼によるところが大きい．しかしどちらの部分にしても，私たちのいずれかが全面的に責任を負っていると考えることは間違いである．
2) Buridan (2001), 923. Scott (1977), 97 も参照．
訳注3) 中世論理学の用語の訳に関しては，渋谷克美著『オッカム『大論理学』の研究』（創文社，1997 年），稲垣良典監修『中世思想原典集成』第 18 巻（平凡社，1998 年）などを参考にした．

マは証明される.というのも,そのような不定項辞 (infinite terms) は,「非人間が走る (A non-man runs)」と述べることは「人間ではないものが走る」と述べることと同等である,という仕方で分析されるからである.したがって「非存在者が理解される」と述べることは「存在者でないものが理解される」と述べることと同等である.ところでこの二番目の文は真である.というのも反キリストは存在者ではないが,しかしそれは理解されるからである.

この逆が論証される.というのも「非存在者」という項はなにものも代示しない (supposits for nothing) が,主語がなにものも代示せず,かつ肯定命題であるときには,その命題は偽であるからだ.したがって,云々.

ビュリダンは中世の論理学のカテゴリーを用いて問題を設定している.そのうちの中心的なものは本章の付録で説明されるが,しかしビュリダンの議論の要点を理解するために,それらを把握しておく必要はない.私たちは反キリストを理解している.しかし反キリストが存在しないのになぜそれが可能なのだろうか[3].

ビュリダンの問題に対する,ここで支持される解決は,主体が非存在対象と関係をもつことができるということを,単純に受け入れること,すなわち非存在主義である.そうでないと考えることは単に,マイノングの言葉を借りれば,現実の対象をえこひいきする偏見である.「人種主義 (racism)」や「性差別主義 (sexism)」等とのアナロジーでいえば,これを「現実主義 (actualism)」と呼んでもよいだろう——もっとも哲学においてはこの言葉にはよく知られた他の使い方があるのだが.

非存在主義の戦略は非常に自然なものである.たとえばある人がなにかを恐れているならば,その人はその恐れの対象に対する関係についての,直接的な現象学的経験をもっている.そしてその現象学経験はその対象が現実に存在するか否かとはまったく独立である.だとすれば,対象は存在するかもしれない

---

[3] 善良な中世のキリスト教徒であるビュリダンは,反キリストが将来存在するだろうと考えていた.しかし将来の存在は存在ではない.より詳しくは本章の付録を参照.

し，存在しないかもしれない，そしてある志向的状態の対象となりうるか否かという問題に対し，その存在上の身分は無関係なのだ，と考えることが最も適切ではないだろうか．非存在主義の寛容さは，可能的対象に対するのとまったく同様に，不可能対象にまで拡張されることに注意しよう．というのも人は最小の素数について考えることができるのとまったく同様に，最大の素数について考えることができるからである．また人はゴールドバッハ予想の証明を探すことも，その否定の証明を探すこともできる．しかしそのうちの一方は存在しえない．だとすれば志向性述語は，非存在者に向かうこともありうる関係である．

志向性述語の対象についてのこの分析を擁護した，おそらく最も有名な論者はマイノングである（もっとも，付録に示すように，この見解が彼のオリジナルでないことは確かである）．しかしマイノング以来，ラッセルに端を発する多くの哲学者たちが，非存在対象という，まさにその概念に，なにか哲学的に好ましくないものを感じ取っており，そしてこの概念には克服しがたい反論がつきまとうと感じてきた．マイノング主義への反論のほとんどは，様々な論者によって粉砕されてきた[4]．比較的重要な反論の一部に対する再反論については，いずれ検討する機会をもとう．

さらに「恐れる」のような述語を，非存在対象に訴えない仕方で分析する他の試みは，よく知られた反論に直面する．最も一般的な提案は，「$x$ は $y$ を恐れる」（$xFy$）[5] という関係を主体となんらかの代理的対象，特になんらかの心的表象との関係に書き換えるというものである．たとえば，「ベニーは隣家の男を恐れる」は，「ベニーは彼の心の中の『恐怖箱』に隣家の男の表象をもっている」として理解されるかもしれない．この関係を $F'$ と呼ぶ．この提案はそのままではうまくいかない．たとえばこれは「ベニーが恐れているが，しかし実際にはとても親切な人がいる」という文を無意味にする．これは $\mathfrak{S}x(bF'x \wedge Mx)$ という形式の文である．最初の連言肢を理解するためには，量化子は表象を領域としなければならない．しかしそのとき二番目の連言肢は無意味である．表

---

[4] とりわけ Routley (1980) の特に chs. 3, 4.
[5] 読みやすさを考慮して，通常私は二項志向性述語を，同一性と同様に，引数の前でなく間に書くことにする．

象はそもそも人ではない——親切な人でもその逆でもない.

「$x$ は $y$ の表象である」($xRy$) という関係をもちだすことで, この見解を救うことができる. そのとき, 上の文は $\Im x \Im y(bF'x \wedge xRy \wedge My)$ となる. しかしこれは問題の始まりに過ぎない. たとえば「ベニーとペニーはなにか (同じもの) を恐れている」という文はどう理解するべきだろうか. $\Im x(bF'x \wedge pF'x)$ ではうまくいかない. ベニーとペニーが, 問題になっている対象についての, 正確に同じ心的表象をもっている保証はない. $\Im x \Im y \Im z(bF'x \wedge pF'y \wedge xRz \wedge yRz)$ を試みることもできる. これは彼らが二人とも同じ存在する対象 ($z$) を恐れている場合にはうまくいくかもしれない. しかし問題の対象は存在しないかもしれない. そのときはやはり非存在対象に訴えることになる.

この時点での自然な考えは, 表象の間の同値関係 ~ を次のように定義することである. $x \sim y$ が成り立つのは, $x$ と $y$ が同一のもの $z$ についての表象のように思われ, そして $z$ が存在するときには実際に $z$ についての表象であるとき, そしてそのときに限る. このとき上の文は, $\Im x \Im y(bF'x \wedge pF'y \wedge x \sim y)$ と分析される. この場合, 厄介なのは, 関係 ~ である. 非存在主義なしでは, この関係は理解しがたいように思われる. 同じ対象についての別々の表象は, いくらでも異なりうる. (たとえばコンスタブルのスタイルで描かれたある場所の絵と, ピカソのスタイルで描かれた同じ場所の絵を考えればよい. ついでに同じ場所のシベリウスのスタイルの音楽的表象と, その曲をデジタル処理したものを考えてみればよい.) したがって, この関係を, 表象の内的な (intrinsic) 性質によって定義することはできない. それは外的な (extrinsic) 性質によってのみ可能である. そして外的な性質の中で最も明白なもの, すなわちある対象を表象しているという性質が, 非存在主義者でない限りは除外されるのである (非存在主義者であれば, この同値関係は, 少なくとも現在の目的にとっては, 不必要である).

間違いなく, このことすべてに関して述べるべきことはまだまだある. しかし私はここでそこに立ち入るつもりはない. 以下では単純かつ自然な非存在主義の戦略を検討し発展させることにしよう.

## 3.3 形式意味論

手始めに志向性述語に対する非存在主義的意味論を与えよう．実際にはすでに志向性演算子に対して与えられた意味論を利用し，志向性述語を通常の述語と考えることができる．これ以上に簡単なことはない．1.4 節で注意を促したように，問題の領域はここではもちろん，(ある世界で) 存在する対象と (ある世界で) 存在しない対象を含まなければならない．やはり 1.4 節で注意を促したことだが，量化子は，存在するものとしないものを含めた，この領域の全体に及ぶ．そして (ある世界での) 存在は一項存在述語によって表現される．

特定の演算子に対しては，さらに制約を課したいと思うことがある (1.3 節を参照) のと同様に，特定の述語に対して，さらに制約を課したいと思うことがある．たとえばある述語は存在帰結的 (existence-entailing) である．もし $a$ が $b$ を蹴る，または $b$ を掴む，または $b$ を追い越すならば，$a$ も $b$ も存在しなければならない[6]．ある述語は，ある引数については存在帰結的であるが，他の引数についてはそうではない．志向性述語はこの主たる例である．たとえば $a$ が $b$ を恐れる，または $b$ について考える，または $b$ を崇拝するならば，$a$ は存在しなければならないが，$b$ は存在してもしなくてもよい[7]．しかしながら，志向的でない述語の中にも，存在を帰結としてもたないものがあることは明らかである．たとえば同一性のような，論理的述語がそうである．$a$ が存在しなくとも，$a$ が自己同一的であること，すなわち $a = a$ は真である．(志向的でなく，存在

---

[6] 「$x$ は透明である」および「$x$ は不透明である」という述語を考えよう．これらはどちらも存在帰結的である．したがって $x$ が存在しないのであれば，「$x$ は透明である」と「$x$ は不透明である」はともに偽である．だとすれば，なにがこれらを対義語にしているのだろうか．それは，存在する対象については，これらが同時に偽になることがないという事実である．したがって $\exists x(x$ が透明であるのは，$x$ が不透明でないとき，そしてそのときに限る ) は成り立たないが，$\forall x(x$ が透明であるのは，$x$ が不透明でないとき，そしてそのときに限る ) は成り立つ．

[7] 関係はその関係項の存在を要求するため，志向的関係は実際には関係ではない，と論じる哲学者を見かけることは珍しいことではない (名前を挙げるまでもないだろう)．彼らは「$x$ は $y$ を殴る」などの存在帰結的関係を例に挙げ，$x$ が $y$ を殴るならば $x$ と $y$ が存在する，ということを指摘することによって，関係が関係項の存在を要求するという主張を立証する．一つの関係がある性質をもっているということから，すべての関係がその性質をもつと推論するでたらめさには驚かされる．

を帰結としてもたない述語の例について，第7章でもう少し取り上げる．）

　もちろん特定の述語に関しては，それが存在帰結的かどうか，もしくはその引数のあるものに関して存在帰結的かどうかは議論の余地があるだろう．たとえば $a$ が $b$ を経験し，そして $b$ が視覚的残像であるとすると，$b$ が存在することは帰結するだろうか．私の目的はこの述語について，あるいはなにか他の特定の述語についての議論に深入りすることではない．しかしもし $P$ が $i$ 番目の引数に関して存在帰結的な述語だとすると，意味論には

$$\langle q_1, \ldots, q_i, \ldots, q_n\rangle \in \delta^+(P, @) \text{ ならば } q_i \in \delta^+(E, @)$$

という制約が加えられなければならない．特にこの制約はすべての志向性述語の最初の引数に関して適用されるだろう（しかしその他の引数には適用されない）．

　この制約は現実世界においてのみ適用されることに注意しよう．他の世界でなにが起こるかはまた別の問題である．実際のところ，存在帰結的であるかどうかは，少なくとも可能世界に話を限れば，世界によって変化しない性質であるように，私には思われる．たとえば可能世界 $w$ で $a$ が $b$ を殴ったならば，$a$ と $b$ は $w$ で存在していなければならない．しかし私たちはここでこの問題について立場を決める必要はない．

　明らかなことであるが，この意味論においては，対象は（ある世界で）存在していてもよいし，存在していなくてもよい．存在する対象に対してはなんの制約もない．対象はどんな述語を充足してもよいのだ．非存在対象は（少なくとも）志向性述語の最初の座以外の場所，並びに論理的述語を充足することができる．たとえばホメロスがゼウスを崇拝したことは事実である．そして $@ \Vdash^+ hWz \wedge \neg Ez$ が成り立つような解釈を構成することは容易である．（議論の分かりやすさのために「$z$」はここで定項とする．）非存在対象はまた $\Diamond A(x)$ や $a\Psi A(x)$ などの形式の文を充足することもできる．（たとえば $h$ が存在しないが，$h$ が存在しえたとするモデル，すなわち $@ \Vdash^+ \neg Eh \wedge \Diamond Eh$ が成り立つモデルを構成することは容易である．）しかし明らかなことだが，この意味論は非存在対象が存在帰結的性質をもつことを認めない．

## 3.4　同一者の置換可能性

　志向性述語の第一の特徴から第二の特徴へと話を移そう．それは置換可能性が成り立たないように思われる，ということである．たとえば私がイゼベルを愛しているとしよう．イゼベルは世界で最も邪悪な女性であるが，しかし私はそのことを知らない．私が世界で最も邪悪な女性を愛しているということは，事実であるようには思えない．ここで再びビュリダンが登場する[8]．

　**ソフィスマ**　あなたは近づいてくる人を知っている．

　あなたの父親が遠くから近付いてくるのを，あなたは見ているのだが，しかし遠くにいるため，それが父親なのか，あるいは他の誰かなのかが分からないとしよう．このときソフィスマが以下のように証明される．あなたはあなたの父親をよく知っている．そしてあなたの父親は近づいてくる人である．したがってあなたは近づいてくる人を知っている．

　再び，あなたはあなたに知られている人を知っている．ところで近づいてくる人はあなたによって知られている．したがってあなたは近づいてくる人を知っている．

　小前提（the minor）を証明しよう．あなたの父親はあなたによって知られている．そしてあなたの父親は近づいている．したがって，云々．

　この逆が論証される．問題となっている人物について，彼は誰かと聞かれたときに，あなたが心から「私は知らない」と答えるとき，あなたはその人物を知らない．ところで近づいてくる人についてあなたはそう言うだろう．したがって，云々．

---

[8]　Buridan (2001), 892–3. Scott (1977), 72 も参照.

明らかにこれはフードを被った男の論証の別バージョンである．しかしここに含まれる志向的文脈は，演算子ではなく述語である．もちろん同様の例はたくさんある．オイディプスはイオカステを欲した．オイディプスは知らなかったことだが，イオカステは彼の母親だった．しかし，オイディプスが彼の母親を欲したということが，事実であるとは思われない．あるいは，ある人は，切り裂きジャックと彼の隣人が実は同一人物であるのに，切り裂きジャックを恐れ，彼の隣人を恐れないかもしれない．

この問題は存在の問題とはまったく独立であり，問題の対象が存在するか否かに関わらずに生じうる，ということに注意しよう．たとえばビュリダンの例は存在している対象に適用されている．しかし以下の推論もまた成り立たないように思われる．ジョンはシャーロック・ホームズについて考えており，それゆえジョンはバスカヴィル家の犬を殺した人について考えている．しかしジョンは，バスカヴィル家の犬についての話を読んだことがなく，ホームズがその犬を殺したことを知らないかもしれない．

これらの例は志向性述語の作用域の中でSIが成り立たないことを証明しているように思われる．しかし前節の意味論を考えると，置換が志向性演算子の作用域内で行われているのでなければ，SIは成り立つ．したがって特に，志向性述語の作用域の中への置換に関してSIが成り立つ．志向性述語は，結局のところ，この点に関しては他のどんな述語ともまったく同様に振る舞うのである．したがって任意の志向性述語 $P$ に対して，$b=c, aPb \models aPc$ が成り立つ．

しかしながらビュリダンの問題に対する解決は単純である．上記の例の状況が描写された通りだということは，それほど明らかではない．たとえば私たちは，オイディプスは実際に彼の母親を欲したのだと主張することもできる．彼はただ単に彼の欲望の対象が彼の母親だと認識していなかったに過ぎない．もちろん，オイディプスは彼の母親が彼の母親であることは認識していた．そしてイオカステは彼の母親であった．しかしここから，彼がイオカステが彼の母親であることを認識していた，ということは帰結しない．このような推論は志向性演算子の作用域内への置換を含んでいる．そしてこれが成り立たないということこそが，前章の効力である．同様にもしも私がイゼベルを愛し，彼女が世界で最も邪悪な女性であるならば，彼女が世界で最も邪悪な女性だと認識し

ていないにせよ，私は実際に世界で最も邪悪な女性を愛しているのであり，そしてもし私がそのことに気づいたならば，おそらく私は彼女を愛することをやめるだろう．

　三個以上の引数を取る志向性述語について考えるならば，より扱いにくい事例が出てくると思われるかもしれない．たとえばロイス・レーンはクラーク・ケントよりもスーパーマンを好んだ．しかしこの二人は同一人物である．彼女が，たとえばドーナッツを持ってオフィスをうろつく少女のように，スーパーマンよりもクラーク・ケントを好んだとか，あるいは，クラーク・ケントよりクラーク・ケントを好むという不整合を犯したということは，事実とは思われない．しかしこれらの例も同じ方法で取り扱うことができる．ロイス・レーンは実際にこれらの好みをもっていたのであり，彼女は単に彼女がそれらをもっていることを認識していなかったのだ．なんといっても，自分自身の心的状態についての私たちの評価は，とりわけ私たちが $de\ re$ 状態を取り扱っているときは，手に負えないものであり，そして実際，上記の心的状態は $de\ re$ 状態である．それではロイス・レーンとドーナツをもってオフィスをうろつく少女の間の違いはなんだろうか．それは単にロイス・レーンはスーパーマンの方がクラーク・ケントよりもよい（好ましい）と考えているという点である．オフィスの少女はクラーク・ケントの方がスーパーマンよりもよい（好ましい）と考えている．そして「と考えている」は志向性演算子であり，私たちはこれらの文の一方を，置換によって他方の文に変えることはできない．同様に，クラーク・ケントよりもクラーク・ケントを好むという不整合を犯す人物がいるとして，ロイス・レーンとこの人物との違いはなんだろうか．それは単に，ロイス・レーンは，実はスーパーマンがクラーク・ケントなのだということを知らず，一方で整合的でない好みの持ち主はそれを知っているという点である．その人物は $x$ が $y$ であることを知っているにも関わらず，$x$ よりも $y$ を好むのである．

　かくして，ここでの意味論が教える（deliver）ように，志向性述語の中で置換を受け入れる方法は明らかである．実際，志向性述語を，単に二つの対象の間の関係を表現しているものとして理解するならば，SI は成り立たなければならないように思われる．

## 3.5 不確定性

三番目の問題に目を向けよう.これは志向性動詞の作用域の中での量化子句の振る舞いに関わっている.一見すると,ここでの問題は単純なものに思われる.たとえば,私がすべての蜘蛛(あるいはキマエラ)を恐れている(I fear every spider (or chimera))としよう.これは $\mathfrak{A}x(Sx \supset aFx)$ として表現されるのが自然である.あるいはまた,私がどの蜘蛛(あるいはキマエラ)も恐れていない(I fear no spiders (or chimeras))としよう.これは $\neg \mathfrak{S}x(Sx \land aFx)$ である.

しかし「一つの $A$ (a/an $A$)」という形式の量化子句を考えると,事態はより複雑である.私が一軒のホテルを探しているとしよう.私はどんな特定のホテルも探していないかもしれない.したがってこれを,$\mathfrak{S}x(Hx \land aLx)$ として分析することは誤りだろう.ここでもまたビュリダンが登場する[9].

> **ソフィスマ**　「私はあなたに馬一頭を支払う義務がある(I owe you a horse)」,そして同様に,「私はあなたに一ペニーを支払う義務がある(I owe you a penny)」.
>
> そして,あなたが私にしてくれたよい奉仕のお返しとして,私はあなたに一頭のよい馬を約束したとしよう.そして,私は資格のある裁判官の前で,あなたに一頭のよい馬を与えることを誓約したとしよう.
>
> このときソフィスマは明らかに[真だと]思われる.というのも,なんであれ与えると約束されたものは,借りとして負っているものだ,と一般に言われているからである.そして私にはこれを支払う義務があるので,裁判官の前で法にのっとった誓約によって,与えると誓約したものを私が与えない限りは,私が馬一頭をあなたに与えるように,あなたは合法的に私を訴えることができるし,私にそれを支払う義務がなければ,あなたはそ

---

9) Buridan (2001), 907. Scott (1977), 83 も参照.

うすることができない……

しかし前記の件を認めると，解決しがたい仕方で，その逆を支持する論証が次のようになされる．私があなたに支払う義務があるものはなにもない．したがって私はあなたに馬一頭も一ペニーも支払う義務はない[10]．

結論は自明のように思われる．というのも，もしあなたが裁判官の前で，私があなたに支払う義務があるものがなにもないことを認めるならば，その裁判官は私には負債がないと裁定するだろう．

したがって

(1) 私はあなたに一ペニーを約束する
　　I promise you a penny

という文は，私があなたに約束した特定のペニーが存在しなくても真でありうる．私はあなたに，ある種の不確定のペニーを約束したように思われる．さらに悪いことに，どの個別的なペニーについても，私はそのペニーをあなたに約束していない．それでは，私があなたに一ペニーを約束したということが，いかにして可能なのだろうか．

この問題もまた，存在の問題とはまったく独立であることに注意しよう．この例に関しては，多くのペニーが存在するにもかかわらず，問題が生じている．反対に，アトランティスが存在しないにもかかわらず，「私はアトランティスを探し求める」には不確定性は存在しない．

解決に向けて，まずは (1) が（およびいかなる類似の例も），実際には多義的であることに注意しよう．それは，私が約束したある特定のペニーが存在する，ということも意味しうる．たとえば私は，英国で 1900 年に鋳造された最初のペ

---

[10] この点でのビュリダンの論証はかなり謎めいている．彼が意味しているのは，私があなたに，支払う義務があるような特定のペニー（馬）は一つも存在しない，ということである．従って私はあなたにペニー（馬）を支払う義務はない．

ニーを,あなたに約束したのかもしれない.他方,特定のペニーはないのかもしれない.あなたが私に一ペニーを貸してくれて,私は単にその借りを返すことを約束したのだ.これらをそれぞれ,(1)(とその類似物)の**確定的**,**不確定的**意味と呼ぶことができる.どのようにその違いを見分けられるだろうか.確定的な場合は「どのペニーか」と尋ねたときに,たとえば「1900年に鋳造された最初のペニー」などのような,まともな返答を期待することができる.不確定的な場合はそうではない.私があなたに一ペニー貸し,あなたが後日私に一ペニー返すことを約束するとき,「どのペニーか」と尋ねることは,通常はジョークである.私があなたにそのペニーを与えることを約束したような,特定のペニーは存在しない[11].

さて,(1)の確定的意味はまったく容易である.それは単に

(2) $\mathfrak{S}x(Qx \wedge aPx)$

という形式をもつ.(ここで $Qx$ は「$x$ はペニーである」,$yPx$ は「$y$ はあなたに $x$ を約束する」である.)とはいえ,ここには少し問題がある.私はあなたに特定の,実際には虚構的なペニーを約束したのかもしれない.たとえば,私がドイルの作品を,虚構ではなく歴史書だと勘違いしているとしよう.私はあなたに,シャーロック・ホームズがライヘンバッハの滝に落ちる前に触れた最後のペニーを約束したかもしれない.ペニーであることは,おそらくは,存在帰結的である.私が約束したその対象は非存在的であるのだから,したがってそれは(@における)ペニーではない.それゆえ上の表現は正確ではない.しかし私が,問題の対象がペニーであると信じていることは確かである.したがって私たちはこの状況を,$\mathfrak{S}x(a\Psi Qx \wedge aPx)$ として表現できる.ただし $\Psi$ は適切な志向性演算子とする.あるいは両方の状況を一括して扱いたければ,$\mathfrak{S}x((Qx \vee a\Psi Qx) \vee aPx)$

---

11) 次のような反論があるかもしれない——その場合でも,私があなたに与えることを約束した,あるペニーが存在するのであり,それはすなわち,私があなたに与えることを約束したペニーだ,と.しかしこれは決して正しくない.私が二枚のペニーをもっているとしよう.その両方が私があなたに与えることを約束したペニーであることはありえない.仮にそうだとしたら,私はあなたに二ペンスを約束したことになる.どちらが約束した硬貨でなかったにせよ,そちらを与えることでは,私は私の約束を守れないだろう.しかしこれは馬鹿げている.

となる[12].

　しかし (1) の不確定的意味についてはどうだろう．まず第一に，非存在主義それ自体は，不確定的意味とはなんであるかという問題を解決しない，ということは明確にしておかなければならない．周知の通り，非存在対象はなんらかの意味で不確定であるとしばしば主張されるので，非存在主義が不確定的意味の問題を解決すると考えられるかもしれない．たとえばマイノングは，黄金の山はでこぼこでも滑らかでもないし，15 カラットでも 22 カラットでもない，と主張した．私たちは後の章でこの話題を扱うが，さしあたってこの考えが正しいとしよう．私が不確定的意味で「私はあなたに一ペニーを約束する」と言ったのだとすると，ひょっとしたら私は不確定の，存在しないペニー貨を約束したのだろうか．この考えはすぐに棄却される．私はそんなものは約束していない．もしそうだとしたら，「どれが約束のペニーですか」という質問が有意味になるだろう．そして答えは「ある存在しない対象です」になる．しかし明らかにこれは私が約束したものではない．不確定の場合では上の質問は無意味なのである．したがって，わたしたちは別の解決を探さなければならない．

　問題が生じるのは，動詞の補部に「一つの (ある) なになに (a so and so)」が来るときのみであり，固有名のときには問題は生じない．そしてまた英語においてはこの種の句は特定の量化を表現する (たとえば「すべての男性はある女性を愛する (every man loves a woman)」)．したがって当然これに対しては量化子による分析が与えられるべきだ，と考えられる．問題は，量化が私たちの求めるものを与えてくれない，ということである．(1) を (2) として書き直すと求める意味にならないし，また動詞の補部が文ではないため，量化子を入れる場

---

12)　この方法は Geach (1967) の問題を取り除く．ギーチは，「ホブは魔女がボブの雌ロバを駄目にしたと思っていて，ノブは彼女 (同じ魔女) がコブの雌牛を殺したのではないかといぶかっている」のような文を，どのように理解するべきか，という疑問を呈する．代名詞「彼女」は特定の魔女に対する指示を選び出すので，「どの魔女を」という疑問が意味をなす．したがってこの文は，$\mathfrak{S}x(x$ は魔女である (と信じられている) $\land$ ホブは $x$ がボブの雌ロバを駄目にしたと思っている $\land$ ノブは $x$ がコブの雌牛を殺したのではないかといぶかっている) と分析されるべきである．ギーチはこの提案を考察し (148)，もしこれを受け入れると魔女の存在が帰結するという理由で，これを拒否している．しかし非存在主義者にとっては，魔女の存在は帰結しない．ギーチの問題のより困難なバージョンが Edelberg (1986) によって与えられており，そこでは非存在主義的な解決が素描されている．

所は他にない[13]．

　私たちはこの問題を次のように解決することができるかもしれない．私が「私はあなたに一ペニーを約束する」と言うとき，通常，実際には私はあなたに一ペニー与えることを約束している．もしそうだとすれば，ここで言われていることの内容は次のように分析できる．

　　(3) 私は $\mathfrak{S}x(x$ はペニーである $\wedge$ 私はあなたに $x$ を与える$)$ と約束する．

不確定性に関する同様の事例は同じ方法で扱うことができる．たとえば「私は一軒のホテルを探している」という発話は，不確定の意味においては，通常「私は一軒のホテルを見つけようとしている」を，すなわち「私は，$\mathfrak{S}x(x$ はホテルである $\wedge$ 私は $x$ を見つける$)$ ということを実現しようとしている」を意味しているだろう[14]．同様に，私がおいしいカレーを好んでいるならば，通常私が好むのはおいしいカレーを食べることである．したがって，私は $\mathfrak{S}x(x$ はおいしいカレーである $\wedge$ 私は $x$ を食べる$)$ ということが実際にあって欲しいのである．普通でない状況においては，私はそのカレーを，なにか他の目的のために欲しているかもしれないことに注意しよう．たとえば私がある種の性的倒錯者だったとしたら，私はそれを……に用いるために欲するかもしれない．このとき，その発話は適切な文脈では，私は $\mathfrak{S}x(x$ はおいしいカレーである $\wedge$ 私は $x$ を……する$)$ ということが実際にあって欲しい，ということを意味するだろう．

---

13) 問題の文は量化子を用いるものとしてではなく，不確定記述演算子 $\varepsilon$ を用いるものとして理解されるべきだ，と提案されるかもしれない．この提案では，問題の文が私はあなたに $\varepsilon x(x$ はペニー$)$ を約束する，と分析される．このような演算子に対する意味論は次章で詳細に検討される．そこで見るように，ペニーはたくさん存在するので，「$\varepsilon x(x$ はペニー$)$」は，その中の，非決定的に選ばれた，ある一つのペニーを表示する．しかしその選択が非決定的であったとしても，その表示句はやはりある特定のペニーを表示する．そして不特定の場合では，私はあなたにそのペニーを約束したわけではない．仮にそうだったとすれば，私は別のペニーによってあなたに払い戻しをすることができないだろう．しかし別の硬貨で払い戻しができることは明らかである．したがってこの提案はうまくいかない．

14) もしこれが正しいとしたら，私は $\mathfrak{S}x(x$ はホテルである$)$ ということを実現させようとしているということが帰結するだろうが，しかし私はそんなことはしようとしていない，という反論があるかもしれない．しかし第1章から分かるように，この種の志向的状態は論理的帰結に関して閉じていないのである．

どんな述語が適切であるかは，文脈においてのみ決定される．他の例においても状況は同じである．

　このことは (1) およびその類似物の不確定的意味の問題を解決する．そのような文の発話は，対応する志向性演算子を伴う文の省略された形として解釈すればよい．そうすれば特称量化子を適切に置くことによって不確定性を取り扱うことができる．このとき (1) の不確定的意味は次の形式をもつものとして理解される．

$$a\Psi\mathfrak{S}x(Qx \wedge aGx).$$

(1) が偽であるという推論が成り立たなくなることが，ここでどのように説明されるかを，見てみよう．個々のペニーに関しては，私はあなたにそのペニー（を与えること）を約束してはいない．つまり $\mathfrak{A}x(Qx \supset \neg a\Psi aGx)$．これが $\neg a\Psi\mathfrak{S}x(Qx \wedge aGx)$ を論理的帰結としてもたないことは明らかである．（このことを示す解釈を与えることは簡単な練習問題としておく．）

　重要な疑問は，述語を演算子に変えるこの戦略が，私たちにとって常に利用可能かどうか，ということである．不確定性の事例が生じたとき，その発話は常に志向性演算子を伴う文の省略されたものとして考えることができるだろうか．志向性動詞の使用例の中には，命題的補部をもつなんらかの概念を表現しているとは考えにくいものがあることは，確かである．たとえば私がゼウスを崇拝しているとして，この事実はどんな特定の志向的命題的態度によっても言い換えられない．同様に私がある怪物を幻に見たとして，このことに対応する命題的状態はない．たとえばレイコフ[15]のような論者は，私たちが現在のところ名前を付けていないような隠された概念が存在する可能性を検討してきた．したがってレイコフにとっては，$x$ に敬服することは $x$ をぐりっぷることをわーふることである．しかしこの見解を認めることは，自暴自棄の行為であろう．わーふることやぐりっぷることにはなんの内実も与えられない．これらは疑似概念である．ある怪物を幻に見ることは，他でもなく，あるものを幻に見るこ

---

[15] Lakoff (1970), 221.

とであり，なんらかのことを $F$ することではない．この種の言い抜けの効かない動詞に関しては不確定性の事例は生じないように思われるということは，この分析にとって有利な証言になる．私が「私はあるギリシャの神を崇拝する」というとき，「どの神のことか」という質問は常に有意味であるように思われる．私が「私はある怪物を幻に見た」というとき，「それはどんな怪物だったか」という質問は常に適切である．あるいはレイコフの例を考えよう．「敬服する」は，レイコフの主張にも関わらず，命題的な仕方で言い換えることが不可能な志向性動詞である．「私はジョンに敬服する」は，「私は……ジョン……ということを……する」という形式のどんな文とも同値であるようには思われない．ここで「私はある綺麗に着飾った女性に敬服する（I admire a well-dressed woman）」を考えよう．これは明らかに確定的意味をもつ．ある特定の，私が憧れている，綺麗に着飾った女性がいる．この場合では，普遍的意味さえもある．つまり，私は綺麗に着飾ったどんな女性にも敬服する（$\mathfrak{A}x$（$x$ は綺麗に着飾った女性である ⊃ 私は $x$ に敬服する））, という意味である．しかしこの文には不確定な意味はまったくないように思われる．

したがって次のように結論することが自然だと思われる．発話された言明が，実際には，that 節を伴う場合に限り，不確定性が生じるのだ，と．そしてもしこれが正しいならば，上で素描された解決は，まったく一般的なものである．

## 3.6 結 論

本章で，私たちは志向性述語の意味論の説明を与えた．そしてこれは非存在主義を正面切ってアジェンダに打ち出すものである．非存在対象に対する量化，指示，そしてその個別化ができる，という事実に私は訴えてきた．ここで与えられた意味論は，非存在対象は存在帰結的性質をもたないということを，明示的に想定している．しかしそのような対象の性質に関して，他になにか言うべきことがあるだろうか．これは特徴づけ（Characterization）という重要な問題を提起する．私たちは次章でこの話題を取り扱う．しかしその前に，好奇心の旺盛な読者は当然，ビュリダン自身が彼のソフィスマについてどう考えているのかを，知りたいことだろう．そこでこれらの問題について，ビュリダンが，そ

して他の中世の論理学者がなにを言わなければならなかったかを，以下の付録で見ていこう．この付録を飛ばしても，話の流れには影響しない．

## 3.7 付録：志向性についての中世の説明

この付録では，私たちが見てきた三つのソフィスマに関する中世の見解——特にビュリダンの見解を見る．説明の都合上，私たちはこれらの話題を本章中とは若干異なる順番で取り上げる．最初は非存在の問題からである．

### 3.7.1 非存在

志向性についての中世の論理学者の説明は，彼らの一般的な論理学理論に基づいている．これは現代の論理学者にはほとんど知られていないので，最初にここで関連する中世の論理学の特徴について要約しておこう．中世の論理学者は単文（すなわち，選言や条件文のように，結合子を含んでいない文）を，たとえば「すべての人は父親をもった人である（*every person is one with a father*）」のように，繋辞によって関係づけられた二つの項辞（terms）からなるものと見なした（そのためこのような論理学者は「項辞論者（terminists）」と呼ばれた）．しかしこの例が示すように，項辞は複合的でありうるし，そして私たちが現在では量化子表現だと考えるものであることもある．

項辞論者はこのような文の意味論を，項辞とその部分[16]の多様な性質に訴えることで説明した．そのうちの一つが**意味表示**（*signification*）である．ビュリダン以前に著述を行っていた，オッカムのウィリアム（William of Ockham）を含む項辞論者の一つのグループによれば，ある項辞の意味表示は単にその外延である．たとえば，「ペニー（penny）」はペニー硬貨（pennies）を意味表示する．別のグループによれば，これは過激すぎるとされた．たとえばビュリダンにとっては，複数の $F$ なるものから概念 $F$ が心の作用によって抽象され，そしてそれらの自然な類似性（likeness）を形成する．日本語を話す人々はそこか

---

[16] たとえば Reed (2001) を参照．「すべての人は父親をもつ」においては，項辞は「すべての人」と「父親をもつ人」である．しかしほとんどの中世の人々はまた，「父親（a father）」という部分項辞（sub-term）の性質も考慮していた．

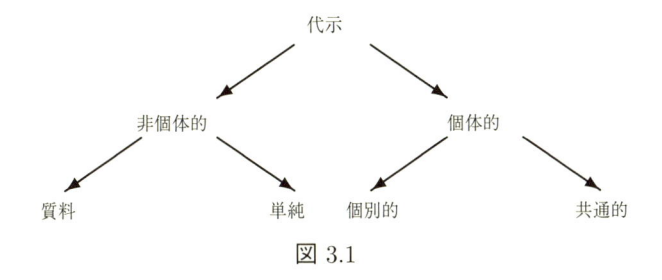

```
              代示
         ↙         ↘
      非個体的        個体的
      ↙   ↘        ↙    ↘
    質料   単純    個別的   共通的
```

図 3.1

ら「ペニー」という音に〈ペニー〉[訳注4]という概念を意味表示させるという規約を採用する．したがって規約により，「ペニー」という音は〈ペニー〉概念というその直接的な意味表示を介して，最終的にペニー硬貨を意味表示する．

　次に，さらに重要な**代示**（*supposition*）の概念に目を向けよう．ある項辞の代示は，それが現れる特定の文に相対的である．それはおおよそ，文の真理条件によって要求されるものとして，項辞が指示するものである．たとえば「人間は一つの種である」において「人間」は，ある普遍を代示する．「人間は二文字からなる」において「人間」はある語を代示する．この種の事例はそれぞれ，**単純**（*simple*）**代示**および**質料**（*material*）**代示**と呼ばれる[17]．項辞は，それが意味表示するものを代示するとき，**個体的**（*personal*）**代示**をもつ，と言われた．（少なくとも，オッカムもビュリダンもこの言葉遣いをする．）個体的代示もまたさらに分類される．項辞が，固有名や確定記述のように，ある特定の対象を代示するとき，それは**個別的**（*discrete*）**代示**と言われた．そうでないとき，それは**共通的**（*common*）**代示**をもち，あるものの集まり全体を代示する．共通的代示の中にも様々な分類が設けられている．後にこの点に立ち戻ろう．現在の目的にとって，私たちは代示の分類を図 3.1 のように図示することができる．

　項辞がもつ，注意するべき第三の性質は**拡大**（*ampliation*）である．様々な動詞，あるいはその特徴は，その動詞が現れる文における項辞の代示の範囲を変化させることがある．たとえば「法王が歩いている（The Pope is walking）」とい

---

訳注4）ここでは，〈　〉を，表現が（性質や表現そのものではなく）概念を表示していることを表すために用いた（凡例を参照）．原文ではイタリック．

17）実際にはビュリダンはこれらを一つにまとめている．単純代示は，実のところ，心的語に対する質料代示に過ぎないからである．

う文を考えよう．この文において，「法王」は個別的代示をもち，現在存在しているある特定の人を代示している．しかし「プラトンが歩いた（Plato walked）」という文を考えよう．死んでいるものはもはや存在しない．したがって，「プラトン」という項辞が代示するべきものはない．それが代示することを可能にするためには，動詞「歩いた」の時制によって，項辞「プラトン」が現在の対象のみならず，過去の対象もまた代示できるようにならなければならない．これが拡大である．同様に「反キリストが歩いている」は偽である．というのも主語が現在存在しているなにものも指示していないからだ．しかし「反キリストが歩くだろう」は（中世の人々によれば）真である．というのも動詞の未来時制は主語を現在と未来の対象に拡大し，そして反キリストは未来において存在する（そして歩く）だろうからだ[18]．時制の他にも拡大を引き起こす力をもつ表現がある．たとえば，第三次世界大戦が来年始まるかもしれない，ということはおそらく真である——そうなって欲しくないと，どれほど私たちが望もうと．「かもしれない（may）」という様相の助動詞は「第三次世界大戦」を拡大して，現在，過去，未来のものだけでなく，単に可能なだけのものまで代示させる．「できる（can）」と「なければならない（must）」という他の様相の助動詞もまた同じ役割を果たす．この問題に関してビュリダンは次のように述べている．「動詞『できる』の主語として置かれる項辞は……可能なものを代示するよう拡大される．たとえそれが存在せず，そしてまた存在していなかったとしても．それゆえ『黄金の山はモンヴァントゥーと同じくらい大きいものでありうる』は真である」．

中世の人々が拡大の逆の作用も認識していたことは，注目に値する．それは代示の範囲を広げるのではなく，制限する作用である．たとえば「私のポケットの中のすべての硬貨はペニーである」における「私のポケットの中の」は「硬貨」の代示を制限して，「硬貨」に私のポケットの中の硬貨だけを代示させる．

以上の点を踏まえて，志向性動詞の問題に取り掛かろう．中世の人々は，この種の動詞もまた，補部に置かれる項辞の代示を拡大させる力をもつ，と主張

---

[18] Buridan (2001), 299. ビュリダン自身は，個別的代示をもつ項辞の場合に，この振る舞いを「拡大」とは呼ぼうとしなかったことは，注記しておくべきだろう．しかし彼は実際に項辞が上で記述されたように振る舞うと主張した．前掲書，918–19 を参照．

した．たとえば「私は反キリストを理解している」は真である．というのも「反キリスト」は「理解している」による拡大のために，未来の存在者を代示するからである[19]．さらに志向性動詞は過去や未来の対象だけでなく，単に可能なだけの対象にも拡大することもある．たとえば「私はアトランティスを探し求めている」において，「探し求めている」は「アトランティス」の代示を拡大し，その結果「アトランティス」は可能ではあるが存在しない対象を指示するかもしれない[20]．シャーウッドのウィリアムおよび13世紀のその他の人々は，まったく無防備に，存在しない対象に拡大される項辞について語っている[21]．この問題に関してパウルス・ウェネトゥスは次のように述べている[22]．「ある項辞の意味表示が現実に存在しないことは，項辞がそれを代示することを妨げない」．

だとすれば中世の論理学者は，非存在対象を認めることになんの不都合も感じていなかったのである[23]．拡大によって到達することが許される対象の標準的なクラスは，過去の対象，未来の対象，そして可能な対象のクラスである．では彼らは不可能対象もまた認めていたのだろうか．ビュリダンが認めていなかったのは確かである．「非存在者が考えられる」（私たちはこれを3.2節で見た）というソフィスマについてのビュリダンの分析から明らかであるが，少なくとも彼は，存在しないどんなものでも，少なくとも可能であると信じていた．彼は次のように書いている[24]．

　[「存在しないものが理解される（A non-being is understood）」という]ソ

---

19) Buridan (2001), 299.
20) これらの例において，代示が拡大されている項辞は，厳密にいえば述語の一部に過ぎない．たとえば「私はアトランティスを探し求めている」の本来の述語は「アトランティスを探し求めているもの」である．（私はアトランティスを探し求めているものである．）
21) たとえば De Rijk (1982), 172 を参照．
22) Paul of Venice (1978), 13.
23) この点において，彼らは実際には単にアリストテレスの前例に従っていたに過ぎない．「名前はあらぬものをも指しうる」，『分析論後書』(*Posterior Analytics*), $92^b$ 29-30.
24) Buridan (2001), 923. Ebbesen (1986), 137 も参照――「ビュリダンは『信じられる』の拡大力は不可能な存在者 (entity) にまでは拡張されない，と考えている」．ビュリダンの次の言葉が引用されている．「代示するすべての項辞は，あるもの，ありうるもの，あったもの，あるだろうものを代示する．しかしキマエラがありうるということや，ありえたということ，あるいはありうるだろうということは，不可能である．[したがって]『キマエラが思考可能である（A chimera is thinkable）』は偽である」．

フィスマは偽である．というのも，その項辞［「非存在者」］はなにも代示しないからである．そしてこのことは，次のことから明らかである．「理解する」あるいは「理解される」という動詞は代示を過去のもの，未来のもの，さらにすべての可能なものへと拡大する．したがって私が「あるものが理解される」と述べるとき，項辞「もの (being)」は現在のもの，過去のもの，未来のもの，または可能なもののいずれかを，区別なしに表している．しかし通例，項辞に付け加えられた非限定的な否定によって，項辞が代示するすべてのものに対するその代示が取り除かれ，そして項辞はそれが代示しないすべてのもの（仮にそのようなものがあったとして）を代示するようになる．したがって命題「非存在者が理解される」において，項辞「非存在者」はどの現在のものも，過去のものも，未来のものも，可能なものも表さない．したがってそれはなにも代示しない．それゆえ命題は偽である[25]．

対照的に，「意味表示する」などの動詞や「理解可能な (intelligible)」などの語は，対象の標準的な四つのクラス（あるもの，あったもの，あるだろうもの，ありうるもの）を超えて，第五のクラス，すなわち想像されうるものにまで項辞を拡大できる，と信じる論者もいた．たとえばインヘンのマルシリウスは次のように書いている[26]．「拡大は項辞に……存在するか，または存在していた意味表示を代示させる．あるいは存在するか，または存在するだろう意味表示を，存在するか，または存在しうる意味表示を，想像されるか，または想像されうる意味表示対象 (significates) を代示させる」．

しかしながら，なにが想像されうるのだろうか．マルシリウスがすべてが想像されうるとは考えていなかったことは確かである．空虚は想像されうる．なぜならばそれは，神の全能によって創造されうるからである．しかしキマエラは想像可能かもしれないし，想像不可能かもしれない．実際，キマエラの概念は二通りに理解されうる．キマエラは，単に部分部分を不自然な仕方で結合さ

---

25) ビュリダンが，たとえば「反キリストは理解される」は真だが，しかし「非存在者は理解される」は偽だ，と考えていることに注意しよう．否定は拡大の後に作用する．
26) Maierù (1972), 182. また Bos (1983), 103 を参照．

せたなにか（ライオンの頭，山羊の体，蛇のしっぽ）であるかもしれないが，しかしそれはまた，その部分それぞれの本質をもったなにかであるかもしれない．だとすればそれは不可能である（というのもそれぞれに帰属する（pertinent）本質は両立不可能だからだ）[27]．実際，中世の論者が，不可能対象の標準的な例としてキマエラを使うことは珍しくない．いずれにせよ，マルシリウスは，第一の捉え方ではキマエラが想像可能だが，しかし第二の捉え方では，文字通りそれは不可能なので，想像可能ではない，と考えている[28]．

しかしパウルス・ウェネトゥスはさらに先を行く用意ができていた．彼にとって，キマエラは確かに不可能である[29]．にもかかわらず彼は次のように書いている[30]．「『考える』，『想像する』などの動詞は，埋め込み節を伴う場合も，直接目的語を取る場合 [たとえば『私はキマエラについて推測する』，『私は真空を想像する』] も，常に……存在者と同様に，非存在者をも取り扱っている」．さらには次のように書いている[31]．「項辞『キマエラ』の意味表示対象（significatum）は実際のところ，存在せずまた存在しえないにもかかわらず，項辞『キマエラ』は依然として……命題『キマエラは考えられる』において，なにかを代示する．なぜならばそれはキマエラを代示するからである」．

したがって，中世の論理学者の少なくとも一部は，「徹底した」非存在主義者だったのである[32]．

---

27) たとえば Bos (1983), 192 を参照．また Ashworth (1977), 62 を参照．
28) Ashworth (1977), 72 を参照．
29) Paul of Venice (1978), 254.
30) Paul of Venice (1981), 76.
31) Paul of Venice (1978), 13. また次も参照．Paul of Venice (1499), fo. $13^{vb}$, 「四番目の答えがよりよい．つまり『理解される』，『私たちは信じる』，『意味表示する』，『代示する』などの動詞は，その主語と述語を，現在のもの，過去のもの，未来のもの，あるいは想像可能なものへと拡大する．したがって命題『キマエラは理解される』は，次のように分析される．『これは理解され，そしてこれはキマエラであるか，またはキマエラであると想像されうるかである』」．
32) 私たちはまた，パウルスより一世代前のオクスフォードにおいて，ラルフ・ストロードが次のように述べているのを見つけることができる（Maieruù 1972: 176）．「『代示する』は『意味表示する』とまったく同様に，拡大的な言葉であり……したがって，存在しないものを考えたり想像したりすることができるのとまったく同様に，『キマエラ』が意味表示するものが存在しなくても，それがなにかを意味表示すること，そしてその意味表示にもかかわらず存在しないなにかをそれが代示することを認めなければならない．そして実際，項辞『キマエラ』は『キマエラが信じら

### 3.7.2 不確定性についてのオッカムの説明

非存在の問題についてはこのくらいにしておこう[33]．他の二つの問題に対するビュリダンの解決は，中世の標準からみて，幾分普通でない——そしてまた幾分問題がある——ように思われる．そこで最初にオッカムの解決を見ることにしよう．特に不確定性の問題に対するオッカムの解決は，中世の観点から見て，ずっとオーソドックスである．これを説明するために，共通的個体的代示の様態について，もう少し言っておかなければならないことがある．

共通的代示は通常，**確定的**（*determinate*）代示と**不確定的**（*confused*）代示に分割されていた．後者はさらに**不確定的かつ周延的**（*confused and distributed*）なものと，**一括的不確定的**（*merely confused*）なものに分けられた．したがって個体的代示の中に設けられたこの区別は，図 3.2 のように表せるだろう．

オッカム，ビュリダン，そして彼らの追随者たちは，命題の中の特定の項辞が，共通的代示のこれら三つの様態のどれをもっているかを示す目印は，問題の命題を（項辞と限定詞を，個別的代示をもつ項辞に置き換えて）単称命題に下降させることができるかどうか，そしてそれらの単称命題をもとの命題に上昇させることができるかどうかである，と考えた．このことを例によって説明しよう．

「ある人間は死ぬものである（Some man is mortal）」という文を考えよう．ここから，人間全体の適当な一覧表があれば，この人間は死ぬものである，またはあの人間は死ぬものである，または……と推論することができる．さらに個々の選言肢からもとの文を推論することができる．このことは，ここで「人間」が確定的代示をもつことの目印になる．

次に「すべての人間は死ぬものである（All men are mortal）」という文を考えよう．ここから，人間全体の適当な一覧表があれば，この人間は死ぬものである，かつあの人間は死ぬものである，かつ……と推論することができる．しかしながらどの連言肢からも，もとの文は推論できない．このことは，ここで

---

れている（A chimera is believed in）』のような命題の中で，真になにかを代示している」．もっともこの文脈からは，彼が可能なキマエラと不可能なキマエラのどちらを扱っているのかは，明らかでない．

33) 中世からマイノングに至るまでにも，非存在主義が死に絶えていたわけではない，ということは注記に値する．もう一人の著名な主唱者はリードである．Routley (1980), 835–50, および Nicholas (2002) を参照．

```
            共通的
            個体的
            代示
         ↙        ↘
      確定的      不確定的
                ↙        ↘
           不確定的      一括的
             かつ       不確定的
            周延的
```

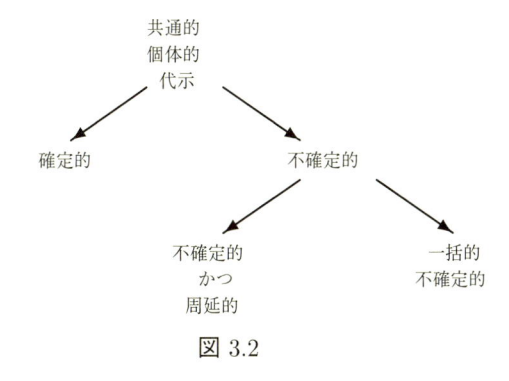

図 3.2

「人間」の代示が不確定かつ周延的であることの目印となる．

最後に，再び「すべての人間は死ぬものである」を考えよう．しかし今度は「死ぬ」を考える．ここから「すべての人はこの死ぬものである，またはすべての人はあの死ぬものである，または……」を推論することはできない．そしてまたこれに対応する連言も推論できない．しかし死ぬもの全体を適切に列挙すれば，「すべての人間はこの死ぬものか，またはあの死ぬものか，または……である」を推論することはできる．さらに「すべての人間はこの死ぬものである」から「すべての人間は死ぬものである」を推論することができる．これはここでの「死ぬものである」の代示が一括的不確定的なものであることの印である．

これで不確定性の問題に取り組む用意ができた．再び

(1) 私はあなたに一ペニーを約束する

を考えよう．オッカム，ビュリダン，および彼らの追随者たちは，実際には，(1)が多義的であることを受け入れなかった．彼らはこれが不確定的意味のみをもつのであり，確定的意味は

(1a) あるペニーを私はあなたに約束する
　　　A penny I promise you

によって適切に表現される，と主張した．ここにおいて「ペニー」は，幸いな

ことに,確定的代示をもつ.なぜならばこの文は

> (4) このペニーを私はあなたに約束する,またはあのペニーを私はあなたに約束する,等々
> *This* penny I promise you or *that* penny I promise you, and so on

へと下降することができる(そしてどの選言肢も,もとの文に上昇することができる)からである.
　(1)自体に関しては,オッカムとビュリダンの見解は異なっている.当面はオッカムに従うことにしよう.彼によればここでの「ペニー」の代示は一括的不確定的である.ここから広い作用域の選言は推論できないが,しかし

> (5) 私はあなたにこのペニーか,またはあのペニーか,または,等々を約束する
> I promise you *this* penny or *that* penny, and so on

を推論することができる(そしてまた「私はあなたにこのペニーを約束する」という形式のどんな文も,もとの文に上昇することができる)[34].
　(4)と(5)における選言は,現在と未来のすべてのペニーにわたって,広がっていることに注意しよう.「約束する」は項辞の代示をそのように拡大する志向性動詞である.というのも,私は,現在まだ存在していないペニーをあなたに与えることによって,約束を果たすことができるからである.(実際,拡大についての中世の議論は,個別的代示よりも共通的代示の文脈で行われることが多かった.たとえば「すべての人間は死ぬだろう(All men will die)」において,未来時制は,「人間」の代示の範囲を拡大して,すべての現在と未来の人間に対して,「この人間は死ぬだろう,かつあの人間は死ぬだろう,そして……」に下降することを可

---

[34] Ockham (1974), 第72章, 207. すぐ後に見るように, Buridan (2001), 279 はこの下降を受け入れない. ウィリアム・バーレイのように, (1)において「一ペニー」が単純代示をもつ, と考える論理学者もいた. Buridan (2001) に付けられたクリマの序文, lii を参照.

能にしている[35].)

　次のことにも注意しよう．ここでの項辞が確定的代示をもたないので，(1) から「私はあなたにこのペニーを約束する，または私はあなたにあのペニーを約束する，……」に下降することはできない．したがって対偶をとって，「私はあなたにこのペニーを約束しない，かつ私はあなたにあのペニーを約束しない……」から「私があなたに一ペニーを約束するということはない」に上昇することもできない．したがって (1) が誤りであることの論証は阻止される．

　不確定性の事例について，オッカムの説明と本章で提供された説明の間にある最も注目すべき違いは，オッカムの説明では，(1) およびその類似物の不確定的意味に関して，命題的分析が要求されないということである．不確定的意味は，「約束する」に対して——この動詞が，その補部となる項辞の代示を拡大する力をもつのとまったく同様に——その補部となる項辞に一括的不確定的代示をもたせる力を帰属させることによって得られる．この一様性はオッカムの説明の有利な点である．一方で，まさにその一様性のゆえに，あらゆる場合において，不確定的意味が読み取られてよいはずだ，と考えられるかもしれない．たとえば「私はあるギリシャの神を崇拝する」にも不確定的意味があるはずだ．つまりこの文を「私はゼウス，またはヘラ，またはアフロディテ等々を崇拝する」として解釈する読み方が可能であるはずである．そしてこれは「私はゼウスを崇拝する，または私はヘラを崇拝する，または……」とは区別される．もしそのような意味がないとすれば——そして実際にそのような意味はないと思われるが——これはオッカムの分析の不利な点である．しかしもちろん，これでオッカムの分析が反駁されるわけではない．私たちは単純に，「崇拝する」のような動詞は，その補部になる項辞の代示を拡大しはするが，しかし不確定にする力はもたないのだ，と仮定すればよい．しかしこの方法は幾分場当たり的に思われる．

### 3.7.3　置換可能性についてのオッカムの説明

　次に置換可能性についてのオッカムの見解に目を向けよう．オッカムは単純

---

35) オッカムは，実際には，この種の例を，拡大の概念に頼らず，多義性を診断することによって，異なる方法で分析している．Priest and Read (1981) を参照．

に，非命題的な志向的文脈での置換可能性を受け入れる．たとえば『詭弁論駁論』についての議論において，彼は次の論証には誤りはないと主張した．

> (6) あなたはコリスコスを知っている．
> コリスコスはフードを被った男である．
> あなたはフードを被った男を知っている．
> You know Coriscus.
> Coriscus is the hooded man.
> You know the hooded man.

彼はこの論証は妥当だと述べる[36]．この論証が成り立たないように思われる理由は，似たような論証で誤っているものがあるからだ，と彼は説明する．その論証とは付帯性 (accident) の誤謬である．

付帯性の誤謬とはなにか．この言葉はアリストテレスが『詭弁論駁論』の第24章で用いた造語である．しかし彼のコメントは解読が困難であり[37]，そして中世の注釈者たちは各々，アリストテレスの議論の異なる側面に関心を集中させた[38]．しかしここでの「付帯性」は，アリストテレスにおける通常の付帯性の概念とは，あまり関係がないことに注意しなければならない．ペトルス・ヒスパヌスは（オッカムとビュリダンよりもおよそ100年前に）次のように書いた[39]．

---

[36] Ockham (1979), 231. この例と以下に続く例において，オッカムが実際に使っている述語は「フードを被った」ではなく「こちらにやって来る」である．

[37] アリストテレスが実際にフードを被った男について書いていることは，以下の通りである ($179^a33$-$^b3$)．「あなたはフードを被った男を知っているだろうか……．フードを被った男の場合，[『フードを被っていること』は]『コリスコスであること』と同じことではない．そこで私がコリスコスを知っているが，しかし [フードを被った男を] 知らないとしよう．しかしそれでも私が同じ男を知っており，かつ知らないということにはならない」．

[38] たとえばある人々は，この厄介な三段論法においては，中辞の統一性が失われているという考えに固執し，これが四項辞の誤謬 (a fallacy of four terms) を犯していることを示唆した．またある人々は，大辞が適用されているのと同じ側面で中辞が適用されていないという考えに固執し，反復の誤謬 (a fallacy of reduplication) を犯していることを示唆した ($S$ は $M$ であるが，しかし $P$ としてではない)．

[39] Peter of Spain (1972), 146.

次のように言わなければならない.「付帯性」は,ポルピュリオスが,五つの述語づけ可能なもの (predicable) [種, 類, 種差, 固有性, 付帯性] の一つとして使った付帯性ではないし,またアリストテレスが『トピカ』において,四つの属性 [定義, 固有性, 類, 付帯性] の一つとして使った付帯性でもないし,また実体 (substance) と対照される意味での付帯性でもない……. ここでの付帯性は「必然的に帰結するわけではない」ということを意味する.

同じ論調でオッカムは『大論理学』において次のように書いている[40].

この問題に関して,「付帯性」がここでは以前と同じ意味では捉えられていない,ということが認識されるべきである. 以前は,付帯性は五つの普遍の一つであることが示された. ここで「付帯性」は,他の項辞と区別される主語または述語になりうる任意の項辞として捉えられる. このことから,ある命題の主語または述語になりうるすべての項辞は,あるものに対して付帯性になりうるし,また実際に付帯性である. なぜならばそれは別の述語づけ可能なものとは異なる述語または主語になりうるからである.

オッカムによれば,妥当でない三段論法を妥当なものと取り違えるとき,常に付帯性の誤謬が生じている. したがって,この誤謬には多くの様々な例があるので,付帯性の誤謬を記述する一般的な規則を与えることはできない,と彼は言う. にもかかわらず,オッカムは次の程度までは一般化を進める. 付帯性の誤謬の一つのタイプ[41]は,様相(「知っている」や「可能である」など)を,妥当な三段論法の前提の一つと結論に付けて,その結果,たとえ前提はともに真であっても,そこから結論が妥当には導けなくなるときに生じる[42]. たとえば,三段論法

---

[40] Ockham (1974), 818.
[41] これは, Ockham (1979) では, 三種類の付帯性の誤謬の二番目のものであり, Ockham (1974) では,これは二種類のうちの一番目である.
[42] Ockham (1979), 239.

(7) コリスコスは男である．
   コリスコスはフードを被った人である．
   ─────────────────────
   フードを被った人は男である．
   Coriscus is a man.
   Coriscus is the hooded one.
   ─────────────────────
   The hooded one is a man.

は妥当である．しかし「あなたは……と知っている」を第一の前提と結論に付けたした結果は妥当ではない．（にもかかわらず，「あなたは……と知っている」を両方の前提と結論に付けたときには，結果は再び妥当な推論になる，とオッカムは言う[43]．）これを妥当な推論と見なすことは，付帯性の誤謬だろう[44]．

最後に (6) を考えよう．オッカムによれば[45]，私たちが (6) を非妥当と考えるのは，これを

(8) あなたはコリスコスは男であると知っている．
   コリスコスはフードを被った人である．
   ─────────────────────
   あなたはフードを被った人は男であると知っている．
   You know that Coriscus is a man.
   Coriscus is the hooded one.
   ─────────────────────
   You know that the hooded one is a man.

と混同するからである．この推論は妥当ではない[46]．そしてこれは，妥当な (7) と混同されているので，付帯性の誤謬である．

オッカムの見解をどう捉えるべきかということには，議論の余地があるだろ

---

43) 前掲書．
44) 実際には，付帯性の誤謬についてのオッカムのここでの分析を，上のように述べることは，少々誤解を生じさせるかもしれない．実際には (7) という一つの論証だけがある．(7) の第一の前提を知っている（そして第二の前提を知らない）人は，(7) の結論も知っている，と考えることが誤りなのである．このことを，知識は実質的帰結（material consequence）に関して閉じていない，と表現してもよいだろう（そしてこれは明らかに正しい）．
45) 前掲書，234．
46) オッカムによれば，他の注釈者たちは，この誤謬推理を誤った仕方で述べてきたのである．

う．しかし次のことは明らかである——オッカムの見解と，本章で与えられた見解の間には明白な類似性がある．具体的にいえば，どちらも，(6)のような志向性述語の場合には，置換の妥当性を認める．そしてどちらも，(8)のような志向性演算子の中での置換の妥当性を認めない．

### 3.7.4 不確定性と置換可能性についてのビュリダンの説明

それでは不確定性と置換可能性の問題についてのビュリダンの見解を見よう．彼が取るべき見解は項辞のもう一つの性質，**アペラチオ** (appellation) に依存している．アペラチオの概念は中世の論理学において，いくつかの段階を経ている．ビュリダンにとって，項辞のアペラチオは，その項辞が意味表示する概念，または彼がしばしば呼ぶように，ラチオ (ratio) である．したがってアペラチオは，ビュリダンにとっては，項辞の意味表示となんら変わるところがない．ビュリダンの説明で新しいところは，この概念が志向的文脈でどう機能するか，という点にある．

ビュリダンによれば，志向的語のアペラチオはその代示の範囲を制限する働きをもつ．(上で述べたように，制限は拡大の逆の作用である．) たとえば「あなたはコリスコスを知っている」という文——あるいは，より正確には「あなたはコリスコスを知っている人である (You are one who knows Coriscus)」という文を考えよう．この文において，「コリスコスを知っている人」は確定的代示をもつ．というのも，ここから「あなたは人物 a である，またはあなたは人物 b である，……」に下降することができるからである．ただし $a, b, ……$ はコリスコスを知る人間を列挙したものとする．しかしここでは動詞が志向的であるため，その代示の範囲は，コリスコスをこのアペラチオのもとで知る人間に制限される．たとえば，フードを被った男に関しては，人は彼を「フードを被った男」というアペラチオのもとで知っているが，しかし「コリスコス」というアペラチオのもとでは知らない，ということがありうる[47]．アペラチオは述語の

---

47) たとえば Buridan (1976), 101 を参照．「したがって，このような動詞は……それに結びついて，それによって支配される項辞を以下のように制限する．すなわちその項辞は絶対的にではなく，ラチオあるいは概念——それに従って項辞が，自身が意味表示するものを意味表示するような——というアペラチオをともなって，それらが代示するものを代示する」．ビュリダンはここで，志向性動詞に結びつく項辞の代示の制限について語っている．しかしながら代示についての

代示にのみ作用し，主語の代示にはなんの影響ももたないことに注意しよう[48]．

それではこのアイデアがどのようにして不確定性に適用できるかを説明しよう[49]．再び (1) を考えよう．正規的な形式で表現すれば，これは「私はあなたに一ペニーを約束した人である（I am one who promised you a penny）」となる．「あなたに一ペニーを約束した人」という述語は，確定的代示をもち，そして——このアペラチオのもとで——あなたに一ペニーを約束したすべての人を代示する．この文脈で，異なるアペラチオはどんな人でありうるだろうか．アペラチオの同一性の基準は明白ではないが，しかしお互いを含意することは，少なくとも必要条件であると思われるだろう．ここで，あなたに一ペニーを約束した人が一人だけで，それが私だとしよう．このとき「身長が約 193 センチあり，あなたに一ペニーを約束した人」は別のアペラチオである．この項辞は同じ代示（すなわち私）をもつ．しかし「あなたに一ペニー約束した人」と「身長が約 193 センチあり，あなたに一ペニーを約束した人」は異なる概念を表現している．

アペラチオの概念を以上のように適用することで，(1) が誤りであることの論証を阻止することができる．たとえば $p_1, p_2, \ldots$ はペニーを列挙したものとしよう．私はあなたに $p_1$ を支払う義務を負っていない，かつ私はあなたに $p_2$ を支払う義務を負っていない，等々であることは事実だ．しかしここから「私はあなたに一ペニー（$p_1$ または $p_2$ または……）を支払う義務を負っていない」に上昇することはできない．というのも，「あなたに一ペニーを支払う義務を負っている人」と「あなたに $p_1$ を支払う義務を負っている人」等々とではアペラチオは異なっているからである．あるいは別の見方をすれば，不確定性の問題は解決される．というのも (1) における「一ペニー」の表示（denotation）（代示）はもはやこの文の真理条件の一部ではないからである．したがってその表

---

彼の説明を適用する際，私たちは彼の所見を再解釈して，志向性動詞を含む述語全体に適用するようにした．これは代示を厳密に述語全体に適用し，その部分だけに適用することのないようにという，たびたび繰り返される彼の命令に従った結果である．

[48] より正確には，主語は，それがなんらかのアペラチオのもとで代示する限りにおいて，なにかを代示するのである（Buridan (2001), 895）．だとすれば実質的にアペラチオは説明から抜け落ちる．

[49] Klima (1991) を参照．

示 (denotation)（代示）は，それがなんであれ（あるいはそれがどんなあり方をしているのであれ），もはや無関係なのである．それでももちろん，「一ペニー」の代示が，どのように述語「あなたに一ペニーを提供する人」の代示の一部になるのかを問うことはできる．しかし中世の論理学者たちは，項辞の内部の合成性に関わるこの種の疑問を問わない傾向にあった．

　置換可能性の問題に目を向けると，アペラチオの適用がいかにしてこの問題をも解決するのかを理解することは難しくはない．推論

> コリスコスはあなたの知っている人である．
> コリスコスはフードを被った人である．
> ―――――――――――――――――――
> フードを被った人はあなたの知っている人である．
>
> Coriscus you know.
> Coriscus is the hooded one.
> ―――――――――――――――――――
> The hooded one you know.

は妥当である．というのも，置換は主語の位置で行われており，志向性動詞に関連するアペラチオはこの代示を制限しないからである．しかし推論

> あなたはコリスコスを知っている．
> コリスコスはフードを被った人である．
> ―――――――――――――――――――
> あなたはフードを被った人を知っている．
>
> You know Coriscus.
> Coriscus is the hooded one.
> ―――――――――――――――――――
> You know the hooded one.

は妥当ではない．というのも，置換は述語の位置で行われており，述語のアペラチオが邪魔をするからである．明らかなことだが，あなたはある人物（コリスコス――すなわち，フードを被った人）を，「コリスコス」というアペラチオのもとで知っているが，しかし「フードを被った人」というアペラチオのもとでは知らない人かもしれない．またその逆であるかもしれない[50]．

ビュリダンの説明によると,「あなたはコリスコスを知っている」から,「コリスコスはあなたの知っている人である」を推論することはできる——というのも, 志向性動詞によって生じる代示の制限は, 主語の位置にあるものに対しては作用しないからである. したがって, もしコリスコスがこのアペラチオのもとで知られているのであれば, 彼は (あるアペラチオのもとで) 知られている. ここから, 主語の位置での置換によって,「フードを被った人はあなたの知っている人である」を推論することができる. しかしここから「あなたはフードを被った人を知っている」を推論することはできない. この最後の一手はアペラチオのために失敗する.「フードを被った人はあなたが知っている人である」はアペラチオに関わりなく真である. というのも「フードを被った人」という項辞は, 志向性動詞「知っている」の補部の位置に現れていないからである. しかし「あなたはフードを被った人を知っている」が真であるためには, アペラチオの条件が満たされていなければならない, すなわち, あなたは彼をフードを被った人として知っていなければならないだろう[51].

　ビュリダンの説明がどれだけ成功しているかを判断することは難しい. というのもその詳細のすべてが研究されたことはないからである. しかし彼の説明に関して深刻な懸念がいくつかある. アシュワースが書いているように[52],「アペラチオの理論に頼ることは, すべての命題に対する純粋に外延主義的な解釈が与えられないということ, そして推論の統一的な理論が不可能であるということを認めることに等しい」. この問題を理解するためには次の文を考えればよい.

　(9) 私はあなたにすべてのペニーを約束する.

　　I promise you every penny.

---

50)　Buridan (2001), 896.
51)　ビュリダンは,「私はあなたに一ペニー支払う義務を負っている」が「あるペニーは私があなたに支払う義務を負っているものである」を帰結としてもつだけでなく,「すべてのペニーは私があなたに支払う義務を負っているものである (Every penny I owe you)」をも帰結としてもつ, というかなり奇妙な見解をもっている (Klima 1991を参照). 同じ理由から, 明らかに偽である「私はあなたにすべてのペニーを支払う義務を負っている」を推論することはできない.
52)　Ashworth (1977), 77.

ここから「私はあなたにこのペニーを約束する，かつ私はあなたにあのペニーを約束する，かつ……」へと下降することができなければならないのはまったく明らかだと思われる．しかし「すべてのペニーを約束する人」と「このペニーを約束する人」は明らかに異なるアペラチオをもつ．したがって，「すべてのペニーを約束する人」が私を代示するという事実から，「このペニーを約束する人」が私を代示するということが帰結するようには思われない．したがって，推論の妥当性に関する代示の理論が一般には不可能であるか，あるいはこの推論の妥当性を否定しなければならないかのどちらかである．

　第一の道を選ぶことは難しい．代示の概念は，現代の用語で言えば，文の真理条件を与えるものと考えられ，したがって文の間の推論関係を説明するものである．この企てにおいて中心的な役割を果たしたのが下降の概念であった．しかしアペラチオの振る舞いがこの種の事例において単称文への下降を妨げるであろうことは明らかである．このことは項辞がいかなる種類の代示をもつことも禁じるように思われる．中世の人々の中には非可動的（immobile）で不確定的かつ周延的な代示の概念によって対処する者もいた（しかしビュリダンがそうだったと考える証拠はない）[53]．しかしこの概念はほとんど整合的でない．というのも，不特定かつ周延的な代示は下降の可能性によって定義されるが，しかし「非可動的」はその下降がなんらかの理由から不可能であることを意味するからである[54]．いずれにせよ，代示の様態は，それに関連する上昇と下降の概念を伴わなければ，なんの役にも立たないただの名前にすぎない．

　だとすれば，ビュリダンはおそらく第二の道を選んだように思われるだろう．彼は，『ソフィスマ』[55]のアペラチオの章における第十のソフィスマについて

---

[53] パウルス・ウェネトゥスがそうだった．たとえば彼は「あなたはパンを欠いている（You lack (a loaf of) bread）」という文に関して，次のように述べている（Maierù 1972: 243．これはパウルスの *Quadratura* I, 23 からの引用である）．「動詞『欠いている』は周延化すると同時に，非可動化するのであるから，この動詞に関してはそれは明らかだ．というのも，『あなたはパンを欠いている』から『あなたはパンをもっていない』が帰結するが，しかしこの推論は，前提の『パン』が周延的であり，したがって結論の『パン』もまた周延的であるのでない限り，妥当ではないからである．しかし『パン』が非可動的であることは明らかだ．なぜならば『あなたはパンを欠いている』と『これらがすべてのパンである』から，『あなたはこのパンを欠いている，かつあなたはあのパンを欠いている，等々』は帰結しないからである」．

[54] Paul of Venice (1971), 103 を参照．Paul of Venice (1990), 230 のヒューズの注を参照．

[55] Buridan (2001), 893, 904 を参照．

議論する際,

> (10) あなたはすべての [対象の] 対が偶数であることを知っている.
> You know every pair [of objects] to be even.

から,「あなたはこの対が偶数であることを知っている,かつあなたはあの対が偶数であることを知っている,等々」に下降することはできない,と明示的に述べている.なぜならばアペラチオが変化しているからである——もしあなたがポケットに二枚の硬貨をもっているとして,そこから,あなたが自分のポケットにある硬貨が偶数であることを知っている,ということは帰結しない.(あなたは何枚の硬貨が自分のポケットにあるかを知らないかもしれない.)しかし仮にビュリダンがこの特定の例に関しては正しいとしても,そこでの下降は,志向性述語ではなく,志向性演算子の作用域の中の量化子句に関わっている[56].「私はあなたにすべてのペニーを支払う義務を負っている」から「私はあなたにこのペニーを支払う義務を負っている」への推論は,志向性述語の作用域の中で行われており,問題はないように思われる.

　実のところ,ここでの基本的な問題は,志向性についての現代の議論によっておなじみの問題である.読者にはおそらく明白なことであろうが,志向的文脈におけるビュリダンのアペラチオの概念の利用は,志向的文脈におけるフレーゲの意義の概念の利用によく似ている.どちらも,そのような文脈での置換可能性を阻止するために,指示(代示)とは異なる要因を利用している.しかしその代償は,それが志向的文脈への内部量化のような装置(あるいはその他の,その文脈の中の変項を束縛する装置)に干渉するということである.フレーゲの理論は,ラッセルやクリプキによっておなじみの,そして本書の非存在主義的

---

[56] まさにこの理由ゆえに,彼が第二の道を選択したということは断定できない.項辞は,志向性演算子の作用域の中と,志向性述語の作用域の中とでは異なる振る舞いをする,とビュリダンは言えたかもしれない.実際,(10) のような命題的補部は,オッカムにとっても同様の問題を引き起こす可能性がある(ただし (9) は問題がない).正しいか間違っているかはともかく,オッカムさえも,このような文脈では,単称命題の連言に下降することはできないと考える.人はある特定の真理が真であることを知ることなく,すべての真理が真であることを知ることができる.(Ockham 1979: 238.)

説明によって暗黙のうちに示唆されている，志向性についての純粋に指示的な理論とは，まったく異なっている．同様に，アペラチオに訴えるビュリダンの方法は，志向性についての非指示的な説明とより相性がよい．一方で，オーソドックスな代示による説明は，その精神において，純粋に指示的なのである．

# 第4章
# 特徴づけと記述

## 4.1　序：*Sein* と *Sosein*

　マイノングは対象の *Sein* と，対象の *Sosein* とを区別した．対象の *Sein* はその存在に関する身分である——それは非存在という身分であるかもしれない．対象の *Sosein* は，その対象のもつ性質からなる．そしてマイノングは，対象の *Sosein* は対象の *Sein* とは独立だ，と主張した．すなわち，ある対象の，存在上の身分と，それがどんな性質をもっているかとは，まったく別個の問題だ，ということである．前章では，この主張が完全に一般的な形で認められてはいない．そこでは非存在対象は，標準的な外延的性質のような存在帰結的性質を——他の世界はともかく，現実世界では——もたない，と主張したのであった．しかしその性質一般について，そして現実世界以外の世界での性質についてはどうだろうか．これが本章の話題である．

　マイノング主義者は常に，ある対象がある仕方で特徴づけられるとき，その対象はその特徴づけ性質をもつ——少なくともある種の性質については——と主張してきた．これは，いくつかの理解に難くない理由から，非常に問題のある主張である．すぐにその理由を見ることにしよう．この主張にはどのような真実があるのか，ということが本章の関心の中心にある．この主張を適切に理解するならば，どんな性質であれ，対象がその性質をもつと特徴づけられているとき，その対象は実際にその性質をもつ，ということが明らかになるだろう．

　記述（「これこれの性質をもつ，ある／唯一の対象（a/the object with such and such properties）」）は，対象を指示する（ように思われる）名詞句であり，かつ

表立ってその特徴づけを身に纏っている．したがって，特徴づけの問題は，記述がどのように機能するかについての説明と，密接に関連しているだろうと期待される．これは本章後半での私たちの関心事である．

## 4.2 特徴づけ原理

ある対象を心の中で描写する (represent)<sup>訳注 1)</sup> とき，私たちはその対象の様々な性質によってそうすることがよくある．たとえば私たちはホームズを，ベイカー街に住む，鋭い観察力と推理力をもつ探偵，等々として描写する．私たち，もしくは古代のギリシャ人は，ゼウスを，ギリシャの神々の長であり，オリンポス山に住むもの，等々として描写する．私たち，もしくはバルカン（神ではなく惑星の方）の存在を提案した 19 世紀の天文学者は，バルカンを，水星の軌道よりも内側にあり，その存在が水星の近日点の歳差を説明するものとして描写する，等々．これらの対象はある意味で，特徴づけによってもつとされた性質をもっていなければならないように思われる．もしそうでなければ，その対象について話しているとき，なにについて話をしているのかが分からなくなるだろう．さらに，一括りにしたいどんな性質の集まりに関しても，私たちはそれらの性質をもつ対象について，考え，想像し，物語を語ることができるように思われる．したがって $A(x)$ が任意の性質または性質の連言であるとき，私たちはある対象 $c_A$ を特徴づけることができ，そして $A(c_A)$ が保証される．これが最も素朴な形式の**特徴づけ原理**（*Characterization Principle*）（CP）である．

CP はこの形式のままでは受け入れられない．というのも，これは，どんな条件についても，それを満たす対象が存在することを，帰結としてもつからである．$A(x)$ を任意の性質としよう．$B$ を $A(x) \wedge Ex$ としよう．$B$ に CP を適用すると，$A(c_B) \wedge Ec_B$ を満たす対象 $c_B$ が得られる．したがって $\mathfrak{S}x(A(x) \wedge Ex)$. さらに悪いことに，$A$ を任意の文とし，$B$ を $x = x \wedge A$ としよう．CP を $B$ に適用すると，$c_B = c_B \wedge A$ を満たす対象 $c_B$ が得られ，ここから $A$ が帰結する．したがって任意の $A$ が証明された．

---

訳注 1) 本訳全体を通じて，「描写」は「representation」の訳語として用いられている．ただし文脈によっては，「representation」を「表象」と訳したところもある．

この理由から，どんな非存在主義者も，この素朴な形式の CP を受け入れてこなかった．マイノング以来，標準的な反応は，CP において使われる性質を特定の種類のものに制限し，その種の性質に関してのみ CP を受け入れる，というものだった．その性質は，**想定可能** (*assumptible*) 性質，**特徴づけ** (*characterizing*) 性質，**核** (*nuclear*) 性質と，様々な呼び方をされた．そして（特に）存在はそのような述語ではない．この方法の問題は，特徴づけ述語を構成するのはどのような述語であるか，ということの原則的特徴づけと，その理由を与えるということである．私の知る限り，誰もこれを実行できてはいない．なんらかのクラスの述語は特徴づけ述語の中に入れられ，そして安全だと見なされうる．しかし適切な理由がなければ，そのクラスの境界は単に問題を避けるために恣意的に画定された，とどうしても感じられてしまう．それどころか状況はなお悪い．上記のように，私たちはどんな条件の組み合わせでも，それを満たす対象について考えることができる，ということが成り立つように思われる．正式な特徴づけ性質——それがなんであれ——だけをもつ対象について考えることと，たとえば存在のようななんらかの非特徴づけ性質をももつ対象について考えることの間には，少なくとも現象学的には，まったくなんの違いもない．思考の対象として，各々の対象は，特徴づけに使われたすべての性質をもっているように思われる．これらの性質の間に区別をつけることにはまったく動機がないように思われる．さらに，$a$ が存在する悪魔として描写され，かつ $b$ が純粋にフィクションの悪魔として描写されているとしよう．前者は存在し，後者は存在しないと考えているというまさにその理由から，$a$ を恐れ，$b$ を恐れないことは自然なことである．したがって，存在のような「非特徴づけ」述語でさえ，対象の同一性に無関係ではない．それでは私たちはこの問題についてなにを言うべきだろうか．

思考の対象として，ある仕方で特徴づけられた対象は，その特徴づけに使われたすべての性質をもつ，と私は述べた．このことが一つの答えを示唆している．$A(x)$ を任意の条件としよう．これはある対象 $c_A$ を特徴づける．そして $A(c_A)$ は真である——ひょっとするとこの世界でではなく，別の世界で．それではどの世界で真なのだろうか．認知主体は世界をある仕方で自分に対して描写する．これは，実際には，この世界の正確な描写ではないかもしれない．にもかかわ

らずこれは，異なる世界の正確な描写でありうる．たとえば私がシャーロック・ホームズを想像するとき，私はその状況を，ヴィクトリア朝のロンドンによく似ている（したがってたとえば，飛行機は存在しない）が，しかしベイカー街に住む探偵がいる，等々の場所として描写する．私が世界を描写する仕方は私たちの世界の正確な描写ではない．しかし私たちの世界はそのようでもありえたし，そのようである世界があるのである．より正確には，そのような世界はたくさんある．というのも私の描写は多くの細部について，たとえばその探偵が右利きか左利きかについて，不完全だからだ．同様に19世紀の科学者がバルカンの存在を仮定したとき，彼らは状況を，水星の内側に惑星が存在し，その存在が水星の近日点の歳差を引き起こすようなものとして描写した——ただし彼らはそれを特殊相対性が支配する世界としてではなく，ニュートン力学が支配する世界として描写した．今では世界はそのようなものではないと分かっている．しかしそのような世界も確かにある——多くの異なる世界が．というのもその描写は多くの点で不完全だからだ．

　そこで私は次のように提案する．ある描写によって特徴づけられた対象はその特徴づけ性質をもつ．しかしそれは必ずしも現実世界においてではなく，当の描写によって（部分的に）記述される世界においてである[1]．たとえばホームズは，特徴づけによってもつとされた性質をもつ．ただしこの世界においてではなく，ホームズの物語を読むときに私が描写する世界のあり方を実現している世界においてである．そしてバルカンは，特徴づけによってもつとされた性質を，その存在を仮定した19世紀の科学者の理論を実現している世界において，もつ．たとえば$\Phi$を「……は……が［目下の主題において］成り立つものとして描写する」という形式の志向性演算子だとしよう．目下の主題によって異なる志向性演算子が作られることに注意しよう．私が小説を読むとき，私がその小説の世界を描写する仕方と，私が研究室に出かけてバルカン理論に取り組むときに世界を描写する仕方は，まったく異なっている．$A(x)$を任意の条件としよう．誰かが$A(x)$によって特徴づけられる思考の対象を意図し，そしてそれを「$c_A$」によって固定的に指示することがありうる[2]．このとき，@ ⊩⁺ $A(c_A)$

---

[1] 同様のアイデアが Griffin (1998) および Nolan (1998) によって提唱された．
[2] これ以降，名前の因果説のようなものが正しいと仮定すると，他人も同じ名前でその対象を指

は成り立たないかもしれないが，$a$ を当の主体，$\Phi$ を適切な志向性演算子とすれば，@ $\Vdash^+ a\Phi A(c_A)$ が成り立つ．したがって @$R_\Phi^{\delta(a)} w$ を満たすすべての $w$ に対して $w \Vdash^+ A(c_A)$ が成り立つ．特に $B$ が $x = x \wedge A$ という条件だとすると，$c_B = c_B \wedge A$ がある世界の集合において真である．しかしその集合には現実世界は含まれないかもしれない[3)]．このように，CP は完全に一般的な形で受け入れることができる．私たちはただ，ある仕方で特徴づけられた対象が，現実世界でその性質をもつと想定せず，目下の事例において，主体が描写するものごとのあり方を実現している世界においてのみ，その性質をもつと想定するだけである．特徴づけられた対象が，適切な世界においてその特徴づけ性質をもつということはアプリオリに成り立つが，しかしもちろん $A(c_A)$ という形式の主張は必然的に真というわけではない，ということに注意しよう．それがすべての可能世界で真であると考える理由はないし，現実世界で真であるとさえ考える理由はないのである．

## 4.3 さらなるコメント

この説明に関連して，いくつかのコメントを述べておこう．第一に，演算子 $\Phi$ は，志向性演算子すべてには共有されていない特徴をもつ．描写は最低限の整合性をもたなければならない．特にそれはなんらかの仕方で理解された論理的帰結に関して閉じていなければならない．この事実を理解するには，関連する状況でものごとがどうなっているかについて私たちが論じることに注意すればよい．その過程において私たちは推論を行う．たとえば，私たちはホームズが登場する小説を読み，それからドイルが明らかにしていない，ある時点でのホームズの居場所について議論をするかもしれない．私たちは，彼がスコットランドにいたはずはない，なぜなら，彼は次の日にロンドンにいた（そして飛行機はない）からである，と推論する．また，バルカンを仮定した科学者は，そ

---

示することができる．指示についてのさらなる議論に関しては 7.5 節を参照．
3) 同様に，$B$ を $x = x \wedge \Box A$ としよう．このとき CP により，$c_B = c_B \wedge \Box A$ がある世界 $w$ において真である．しかしここから $A$ がこの世界で真であることは帰結しない．というのも，$w$ は可能世界ではないかもしれないからである．実際，もしも $\Box A$ が（現実に）必然的真理でないならば，$w$ は可能世界ではない．

の位置と重さから様々な影響を推論した．等々．したがって

$@R^d_\Phi w, \mathcal{S} \vdash_L B$, かつ，すべての $A \in \mathcal{S}$ に対して $w \Vdash^+ A$ ならば，$w \Vdash^+ B$

が成り立つ．ここで $\vdash_L$ は，ある証明の規則の集合によって特定されると考えてよい．この条件から

すべての $A \in \mathcal{S}$ に対して $@ \Vdash^+_s a\Phi A$ であり，かつ $\mathcal{S} \vdash_L B$ ならば，$@ \Vdash^+_s a\Phi B$

が帰結する．このとき，特に，ある仕方で特徴づけられた対象は適切な世界でその特徴づけ性質をもつだけでなく，特徴づけ性質から帰結する性質をももつ．

ここではどのように理解された論理的帰結が問題になっているのだろうか．デフォルトの想定は，それは正しく理解された妥当性——私が与えた意味論が正しいと想定して，その意味論によって規定される論理——である，というものである[4]．しかし第6章で見るように，普通ではない文脈では，別の仕方で理解された論理的帰結が適切なこともある．

$\Phi$ は論理的帰結に関して閉じているが，論理的帰結に関して閉じていない他の多くの志向的状態が，問題の状況に関連してあるかもしれない，ということに注意しよう．たとえば，私が（現実のあるいは想像上の）なにかを恐れているとしよう．このとき私はある仕方で状況を描写する．しかし私は，自分が恐れていることの論理的帰結のすべてを恐れてはいないかもしれない．これは単純に，わたしがその論理的帰結のすべてを認識していないからである．特に，私がものごとをこれこれの仕方で描写する（$\Phi$）という事実は，私がその事実を認識しているということを含意しない．認識が論理的帰結に関して閉じていないことは確かである．したがって，描写は，私の認識を超えた客観的な特徴をも

---

[4] 本書では公理化可能性，完全性などについては触れていない．私が記述している意味論が，健全かつ完全な証明論をもつことを，私は確信しているが，私はまだその詳細に取り組んではない．もしこれが誤りであれば，私たちは単に $\vdash_L$ を，その適度に強い断片に対する証明の概念と見なせばよい．

つかもしれない．

　第二に，もし CP が私が説明したように完全に一般的な仕方で成り立つのであれば，任意の特徴づけ $A(x)$ に対して，この特徴づけが充足されうる世界がなければならない．特に，無矛盾ではない世界がなければならない．というのも私たちは無矛盾でない特徴づけを考えることができるからである．たとえば，$A(x)$ が，丸いかつ丸くない，$Rx \land \neg Rx$，という性質であるとしよう．$@\Vdash^+ a\Phi(Rc_A \land \neg Rc_A)$ が成り立つような解釈を構成することは容易である．ごく一般的に言って，どんな仕方でものごとを記述しても，それがある世界で実現されている，ということは第1章の意味論の特徴の一つである．たとえば，$\mathcal{S}$ を任意の文の集合であるとし，そのうちのいくつかは変項 $x$ を自由にもっているとする．このとき，開世界 $w$ を考え，任意の $\sigma(x) \in \mathcal{S}$ に対して $\delta^+(\sigma(c), w) = \{\langle\rangle\}$（かつ $\sigma(x) \notin \mathcal{S}$ ならば $\delta^+(\sigma(c), w) = \emptyset$）とする．$\mathcal{S}$ は演繹可能性に関して閉じていてもよく，このとき $w$ はある仕方で理解された描写 $\Phi$ を実現するかもしれない．

　第三に，私がある仕方でものごとを描写するとき，その描写は現実世界を特徴づけてはいないかもしれないし，いるかもしれない．バルカンの存在を仮定した科学者は，結局，正しかった可能性もあるのだ．天王星の存在を仮定し，それをこれこれの仕方で特徴づけた科学者は正しかった．このように，ある特定の描写の行為 $\Phi$ に対して，$@R^d_\Phi @$ が成り立つということは，まったく可能である．

　この点について当然の疑問は，特徴づけが存在する対象を選び出すことに成功するのはどんな場合か，ということである．ホームズについて考えよう．彼はコナン・ドイルが想像した世界において，彼の特徴づけ性質をもっている．しかし現実世界はそのような世界ではない．ホームズはドイルの想像した世界には存在しているが，現実世界には存在していない．しかしここでバルカンを考えよう．事実として，バルカン理論によって描写される世界の中に現実世界は含まれない．したがって，ホームズとまったく同様にバルカンはこの世界に存在しない対象である．しかし @ がバルカン理論の描写する通りの世界で，水星の軌道の内側に惑星が存在し，実際に水星の近日点の歳差を引き起こしていたとしたらどうだろう．このとき，「バルカン」はその惑星を指示しなければなら

ない.というもの適切な $R_\Phi$ のもとで @ から到達される世界に @ 自身が含まれるからである.したがって,バルカンは @ においてその特徴づけ条件を満たす.しかし @ において,その惑星はその条件を満たす唯一の対象である.したがってそれはバルカンである.この推論の道筋は,ある反論を生む可能性がある.しかし私はそれについての議論を,第 6 章でフィクションの対象についてより一般的な議論をするまで,持ち越したい.

## 4.4 同一性

ここで同一性の問題に目を向けよう.非存在対象については,その同一性に関して奇妙なことがある,と多くの論者(次章で見るように,たとえばクワインなど)が感じてきた.二つの非存在対象が同じであるのはいかなる場合だろうか.あるいはより適切には,非存在対象に対する二つの名前が同じ対象を指示するのはどのような場合だろうか.しかしながら,この疑問には簡単な答えが与えられるかもしれない.任意の対象 $d$ と $e$ が同じであるのは,それらが同じ(現実の)アイデンティティをもつとき,そしてそのときに限る.すなわち,@ において $d = e$ の場合かつその場合に限る.もし $d$ と $e$ が現実世界で同じアイデンティティをもつなら,すべての $w \in \mathcal{C}$, $s$, $A(x)$ に対して,$x$ が志向性命題演算子の作用域になければ

$$w \Vdash^+_{s(x/d)} A(x) \iff w \Vdash^+_{s(x/e)} A(x)$$

が成り立つ[5]).私たちは本質的にはこの逆を同一性の基準と見なすことができる.この答えは完璧に一般的で,問題の対象の @ での存在非存在と関わりなく——さらに言えばどの世界での存在非存在とも関わりなく——適用される.

この基準は,$d$ と $e$ が,$\mathcal{C}$ に属する各世界で,同じ原子的性質をもつ,と述べることに等しい.(他の性質は帰納によって帰結する.)同一性自身はこれらの性質から除外する必要がある.そうしなければこの基準は自明なものになる.

---

5) 2.12 節の補題 8 を参照.

## 4.4 同一性

($@\Vdash^+_{s(x/d,y/d)} x = y \iff @\Vdash^+_{s(x/e,y/d)} x = y$ であり，かつ左辺が真であることから，右辺が真であること，すなわち $d = e$（@ において）が帰結する．）そこで，本節の以下では，性質について話すときには同一性は除外されているものとする．志向的性質もまたこの基準から除外されるべきだ，と思われるかもしれない．つまり，二つの対象は，たとえば私が一方について考え，他方について考えていないというだけでは，異なる対象になることはない，と．一方について考え，他方については考えないということが可能なのは，端的にそもそも両者が異なっているからである．これは誤りだと私は思う．二つの対象は，私が一方について考え，他方については考えていない，という点を除けばまったく同じで，そこだけが両者を区別する点だ，ということは可能である．しかし，もしもそうしたければ，この追加の制限を付け加えることは無害である．同一性の条件の正確な理解がどのようなものであれ，対象の同一性は対象のもつ性質に付随する（supervene）．

ある事例では，この基準を適用するために，特徴づけられた対象の性質について，より多くの情報を必要とする．そのような対象は，主体がものごとを描写した仕方を実現しているすべての世界で，その特徴づけ性質（および適切に理解された演繹可能性に従ってそこから帰結するすべての性質）をもつことを，私たちは確認した．その他にはそれはどんな性質をもつだろうか．たとえばホームズのような，ある特徴づけられた対象を考えよう．ホームズは，ドイルが彼について語っている以上の性質をもたない，と考えることは自然である．つまり，特徴づけられた対象は，適切な描写によって決定される性質――これらを**既定の性質**と呼ぼう――のみをもち，描写された以上のどんな性質ももたないのだ，と．しかしこれが正しいということはありえない．ホームズの物語を実現している閉世界において，ホームズは左利きであるか，右利きであるか（あるいは両手利きであるか）のいずれかである[6]．したがってそのような世界のすべてにおいて，ホームズは左利きであるか，右利きであるか（あるいは両利きであるか）のいずれかである．これらの性質はいずれも既定の性質ではないが，しかしそ

---

6) その世界を $w$ としよう．当の描写がそのもとで閉じている論理がモードゥス・ポネンスを含んでいるならば，$w$ は閉世界である．というのも，$w \Vdash^+_s A$ かつ $w \Vdash^+_s A \to B$ ならば $w \Vdash^+_s B$ だからである．

のような世界のそれぞれで，ホームズはこれらの性質のどれか一つをもつ．

　この種の例に照らして考えると，次のように示唆されるかもしれない．直観が告げているのは，実際のところ，もしある性質が描写によって決定されていないのであれば，その性質はその描写を実現している世界の間で任意に異なっていてもよい，ということだ，と．しかしこれですら正しくはない．特徴づけられた対象は存在している可能性も十分にある，ということを思い出してほしい．$c_A$ が特徴づけられた対象であり，そしてそれが実は天王星だとしよう．このとき，天王星がある性質をもつならば，それが既定の性質でなくても，$c_A$ もまたその性質をもつということが，すべての閉世界において，したがってもちろん描写を実現しているすべての閉世界において成り立つのである．（アイデンティティが閉世界の間では変化しない，ということを思い出してほしい．）上の原則は非存在対象にのみ適用される，ということが示唆されるかもしれない．しかしこれですら正しいことはありえない．「私は $x$ について考えている」という述語（これを $Tx$ とする）によって，ある対象を特徴づけるとしよう．このとき，適切な描写を実現しているすべての世界で，$Tc_T$ が成り立つ．現実の世界もまたその世界の一つであり，そして実は私が考えているのはホームズだけであるとしよう．このとき，バルカンの例と同様に，ホームズ $= c_T$ である．したがって，もしホームズがある性質をもっているならば，その性質が $c_T$ に関連する描写から帰結しなくても，$c_T$ もその性質をもつ，ということが描写を実現しているすべての閉世界において成り立つのである．

　当の直観が実際に捉えようとしているのは，特徴づけられた対象が，既定の性質以外の性質に関しては任意に変化することができる，ということではなくて，存在している対象（私自身や天王星のような）によって課される制約の許す限りは，変化する自由をもつ，ということである．これが特徴づけられた対象がもつ自由の程度である．これを**自由の原理**（*Principle of Freedom*）と呼ぼう．これは次のように述べられる．任意の特徴づけられた対象と，その対象の既定の性質でない任意の性質に対して，現実に存在する対象についての事実によって課される制約の許す限りにおいて，当の描写を実現している閉世界で，その対象がその性質をもつ世界とその性質をもたない世界がある．

　例を挙げて同一性についてのこの基準を説明しよう．ホームズを考えよう．彼

は，ドイルによって書かれたホームズの物語の描写において，特徴づけられる．ホームズはジョージ・ブッシュだろうか．否．ジョージ・ブッシュは（悲しいことに）この世界に存在しているが，しかしホームズはそうではない．彼らがすべての性質を共有しているわけではない閉世界が存在する．たとえばこの世界がそうである．したがって彼らは同じではない．しかし古代ギリシャ人によって描写されたペガサスについてはどうだろう．ホームズ（$h$）もペガサス（$p$）も現実には存在しない．彼らは同一だろうか．さて，ホームズの物語を実現している閉世界を考えよう．このような世界のすべてにおいて，ホームズが探偵であること，すなわち $Dh$ が成り立つ．この描写は，ホームズとペガサスの両者が探偵であること，すなわち $Dh \land Dp$ を帰結としてもつだろうか．明らかにもたない．そしてまた存在する対象に関する事実（先ほど議論したような種類の）によって課される制約が，$Dh \land Dp$ を決定することもない．したがって自由の原理より，ホームズとペガサス両方の描写を実現する閉世界の中には，$Dh \land Dp$ が成り立たない，したがって $Dp$ が成り立たないようなものがある．同一性の基準によって，ホームズとペガサスは区別される．

　私たちは同一性という主題に取り組んでいるのだが，世界意味論は貫世界同一性（trans-world identity）という概念にまつわる余計な問題を引き起こす，と考えることがある．一体なにによって，ある世界の対象 $x$ が，別の世界の対象 $y$ になるのだろうか．しかし私たちの意味論においては，対象は端的に対象であり，「ある世界」とか「別の世界」の対象ではない．対象は異なる世界で様々な性質をもつが，しかしそれらは端的にそれら自身である．（したがって，テクニカルには，それらは世界に縛られた存在者ではなく，世界からアイデンティティへの関数である．）しかし次のように返されるかもしれない．それらは異なる世界では異なるアイデンティティ（すなわち $Q$ の要素）をもつかもしれない．一体なにによって，同じ対象に異なるアイデンティティが付されるのだろうか．実際には，対象の任意の側面について，まったく同じ質問をすることができる．ある（具体的な）対象は，異なる世界では異なる色（高さ，あるいは重さ）をもつことができる．一体なにによって，同じ対象に異なる色（高さ，あるいは重さ）が付されるのだろうか．その世界でのものごとのあり方はそうなっているというだけなのだ．その世界ではその対象はその色（高さ，あるいは重さ）をもって

いる．アイデンティティについても同様である．たとえば，2.8節のフードを被った男の例では，ネスキオがカインとアイデンティティを共有する（適切な志向性演算子に関する到達可能性関係のもとで到達可能）開世界と，そうではない世界がある．

貫世界同一性に関する問題（と思われているもの）は，対称的な状況を用いることで提起されることもある．たとえば $x_1$ と $x_2$ は対象，$S_1$ と $S_2$ は性質の集合としよう．$w_1$ において $x_1$ は $S_1$ に属するすべての性質をもち，かつ $x_2$ は $S_2$ に属するすべての性質をもつが，しかし，$w_2$ においては $x_1$ は $S_2$ に属するすべての性質をもち，かつ $x_2$ は $S_1$ に属するすべての性質をもつものとする．なぜ $w_2$ において $S_1$ の性質をもつのが $x_1$ ではなく，$x_2$ なのか[7]．しかしなぜ $x_2$ ではいけない理由があるのだろうか．対象の同一性は，特定の一つの世界でそれがもつ性質によって決定されるものではない．クリプキが注記するように[8]，問題が生じるように思われるのは，この種の疑問をもっている人は，$w_2$ を（ある種の貫世界望遠鏡のようなもので）眺め，その世界ではどの対象が $x_1$ なのか（そしてどの対象が $x_2$ なのか）を見つけ出そうとしているかのようなイメージをもっているからである．しかし同一性はある世界に内的な特徴によって決定されるものではないし，したがってこのような形で「見つけ出」せるようなものではない．

実際には，対称的な状況についての考察をより強い形で提示することができる．任意の対象 $x_1$ と $x_2$ を考えよう．$w_1$ を，$x_1$ が $S_1$ に属する性質をもち，$x_2$ が $S_2$ に属する性質をもつ任意の世界とする．このとき，$x_1$ が $S_2$ に属する性質をもち，$x_2$ が $S_1$ に属する性質をもつような世界 $w_2$ がある．（そして，もちろん逆も成り立つ．）なぜ $x_1$ は $x_1$ で $x_2$ ではないのか，と尋ねることができる．答えは上と同じである．$x_1$ がそれ自身であるのは，どの世界でも，そこで $x_1$ がもつ性質を $x_1$ がもち，そこで $x_1$ がもたない性質を $x_1$ がもたないからである．この対称性はどこにでもある．たとえば，次のような一つの世界がありうる．そこでは二つの完全な球体 $x_1$ と $x_2$ だけがあり，それらは同じ大きさ，構成，等々をもち，一メートル離れて置かれている（そして，少なくとも説明のた

---

[7] たとえば Chisholm (1967) を参照．
[8] Kripke (1977), 82.

めに，空間的性質は関係的だと想定する）．このとき $x_1$ の任意の性質（$x_2$ に関連しているかもしれない）に対して，$x_2$ の対称的な性質（$x_1$ に関連しているかもしれない）がある．しかし，にもかかわらず $x_1$ と $x_2$ は区別される．

同様に，複素数算術において，$+i$ と $-i$ は対称的な性質をもつ．もし私たちが現在 $+i$ と呼んでいるものを $-i$ と呼び，$-i$ と呼んでいるものを $+i$ と呼んだところで，数学的にはなにも違いは生じない[9]．にもかかわらず，方程式 $x^2 = -1$ が二つの根をもつという事実から要請されるように，$+i$ と $-i$ は二つの対象である．

## 4.5 不確定記述

ここで記述という主題に目を向けよう．ある対象についての記述は，ある特徴づけを，まさにその構文の中に閉じ込めている．したがって，記述の意味論は特徴づけの問題と密接に関連していることが予想される．そして事実その通りである．

まずは不確定記述から始めよう．確定記述については次節で扱う．不確定記述は「$A(x)$ であるような，ある／一つの（特定の）対象 $x$ （a(n)/one (particular) object, $x$, such that $A(x)$）」という形式をしている．私はこれを $\varepsilon x A(x)$ と書く．形式的には，私たちは前章までの言語を $\varepsilon$ という演算子で拡張する．$A(x)$ が任意の式であるとき，$\varepsilon x A(x)$ はこの言語の項である．したがって項と式はここでは相互再帰（joint recursion）によって定義される．というのも述語は記述を含む項を式に変え，記述は式を項に変えるからである[10]．

表示と真理値も同様に相互再帰によって定義される．真偽条件はまったく以前の通り．記述以外の項の表示の条件もまた以前と同じである．したがって記述の表示の条件だけがここでの関心事である．

記述の意味論を与えるために，解釈に新しい構成要素 $\varphi$ を付け加えなければならない[11]．したがって，解釈はここでは $\langle \mathcal{P}, \mathcal{I}, \mathcal{O}, @, D, Q, \delta, \varphi \rangle$ という形式

---

[9] テクニカルにいえば，各複素数をその共役複素数に送る関数は複素平面上の自己同型写像である．
[10] たとえば Leisenring (1969), ch. 1 を参照．
[11] 以下の説明の大部分は Priest (1979) に由来する．

になる．$\varphi$ は選択関数の集まりを特定する．詳しくいうと，$\tau$ が任意の記述項であるとき，$\varphi(\tau)$ ——または $\varphi_\tau$ と書く——は $D$ のべき集合から $D$ への関数で，$X \subseteq D$ かつ $X \neq \emptyset$ ならば $\varphi_\tau(X) \in X$ を満たすようなものである．この仕組みは記述の意味論に通常用いられる仕組みよりやや複雑である．一つの選択関数だけを使う方が普通だろう．次節でこのアプローチをとる理由を論じる．私たちはまた項のマトリクスの概念を必要とする．これは式のマトリクスと同じ仕方で定義される（1.5 節を参照）．したがって，ある変項の正規な並べ方 $v_1, v_2, \ldots$ が与えられているとして，$\varepsilon$ 項マトリクスとは次の条件を満たす $\varepsilon$ 項 $\tau$ である．$\tau$ が含んでいる束縛変項のうち，その正規的な変項の並べ方において最も後に来るものが $v_n$ であるとしよう．このとき $\tau$ は自由変項以外に自由な項を含まず，その自由変項がすべて異なっていて，それらは $v_{n+1}, v_{n+2}, \ldots, v_{n+i}$ であり，かつこれらが $\tau$ の中で左から右にこの順番で現れている．式と同様，すべての $\varepsilon$ 項 $\tau$ は一意的なマトリクス $\bar{\tau}$ をもち，$\tau$ は $\bar{\tau}$ から，変項を項によって置換することで得られる．

$\tau$ を記述 $\varepsilon x A(x)$ としよう．その表示は，ある対象が $A(x)$ を満たすならば，そのような対象の一つであり，そうでなければそれはなにか別の対象である．より正確には $\delta_s(\tau)$ は

$$\varphi_{\bar{\tau}}\{d : @ \Vdash^+_{s(x/d)} A(x)\} \quad \text{この集合が空でないとき}$$
$$\varphi_{\bar{\tau}}(D) \quad \text{それ以外のとき}$$

となる．

$\tau$ ではなくて $\bar{\tau}$ が使われる理由は，$\tau$ の中でどの特定の自由項が用いられているかということと独立に $\tau$ の表示を定めるためである．関係するのは自由項の表示のみである．本章のテクニカルな付録が示すように，このことによって，量化が記述項の作用域の中でも適切に機能するようになる．

さて，$d = \delta_s(\tau)$ としよう．もしなにかが $\tau$ を定義する特徴をもつのであれば，$d$ はその特徴をもつ．そうでない場合には，$d$ には今のところはなんの制約も課されていない（それが存在しないということさえも）．しかし他にも言うべきことはある．$d$ が $A(x)$ を満たさない場合でも，$\tau$ について考えている主体 $a$ は

やはり，$A(x)$ を満たすものとして $d$ を描写している．たとえば人は自分の部屋にいる（特定の）緑の象を想像することができる．そのような対象が存在しなくても，そのものが緑であり，象であり，そして彼の部屋にいるということは——少なくとも彼の想像の中で——成り立ったままである．したがって対象 $d$ は，少なくとも，この状況についての $a$ の描写を実現している世界においては，$A(x)$ を満たす対象でなければならない．つまり，$@\Vdash^+_{s(x/d)} a\Phi A(x)$ が成り立つべきである．ただしここで $\Phi$ は 4.2 節で使われたような志向性演算子とする．

しかしその描写とはなんなのか．当然これは場合によりけりだろう．というのも私たちは記述を用いて，実に様々な状況について語るからである．しかしどんな場合でも，私たちは少なくとも，$d$ を $A(x)$ を満たすものとして描写する．したがって，任意の $e$ に対して

($\star$)   $@R^e_\Phi w$ ならば $w\Vdash^+_{s(x/d)} A(x)$

が成り立つ．したがって，記述を含む言語の解釈として受け入れられるには，この条件による制約が課される．以後，私たちはこの条件を仮定する[12]．この制約によって，$@\Vdash^+_s a\Phi A(\varepsilon x A(x))$ が帰結する．したがって $\models a\Phi A(\varepsilon x A(x))$ が成り立つ．$\Phi$ はまた適切に理解された論理的帰結に関して閉じているので，その理解のもとで $A(\varepsilon x A(x))$ から $B$ が帰結するのであれば，$@\Vdash^+_s a\Phi B$ もまた成り立つ．

記述についての以上の取り扱いにおいては，記述が固定指示子になっていることに気をつけよう．記述の表示はすべての世界で同一である．これは記述についてのより一般的な取り扱いとは異なっている．というのも，一般的には記述は必ずしも固定的なものとしては扱われないからである[13]．もちろん，この種の説明を与えることも可能である．（その場合，$\varepsilon x A(x)$ の表示は世界に依存する．重要なのは，$w$ におけるその表示が $\{d : w \Vdash^+_{s(x/d)} A(x)\}$ から選ばれることである．

---

[12) $\Phi$ は当の描写の行為に依存していることに注意しよう．したがって，それはまた $A(x)$ に依存している．また $A(x)$ が演算子 $\Phi$ を含んでいる可能性もあり，それゆえその真理条件が $R_\Phi$ を含む可能性がある，ということにも注意しよう．その意味でこの条件は非述定的（impredicative）である．

13) たとえば Fitting and Mendelsohn (1998), ch. 12 を参照．

ただしここでこの集合は空でないものとする．）また二種類の記述があって，一方は固定的で他方はそうではないような説明を与えることさえ可能である．しかし記述を固定的なものとして理解する方が，ものごと（特に量化子に関することがら）がより簡単になる．そこで，ここでは単純さを優先しよう[14]．

## 4.6 確定記述と話者の意図

次に確定記述に目を向けよう．これは「$A(x)$ であるような唯一の対象 $x$ (the object, $x$, such that $A(x)$)」という形式のものである．私はこれを $\iota x A(x)$ と書く．確定記述はどう扱うべきだろうか．確定記述と不確定記述の唯一の違いは，前者が一意性を帰属させるが，後者はそうではない，ということである．したがって，最も単純なアプローチは，$\iota x A(x)$ を，$\varepsilon x(A(x) \wedge \neg \mathfrak{S} y(A(y) \wedge y \neq x))$ と定義することであり，私たちは以後，この定義を採用する．

確定記述の意味論は，不確定記述の意味論と同様に，選択演算子 $\varphi_\tau$ を必要とすることに注意しよう．非存在主義者でなければ，表示の失敗の対処法によっては，選択関数が必要とされない場合もある．しかし非存在主義者は，$A(x)$ を満たす対象が存在しない場合や，複数存在する場合においても，表示を必要とする．形式的には，この場合は選択関数によって対処されなければならない．

ここで選択関数の重要性が明らかになる．形式意味論に関する限り，記述項の表示は非決定的だという事実の認識が，選択関数を用いる理由である．すなわち，記述項の表示は意味論の外にある要因によって決定されるなにかである．その要因のうち，主要なものは文脈，とりわけ話者の意図である．このことは，直示詞の指示対象を決定するのに，話者の意図が重要であるのと同様である（主な違いは，単純な直示詞によって話者はほとんどなんでも好きなもの意図することができるが，記述に関しては記述の内容が，なにが意図されうるかということに制約を課す，ということである）．たとえば，あなたが「昨日私が乗った市電に乗っていた男を見た．彼はとても悲しそうだった（I saw a man on the tram I was on yesterday; he looked rather sad)」と（正直に）言ったとしよう．この文脈

---

[14] 本質的には，記述が固定的でない場合，$A(\varepsilon x B(x))$ のような表現で表されていることは，$\mathfrak{S} y (y = \varepsilon x B(x) \wedge A(y))$ によって表される．

## 4.6 確定記述と話者の意図　125

では「昨日私が乗った市電に乗っていた男」の指示対象は，あなたが見た，そしてあなたが指示しようとしている，特定の男である．（その市電には複数の悲しそうな男がいた可能性もあるが，あなたはその中の特定の一人について話をしている，ということに注意しよう．）もちろん，あなたが嘘をついている可能性もある．それは市電に乗った男が悲しくなかった場合である．にも関わらず，記述は彼を指示している．ひょっとしたらあなたはそもそも市電に乗ってさえいなかったかもしれない．その場合，記述はおそらく，あなたが想像の中で意図している非存在対象を指示している．あるいは，私があなたに三つの赤い四角形を想像するよう求めたとしよう．あなたはそうする．それからあなたは私に，それらのうちの特定の一つについて考えている，と（正直に）私に告げる．その際にあなたは「それらのうちの特定の一つ」という不確定記述を用いている．ひょっとしたらそれは真ん中の四角形かもしれない．だとすると，その記述の表示は，その特定の対象であり，このことは，まさにあなたがそれを意図したがゆえにそうなのである[15]．

ではなぜ，複数の選択関数が必要なのか．$\varphi$自体が選択関数であり，そして記述に対する表示条件において「$\varphi_{\tau}$」が単に「$\varphi$」によって置き換えられたとしよう．このとき記述の外延性が帰結する．というのも，$\{d : @ \Vdash^+_{s(x/d)} A(x)\} = \{d : @ \Vdash^+_{s(x/d)} B(x)\}$ と仮定しよう．このとき，$\{d : @ \Vdash^+_{s(x/d)} A(x)\}$ が空であるかどうかに関わらず，$\varepsilon x A(x)$ と $\varepsilon x B(x)$ の表示が選ばれるもとになる集合は同じである．すると $\delta_s(\varepsilon x A(x)) = \delta_s(\varepsilon x B(x))$ が帰結する．したがって，特に @ $\Vdash^+_s \varepsilon x A(x) = \varepsilon x B(x)$ が成り立つ．これは直観的にほとんど擁護できない結果であるばかりでなく，現在の文脈では誤りであることは確かである．というのもこれは意図の働きを正しく描写していないからである．

たとえば，「私の部屋にいる人魚 (the mermaid in my room)」と「私の部屋にいるケンタウロス (the centaur in my room)」という記述を考えよう．述語「私の部屋にいる人魚 (mermaid in my room)」と述語「私の部屋にいるケンタウロス (centaur in my room)」の現実世界 @ における外延は，ともに空である．もしも外延性が成り立つのであれば，私の部屋にいる人魚と私の部屋にいるケ

---

[15] 厳密には，この場合，選択関数は当の主体にもまた依存する．私は形式意味論においては，この余分な複雑化を無視する．

ンタウロスが同じであることが帰結するだろう.しかしこれは誤りであるように思われる.たとえば,私は,私の部屋にいるケンタウロスを想像することなしに,私の部屋にいる人魚を想像することができるからである[16].

## 4.7 記述の性質

記述に対する上記の意味論は非常に自然なものである.この意味論から導かれる記述の性質を簡単に検討しよう.(以下で見る事実の証明は本章のテクニカルな付録に示す.)記述は固定的なので,量化子に関して期待されるだろう振る舞いをする.たとえば,記述は $\mathfrak{A}$ 除去と $\mathfrak{S}$ 導入を満たす.上の取り扱いはまた,記述の作用域の中への量化,および同一者の置換が適切に振る舞うことを保証する(後者においては,志向性演算子の作用域の中で置換が行われてはいないという条件で).

記述の表示条件は,$\mathfrak{S}xA(x) \models A(\varepsilon xA(x))$ を保証するのに十分である($\varepsilon xA(x)$ が $A(x)$ に対する置換に際して自由であるという条件で).$\mathfrak{S}x(A(x) \wedge \neg \mathfrak{S}y(A(y) \wedge y \neq x))$ を $\mathfrak{S}!xA(x)$ と書くことにしよう.このとき $\iota$ の定義より,$\mathfrak{S}!xA(x) \models A(\iota xA(x)) \wedge \neg \mathfrak{S}y(A(y) \wedge y \neq \iota xA(x))$ が成り立ち,したがって $\mathfrak{S}!xA(x) \models A(\iota xA(x))$ が成り立つ.したがってもしなにかが記述に現れる定義条件を満たすならば,その記述によって表示されるものはその条件を満たす(ということはもちろん,記述に現れる定義条件を満たすなにかが存在するならば,その記述によって表示されるものはその条件を満たす).しかし非存在対象を表示する記述でさえも,その定義条件を満たす可能性がある.たとえば $\delta^-(E,@) \neq \emptyset$ とすれば,$\varepsilon x \neg Ex$ は非存在対象を表示するが,しかし @ $\Vdash^+ \neg E\varepsilon x \neg Ex$ が成り立つ.

$A(\varepsilon xA(x))$ という条件は,一般的には保証されていない.しかしながら $\varepsilon xA(x)$ が存在するかどうかに関わらず,@ $\Vdash^+_s a\Phi A(\varepsilon xA(x))$ は常に成り立つ.記述に

---

[16] 異なる項に対して異なる選択関数を使うと,項の表示は,事実上その構文によって個別化される.これは余りに強すぎる,と主張されるかもしれない.たとえば,私の部屋の人魚は,女性の上半身と魚の下半身をもつ,私の部屋の生き物と同一であるかもしれない.その場合,$\varphi$ に適切な制約を課すことができる.たとえば,任意の $s$ に対して @ $\Vdash^+_s \mathfrak{A}x(A(x) \leftrightarrow B(x))$ ならば,$\varphi_{\varepsilon xA(x)} = \varphi_{\varepsilon xB(x)}$ が成り立つ,という条件は,お互いを帰結としてもつ二つの式から形成される記述が,同じ対象を選び出すことを保証する.

よって表示される対象は，少なくとも記述が描写する世界において，その特徴づけ性質をもつ．それはまた，適切に理解された演繹可能性の概念に従って，特徴づけから帰結する性質をもつ．

　この意味論に対してありうる反論を一つ考察して，本節を締めくくろう．隣に邪悪な男がいる，と私が信じているとしよう．私は彼の噂を聞いたことがあるが，見たことはない．私は彼を恐れている．ここでさらに実際には，隣に男はいるが，彼は温和でとても友好的な人物だとしよう．ここで

　　私は隣に住んでいる男を恐れている
　　I fear the man who lives next door

という文を考えよう．これは真であるように思われる．しかしここでの意味論では，「隣に住んでいる男」が指示するのは，実際に隣に住んでいる温和な男である．しかしもちろん私は彼を恐れていない．私が恐れているのは隣に住んでいる邪悪な男である．しかしまさにこの理由から，問題の文は現実には偽である．自分の恐れを表現するために，人はこの文を省略された形として使うかもしれないが，本当に真であるのは

　　私は隣に住んでいる邪悪な男を恐れている
　　I fear the man who is nasty and vicious and lives next door

である．そしてここでは，予想されるように，記述「隣に住んでいる邪悪な男」は私の悪夢に現れる非存在対象を指示している．

## 4.8　結　論

　前章と本章において，私は志向性述語とその目的語の意味論の説明を与えた．特に本章では，特徴づけがどのように機能するかについての説明，そしてこれと密接に関わる，記述についての説明を与えた．本書第I部は全体として，量化子，記述，同一性，関連条件文，様相演算子，志向性演算子，そして志向性述

語をもつ言語の意味論についての統一的な説明を与えた．この意味論のまさに中枢にあるのが非存在主義である．たとえば特徴づけの問題のように，非存在主義と関連すると思われる問題のいくつかが，途中で取り扱われてきた．残された問題もある——あるいは少なくともそう思われるかもしれない．本書の第 II 部において私たちはそれらに目を向けると同時に，志向性に直接的に関係しない，非存在主義の比較的自然な応用についてもいくつか検討することにする．

## 4.9 テクニカルな付録

この付録では，本章に現れた様々なテクニカルな主張を証明する．まずは量化子が適切に振る舞うことを示そう．

**補題 11** 任意の解釈を考える．$t$ は任意の項，$A$ は任意の式とする．このとき，$s_1$ と $s_2$ が $t$ と $A$ に自由に現れる変数に関して一致する評価であるとすると，

1. $\delta_{s_1}(t) = \delta_{s_2}(t)$
2. すべての $w \in \mathcal{W}$ に対して，$w \Vdash^{\pm}_{s_1} A \iff w \Vdash^{\pm}_{s_2} A$.

**証明** 証明は 2.12 節の補題 5 の拡張である．項と式が相互再帰によって定義されているため，この結果は相互再帰によって証明されなければならない．1 に関して，定項，変項，関数記号については以前と同じである．記述に関して，$\tau$ を $\varepsilon y A(y)$ という記述であるとする．このとき

$$\begin{array}{rll} \delta_{s_1}(\tau) & = & \varphi_{\bar{\tau}}\{d : @ \Vdash^{+}_{s_1(y/d)} A(y)\} \quad \text{この集合が空でないとき} \\ & & \varphi_{\bar{\tau}}(D) \quad \text{それ以外のとき} \end{array}$$

となる．2 より，$\{d : @ \Vdash^{+}_{s_1(y/d)} A(y)\}$ は $\{d : @ \Vdash^{+}_{s_2(y/d)} A(y)\}$ に置き換えられる．よって結果が帰結する．

2 の証明は補題 5 とまったく同様である． ■

**補題 12** 任意の解釈を考える．$t'(x)$ は任意の項，$A(x)$ は任意の式とする．$t$ はこれらにおいて，自由に $x$ と置換できる任意の項とする．$s$ は自由変項の任意の評価とする．このとき，$d = \delta_s(t)$ ならば，

1. $\delta_{s(x/d)}(t'(x)) = \delta_s(t'(t))$
2. すべての $w \in \mathcal{W}$ に対して，$w \Vdash^{\pm}_{s(x/d)} A(x) \iff w \Vdash^{\pm}_s A(t)$．

**証明** 証明は 2.12 節の補題 6 の拡張である．項と式が互いに結び付いているため，この結果は相互再帰によって証明されなければならない．1 に関して，定項，変項，関数記号については以前と同じである．記述に関して，$t'(x)$ を $\varepsilon y A(x)$ という記述とする．$y$ が $x$ のとき，$x$ は $t'$ において自由ではなく，結果は補題 11 から帰結する．そうでないとき，$t$ は $\varepsilon y A(t)$ において自由なので，この項と $\varepsilon y A(x)$ は同じマトリクスをもつ．それを $\tau$ とする．このとき

$$\begin{aligned}
&\delta_{s(x/d)}(\varepsilon y A(x)) \\
&= \begin{cases} \varphi_\tau \{e : @ \Vdash^{+}_{s(x/d,y/e)} A(x)\} & \text{この集合が空でないとき} \\ \varphi_\tau(D) & \text{それ以外のとき} \end{cases} \\
&= \begin{cases} \varphi_\tau \{e : @ \Vdash^{+}_{s(y/e)} A(t)\} & \text{この集合が空でないとき} \quad (\star) \\ \varphi_\tau(D) & \text{それ以外のとき} \end{cases} \\
&= \delta_s(\varepsilon y A(t))
\end{aligned}$$

となる．$(\star)$ に関して，$t$ は $t'(x)$ の $x$ への置換に際して自由であるから，$y$ を自由に含むことがないことに注意しよう．したがって，補題 11 より $\delta_s(t) = \delta_{s(y/e)}(t)$ が成り立ち，$s$ が $s(y/e)$ という形の場合として，帰納法の仮定が適用できる．

2 の証明は補題 6 とまったく同様である． ∎

2.12 節の系 7 と同様に，量化子の正しい振る舞いが帰結する．次に同一性に目を向けよう．

**補題 13** 任意の解釈を考える．$d, e \in D$，$d(@) = e(@)$ とする．$t(x)$ を任意の

項, $A(x)$ を任意の式とする. ただし $x$ は $A(x)$ 中の志向性演算子 $\Psi$ の作用域の中に現れないものとする. このとき任意の評価 $s$ に対して,

1. 任意の $w \in \mathcal{C}$ に対して, $\delta_{s(x/d)}(t(x))(w) = \delta_{s(x/e)}(t(x))(w)$
2. 任意の $w \in \mathcal{C}$ に対して, $w \Vdash^{\pm}_{s(x/d)} A(x) \iff w \Vdash^{\pm}_{s(x/e)} A(x)$.

**証明** 証明は 2.12 節の補題 8 と同様. 唯一の違いは, 1 の証明に記述を扱う条項を付け加えなければならないことである. $\tau$ は $\varepsilon y A(x)$ という記述であるとする. $y$ が $x$ のとき, 結果は補題 11 から帰結する. そうでないとき,

$$\begin{aligned}
\delta_{s(x/d)}(\varepsilon y A(x)) & \\
= \quad & \varphi_{\bar{\tau}}\{b : @ \Vdash^{+}_{s(x/d,y/b)} A(x)\} \quad \text{この集合が空でないとき} \\
& \varphi_{\bar{\tau}}(D) \quad \text{それ以外のとき} \\
= \quad & \varphi_{\bar{\tau}}\{b : @ \Vdash^{+}_{s(x/e,y/b)} A(x)\} \quad \text{この集合が空でないとき, 2 より} \\
& \varphi_{\bar{\tau}}(D) \quad \text{それ以外のとき} \\
= \quad & \delta_{s(x/e)}(\varepsilon y A(x)).
\end{aligned}$$

よって結果が帰結する. ∎

2.12 節の系 9 と同様, 志向性演算子の文脈中を除く同一者の置換可能性が, この補題から帰結する.

次に, 告知していたように, 記述が以下のように振る舞う.

**補題 14** $\varepsilon x A(x)$ が $A(\varepsilon x A(x))$ において自由だとすると,

1. $\mathfrak{S} x A(x) \models A(\varepsilon x A(x))$
2. $\mathfrak{S}! x A(x) \models A(\iota x A(x))$.

**証明** 1 に関して, $@ \Vdash^{+}_{s} \mathfrak{S} x A(x)$ とする. このとき, もし $d = \delta_{s}(\varepsilon x A(x))$ ならば, $@ \Vdash^{+}_{s(x/d)} A(x)$. 補題 12 より, $@ \Vdash^{+}_{s} A(\varepsilon x A(x))$. 2 に関して, $@ \Vdash^{+}_{s} \mathfrak{S}! x A(x)$

とする.このとき 1 より,$@ \Vdash_s^+ A(\iota x A(x)) \wedge \neg \mathfrak{S} y(A(y) \wedge y \neq \iota x A(x))$.したがって,$@ \Vdash_s^+ A(\iota x A(x))$. ∎

最後に,項の表示が存在するかどうかに関わらず,次の補題が成り立つ.

**補題 15** $\varepsilon x A(x)$ が $A(x)$ に対する置換に際して自由ならば,$\models a\Phi A(\varepsilon x A(x))$.

**証明** 任意の解釈を選んでおく.$d$ を $\delta_s(\varepsilon x A(x))$ とする.このとき任意の $e$ に対して

$$\begin{aligned}@R_\Phi^e w &\Rightarrow w \Vdash_{s(x/d)}^+ A(x) & \text{4.5 の条件 }(\star)\text{ より} \\ &\Rightarrow w \Vdash_s^+ A(\varepsilon x A(x)) & \text{補題 12 より}\end{aligned}$$

となる.したがって,すべての $w$ に対して $@R_\Phi^{\delta_s(a)} w$ ならば,$w \Vdash_s^+ A(\varepsilon x A(x))$.したがって,$@ \Vdash_s^+ a\Phi A(\varepsilon x A(x))$. ∎

第 II 部

存在しないものを擁護する

「でたらめだ.」

　　　　　リチャード・シルヴァン（会話にて）.

# 第5章
# なにがないのかについて

## 5.1 序：クワインの批判

　本書第 I 部では，通常の論理的な道具立てに加えて志向性演算子と志向性述語を備えた言語の意味論を詳しく論じた．その意味論は非存在主義的な意味論である．その過程で，非存在主義に対するいくつかの主要な反論を取り上げた．本書第 II 部の目的は，その他様々な反論から非存在主義を擁護することにある．加えて，志向性以外のものに対する非存在主義の適用例をいくつか検討したい．

　おそらく非存在主義を攻撃する最も影響力のある論文は，クワインの「なにがあるのかについて」(1948) だろう．本章の主要な目的は，この論文におけるクワインの議論を検討することだ．以下で見るように，これらの議論がこれまでもってきた影響力は，議論の説得力とはまったく釣り合いのとれないものである．実を言えば，このことはラウトリーが論文「なにがないのかについて」(1982) における分析ですでに示したことだ．残念なことに，この論文は比較的手に入れにくく，それゆえよく知られているわけではない．この事実ゆえに本章は書かれた．というのも私が本章でクワインに関して論じることは，特徴づけに関して異なる説明を与えていることを除けば，ほとんどラウトリー論文の繰り返しに過ぎないからだ．彼の論文のタイトルはとても気のきいたものなので，私は本章のタイトルすらそこからそのまま頂戴することにした．

　しかし，クワインに取り掛かる前に，マイノングを最初に論破した人として普通言及される，バートランド・ラッセルを見ておくのがよいだろう．ラッセルとクワインは好対照をなしている．

## 5.2 ラッセルのマイノング主義

　ラッセルについてまず述べておくべきことは，かつて彼自身，対象についてマイノングの見解といくつかの点で似た見解をとっていた，ということだ．『数学の諸原理』(*Principles of Mathematics*) において彼は次のように書いている[1]．

> なんであれ思考の対象であるかもしれないもの，あるいは真なる命題に現れうるもの，一つとして数えられうるものを，私は**項** (*term*) と呼ぶ．［中略］あらゆる項は，なんらかの意味で，有性 (being) をもっている，つまり，ある (*is*)．人，瞬間，数，クラス，関係，キマエラ，その他なんであれ言及できるものは，間違いなく項である．そしてそのようなものが項であるということを否定するのは，常に間違いでなければならない．

さらに[2]

> なにかに言及するということはそれがあるということを示すことである．これに対して，**存在** (*existence*) は，あるものの中でも，一部のものだけがもつ特権である．存在するということは，存在と特殊な関係をもつということだ．ちなみにその関係は，存在それ自体はもたない関係である．

　これらの引用には出てこないが，ラッセルはよく，抽象的対象のような，あるが存在しないもの——たとえば存在——に対して**存立** (*subsistence*) という用語を使っている．
　ラッセルはこの時期，一部の対象，たとえばキマエラ，ホームズ，ゼウス等々のような対象は存在しないという見解を支持していた．しかしこれと同時に，ラッセルの見解と円熟期のマイノングの見解との相違にも注意しよう[3]．マイノン

---

[1] Russell (1903), 43.
[2] 前掲書. 449.
[3] Meinong (1904) を見よ．

グも一部の対象は存在しないと考えていた．彼もまた，一部の存在しない対象，本質的には，私たちが抽象的対象と呼ぶだろう対象に対して，「存立」（subsist, besteht）という用語を用いていた．しかし彼の考えでは，一部の存在しない対象は，いかなる形式においてもない．つまりそれらは存在も存立もしない．それらは端的にない（それらは *Nichtsein* をもつ）のである．たとえば，キマエラ，ホームズ，ゼウスなどは，端的にない．さらにこの見解をラウトリーと本書がとっているような非存在主義と対比しよう．非存在主義によれば，一部の対象は存在する．あるいはお望みなら，「存在する」の代わりに「ある」と言ってもよい．それらの対象とは本質的には，世界における具体的対象である．その他のものは存在しない（あるいは，ない）．それらの対象はいかなる形式においてもない．とりわけ抽象的対象は存立しない．抽象的対象は端的に非存在対象である．この点については第7章でさらに論じよう．

## 5.3　ラッセルによるマイノング批判

もちろんラッセルは，『数学の諸原理』の後，記述の理論を考案したときに，存在論に関する自説を放棄した．しかしながら彼はそれでもマイノングの見解への共感を捨ててはいなかった．たとえば，ラッセルは，「表示について」と同じ年に——実を言えば「表示について」が掲載されたのとまさに同じ号の『マインド』誌で——，マイノングと彼の学生が執筆した論文集の書評を発表しており，そこで次のように書いている[4]．「[その論文集に収められた諸論文]で論じられている哲学は，マイノングの『想定について』（*Über Annahmen*）における哲学を発展させたものであり，私にはそれが非常に大きな価値をもつものだと思われる」．書評の残りの部分が示すように，これは単なるお世辞でもない．もちろん彼はもはやその見解を受け入れてはいない．ラッセルがマイノングの見解に対する自身の反論を説明している箇所では（pp. 80 f.），反論のターゲットは素朴な形式のCPであり，特に不可能対象（無矛盾律に違反するだろう対象）と存在（CPを用いるとどんなものでもその存在が証明できる）に関して論じられ

---

[4]　Russell (1905a), 77. この論文および『表示について』の頁数は Lackey (ed.) (1973) による．

ている．同様の議論が，「表示について」での簡潔なマイノング批判においても展開されている[5]．前章で示唆したように，これらは現実的な懸念だ．しかしそこで私が示したように，まったく理にかなった仕方でそれらの懸念は払拭できる．

『数理哲学序説』（*Introduction to Mathematical Philosophy*）の頃になると，ラッセルはマイノングの見解をよりそっけなく退けている．たとえば[6]，

> たとえばマイノングは次のように論じている．私たちは「黄金の山」や「丸い四角」等々について語ることができ，これらを主部とするような真なる命題を作ることができる．したがって，それらはなんらかの種類の論理的有性（logical being）をもたなければならない．さもなければそれらが現れる命題は無意味になるだろうからだ．私が思うに，このような理論には，最も抽象的な研究においてでさえ保持されるべき，実在感が欠けている．論理学がユニコーンを認めるべきでないのは，動物学がそれを認めえないのと同じだと私は主張する．なぜなら論理学は，動物学がそうであるのとまったく同様に，実在世界に関するものだからである．もちろん論理学は実在世界のより抽象的でより一般的な特徴に関わっているけれども．

ラッセルはマイノングを誤解しているということに注意しよう．マイノングは問題となっている対象がなんらかの形式であるとは主張していない．ラッセルが反論しているのは，彼自身のかつての見解なのだ！　確かにこの見解は私たちの実在感を害する．あるもの（being）の領域，あるもの（what is）の総体にキマエラや同種の対象が含まれているという主張は，事実私たちの感性を傷つける．私たちはキマエラなどいないということを当然知っている．しかしこの主張はマイノングの見解でもなければ非存在主義の主張でもない．

非存在主義に対する反論になるよう論点を手直しする試みもありえよう．たとえば論点を次のように表現しようとする人がいるかもしれない．現実には，ペガサスもサンタクロースも，その他の非存在対象もいない．しかしこれには非

---

[5] Russell (1905b), 107-8.
[6] Russell (1919), 169.

存在主義も同意する！ そのようなものはない，つまり存在しない．依然として，一部の対象は存在しない．この線で反論を推し進めようという人が言わなければならないのは，一部の対象が存在しないということは端的に偽だ——対象はすべて存在する対象である——ということだ．だがするとその反論が不適切だということは明白である．それは明らかに論点先取である．非存在主義の主張とは，一部の対象は存在しない，だがそれらに対する指示や量化は可能である，ということに他ならない．これらの対象は単に現実の対象でないだけだ．反論が行き着く先は，現実主義のドグマの表明に過ぎない．

## 5.4 なにがあるのかについて

それではクワインの「なにがあるのかについて」[7) 訳注1)]に取り掛かろう．ラッセルは敬意をもってマイノングを非難していたが，クワインにはマイノングに対する敬意は見当たらない．クワインは一度もマイノングを名指ししていないが，彼がマイノングを視野に収めていたということはかなりはっきりしている．多くの哲学者が，クワインはマイノングを攻撃対象の一人にしていると考えている．これらの攻撃対象は，罵倒されているとまではいかなくとも，かなりパロディー化され嘲笑的に扱われている[8)]．実際，その論文の多くの部分はレトリックであり，議論は短い．（「なにがあるのかについて」の影響力の多くはこのことに拠っているのではないかと私は疑っている．私は確信しているが，レトリックが哲学者たちに与える影響は，彼らが自認するだろうよりも大きいのだ．）

クワインの論文は，マックスとワイマンというパロディー化された二人の哲学者の話で始まる．マックスとして誰が想定されているのかは明らかではないが，ワイマンは普通マイノングのことだと考えられている．しかしそうではない．ワイマンによれば，すべての名辞が表示する．表示されるものはすべてあ

---

7) Quine (1948). 頁数は転載版に従う．
訳注1) 以下，Quine (1948) からの引用箇所の訳は，若干の変更を除いて，基本的に飯田隆訳（文献表を参照）をそのまま用いた．
8) 「ところで，ワイマンは，古きよき語『存在する』を台無しにする点で一致している哲学者たちのうちのひとりである」(p. 3. 邦訳 4 頁)．「これは，マックスにしては，いつもの彼らしくもない鋭い議論である」(p. 11. 邦訳 16 頁)．

る．しかし存在する（現実のものである）のはそれらのうちのいくつかだけであり，残りは単に存立しているに過ぎない．明らかにこれはマイノングではないし，ましてや非存在主義でもない．それは『数学の諸原理』におけるラッセルである．クワインは寛大にも次のように言う (p. 3. 邦訳 5 頁).「こうした目くらましに抵抗するための私が知る唯一の方法は，『存在する』という語をワイマンに進呈してしまうことである．私はこの語をもう使わないことにする．私にはまだ『ある』という語がある」．これはマイノングに対しては的外れだ．マイノング的対象の多くはいかなる意味でもない．非存在主義にとって，存在することとあることはまったく同じことである．ホームズは存在しない．そしてホームズはいない．シャーロック・ホームズであるようなものは存在しないし，いないのだ．

　これに続く段落の冒頭はこうである (p. 4. 邦訳 5 頁).「人口過剰のワイマンの宇宙は，様々な意味で美しくない．それは人のいない風景を好むものにとって，美的センスを逆なでするものである」．ここでも，この批判はラッセルには当てはまるかもしれないが，非存在主義に対しては的外れである．どんな宇宙も非存在対象で人口過剰になることはない．なぜなら非存在対象はいかなる意味においても存在しないのだから．非存在主義者——彼らは具体的対象だけが存在すると考える——の宇宙は，極めて倹約的である．実のところ，存在する抽象的対象によって世界を人口過剰にし，当の美的センス，そしてラッセルの言う確固たる実在感を逆なでしているのは，クワイン当人のようなプラトニストである．非存在主義とプラトニズムがどんな関係にあるのかという問題は，第 7 章で扱うことにしよう．

　検討中の段落で上の批判に続くのは，悪名高い，戸口に立っている可能的な太った男に関するクワインの見解である．クワインが非存在主義に対する反論として出した唯一の実質的な議論がここに含まれているので，この部分はクワイン論文の概括的な論評を済ませてから検討することにしよう．

　続いてクワインが取り上げる主題は，不可能対象である．彼の示唆によれば (p. 5. 邦訳 7 頁)，たとえば「バークレー・カレッジの四角い円屋根」のような矛盾した記述を有意味だと見なすと，私たちはそれは丸くてかつ四角いという矛盾に与することになるだろう．しかしクワインいわく，ワイマンはそのよう

な句は無意味だと見なす．ここでワイマンとして誰が意図されているのかは明らかではない．もちろんそれはラッセルでもマイノングでも，本書の非存在主義でもない．彼らにとって，その句は他のどんな記述とも同様に有意味である．さらに前章で見たように，その句を有意味だと見なしても，非存在主義は矛盾に与することになるわけではない．確かにバークレー・カレッジの四角い丸屋根は，円く，四角く，屋根であり，バークレー・カレッジにある．しかしそれは現実世界でそうなのではない．それは，私たちがバークレー・カレッジの四角い丸屋根について考えるときにそれをそう描写するような世界で，そうなのだ．

次いでクワインは，非存在対象にまつわる問題はラッセルの確定記述の理論を適用することによって解決できると主張する．その手続きは二段階からなる．まず，あらゆる固有名を，適切な確定記述に置き換えて消去する．次に，ラッセルの理論を適用し，すべての記述を文脈的に消去する．

この戦略のどちらの段階にも問題がある．たとえば「ゼウス」のような固有名は，いかなる記述とも同じ意味ではない．「ゼウス」は，たとえば「ギリシャの神々の長であるようなもの」（'the being who is the head of the Greek pantheon'）と同じことを意味しない．もしこれらが同じ意味ならば，「ゼウスはギリシャの神々の長であった」は分析的だろうが，それは分析的ではない．事実，固有名と記述は異なる仕方で実在と結びついている．この結論を支持する議論は，クワインが「なにがあるのかについて」を書いたときには十分に評価されていなかった．これらの議論は Kripke (1972) によって説得的に提示され，いまでは繰り返す必要のないほどよく知られている．

さらに重要なのは，確定記述以外のあらゆる指示表現を消去できたとしても，クワインの戦略の第二段階は明らかに失敗するということだ．クワインは彼の戦略がうまくいくように見える例をいくつか考察しているが，しかしうまくいかない例もある．たとえば次の例を考えよう．

> マイノングは，オリンポスに住む最高神であるものはオリンポスに住んでいると信じていた．
>
> Meinong believed that the being who is the chief god living on Olympus, lives on Olympus.

これは正しい．マイノングは，丸い四角は丸い等々と信じていた．ラッセルの確定記述の理論によれば，この文は，記述の作用域が一次的か二次的かに応じて多義的である．二つの読みはそれぞれ次のようになる．

1. オリンポスに住む最高神である唯一のものが存在し，かつ，マイノングはそれがオリンポスに住んでいると信じていた．
2. マイノングは，オリンポスに住む最高神である唯一のものが存在し，かつ，それがオリンポスに住んでいると信じていた．

最初の読みは偽である．なぜならそんなものは存在しないからだ．しかし同様に二つ目の読みも偽である．私やあなたがギリシャの神々は存在すると信じていないのと同様に，マイノングもギリシャの神々が存在すると信じてはいなかった．ギリシャの神々が神話上のものだということを彼は知っていた．よく知られているようにクワインは，1 の読みにおけるような，志向的文脈の内部への量化に懐疑的であった．このことは役に立たない．それは事態を悪化させるだけである．なぜならそれは二つあった悪い選択肢を一つにしてしまうからだ．

これに次いで，クワインの論文は普遍者の存在の問題に取り掛かる（p. 9. 邦訳 14 頁）．抽象的対象に関する非存在主義的説明の問題は第 7 章で扱うつもりである．しかしクワイン論文の残りの大部分は，今の話題とは関係ない．ただし一つ例外がある．クワインが存在と量化に関する彼の有名なテーゼを提案したのは，まさにこの残りの部分においてである（p. 13. 邦訳 19 頁）．

> 存在者とされるということは，端的に，変項の値と見なされるということである．

あるいはしばしば使われるより簡潔な言い方では，あるとは束縛変項の値であるということだ．しかしながら，この見解を支持する実質的な議論はまったく与えられていない．それは単にドグマとして述べられているに過ぎない．特称量化子を「しかじかの対象がある（存在する）」と読むのは，非常に一般的な読みである．クワインはただただ，特称量化子はこの仕方で読まれなければなら

ないと想定しているに過ぎない．確かにこの読み方はフレーゲとラッセルの読みに従ったものだ．しかし，もしクワインが中世論理について少しでも知っていたなら，この読みが特称量化子を理解する唯一の可能な読みではない（これは第3章の付録で論じた）ということを知っていただろうが．

## 5.5 戸口に立っている可能的な太った男

それでは戸口に立っている可能的な太った男の問題に戻るとしよう．以下に当該箇所（p. 4. 邦訳5-6頁）を全文引用する．

> 可能者の住みつくワイマンのスラムは，秩序破壊的な分子の温床である．たとえば，その戸口に立っている可能的な太った男を考えてみよう．また，同じ戸口に立っている同様に可能的な禿の男も考えてみよう．ここには同一の可能的な男がいるのか，それとも，ふたりの可能的な男がいるのだろうか．どうやってそれを決めるのか．その戸口には何人の可能的な男がいるのだろうか．可能的な太った男よりも可能的なやせている男の方が多くいるのだろうか．そのうちのどれだけがお互いに似ているのだろうか．それとも，互いに似ているということは，同一だということになるのだろうか．可能的なものはどれひとつとして互いに似ているということはないのだろうか．これは二つのものが似ているということは不可能だと言うことに等しいのか．それとも，結局のところ，同一性の概念は，現実化されていない可能者には端的に適用できないのだろうか．だが，自身と同一であるとも，互いに異なるとも有意味に言えないような存在者について語ることにどんな意味がありうるのだろうか．こういった破壊分子はほとんど矯正不可能である．個体概念というフレーゲ的療法を施せば，こうした分子の再教育のためになにかをすることもできよう．しかし，私の感じでは，ワイマンのスラムを一掃してそれで終わりということにしてしまった方がよい．

クワインの不満は，非存在対象を個別化するまっとうな仕方がないということだ．彼の簡潔な別のスローガンによれば，同一性のない存在者などない．そ

れゆえ非存在対象という考えそのものが不整合である．しかし注意すべきなのは，クワインはこのテーゼを擁護しようとしてはいないし，適切な同一性概念がないということを示そうともしていないということである．私たちに与えられているのは一連のレトリカルな問いかけに過ぎない．

クワインのこの見解に関してなんというべきだろうか．第一に，対象が確定的な個別化条件を要求するというのは少しも明らかなことではない．たとえば，山や海といった対象の果てがどこにあるのかに関する生の事実などないように思われる．あるいはオーストラリア大陸を歩いて横断するとして，どこからセントラル砂漠を渡り始めることになるのか．新オランダ（オランダ人探検家が自分で発見した陸地につけた名前）はオーストラリアと同じ場所なのか．新オランダという名前は，たとえばタスマニアやトレス海峡諸島に適用されるのだろうか．これらの問いに確定的な答えはない．しかしだからといって，山や海といった概念が不整合であるとか，オーストラリアといったものは存在しないなどと私たちは結論しない．ラウトリーは次のようなパロディーを提示している[9]．

> 存在者のスラムは，秩序破壊的な分子の温床である．たとえば，空の上の雲を考えてみよう．また，その雲に近接した雲も考えてみよう．ここには同一の雲があるのか，それとも，二つの雲があるのだろうか．どうやってそれを決めるのか．空には何個の雲があるのだろうか．積雲よりも，乱雲の方が多くあるのだろうか．それらのうちのどれだけがお互いに似ているのだろうか．それとも，互いに似ているということは，同一だということになるのだろうか．［中略］同一性の概念は，雲には端的に適用できないのだろうか．だが，自身と同一であるとも，互いに異なるとも有意味に言えないような存在者について語ることにどんな意味がありうるのだろうか．こういった破壊分子はほとんど矯正不可能である．［中略］私の感じでは存在者のスラムを一掃してそれで終わりということにしてしまった方がよい．

しかしいずれにせよ，対象の同一性に関するまっとうな説明を与えることが，

---

[9] Routley (1982), 421. ラウトリーは「存在者」（entity）を存在する対象を表す語として用いているということに注意せよ．

対象の存在・非存在に関わらず，実はできるのだ．対象が同一であるのは，それらが，4.4 節で説明した意味において，あらゆる閉世界でちょうど同じ性質をもつ場合かつその場合に限る．この基準を使って，いまや私たちはクワインのレトリカルな問いかけにすべて答えることができる．実は，最初の問いを除けば，あとはどれもまったく瑣末な問いである．

- その戸口に立っている可能的な太った男（$f$）と，その戸口に立っている可能的な禿の男（$b$）は，同一の可能的な男なのか，それとも二人の可能的な男なのか．

$f$ を $\iota x(Fx \wedge Dx)$，$b$ を $\iota x(Bx \wedge Dx)$ としよう[10]．戸口に立っているということ（おそらくクワインの念頭にあるのは，現実のしかし無人の戸口だ）は，存在帰結的性質である．それゆえ戸口に立っているどんな男も，存在する．しかし戸口には誰もいない．それゆえ誰も戸口に立ってはいない．とりわけ $f$ も $b$ も戸口に立ってはいない．（それゆえこれは，4.5 節で見た記述に対する表示の割り当てにおける「それ以外のとき」の場合である．）問題は $f$ と $b$ が一人なのか二人なのかである[11]．

この問いには確定的な答えはない．しかしそれは同一性条件が不確定だからではない．すでに見たように，同一性条件は完全に確定的である．確定的な答えがないのは，4.6 節で見たように，これら二つの記述の表示は，話者の意図を含む文脈に依存しているからである．したがって，この問いに確定的な答えがないのは，文脈が与えられていないときに，これはあれかどうかという問いに確定的な答えがないのとまったく同じ理由による．文脈が与えられれば，確定

---

10) 私はここで，クワインが戸口に立っている可能的な太った男について語る際，彼は様相が確定記述の一構成要素であることを意図していない，と想定している．彼は記述されたものに当の身分を与えているのだ．ともかく，私が戸口に立っているとしよう．私が太っているということは確かに可能だ．したがって，私は戸口に立っている可能的に太った男である．これはクワインの念頭にあったことではない．しかし，たとえ $f$ に対するクワインの記述を $\iota x(\Diamond Fx \wedge Dx)$ と分析しても，あるいは $\iota x \Diamond (Fx \wedge Dx)$ と分析したとしても，事態は本質的に同じである．

11) ラウトリーによれば，$f$ と $b$ は，それらの特徴づけ性質と，それらの性質から帰結する性質だけをこの世界でもつのだから，答えは「二人」である．したがって $f$ は太っており，$b$ は太っていない．私が支持する仕方で特徴づけを扱うなら，この解決策は利用できない．

的な答えが手に入る．いくつか例を見て，この論点を説明しよう．

　最初は単純な例から．戸口に二人の男が立っているという状況を私たちが想像しているとしよう．一人は禿で太っている．もう一人は禿だが太ってはいない．この描写を実現する世界において $f$ と $b$ はそれぞれ自分の特徴づけ性質をもっている．したがって，「$f$」は前者の男を指示する（選択肢はこれしかない）．では「$b$」は誰を指示するのだろうか．これはあなたの意図に完全に依存している．もしあなたが前者の男を意図するなら，$f$ と $b$ は一人であり，あなたが前者の男を意図しないなら，彼らは別人である．

　次の例が例証するのは，描写によって意図が全面的に制約されているような状況である．純粋に想像上の状況について，たとえば今見たばかりの映画について話をしているとしよう．その映画では，太って禿げた純粋に想像上のキャラクター（ハリーと呼ぶことにする）が，戸口に立って戸枠にペンキを塗っている．この描写を実現する世界において $f$ と $b$ はそれぞれ自分の特徴づけ性質をもっているので，「$f$」と「$b$」はどちらもハリーを指示する．それゆえ $f$ と $b$ は一人だ．

　次に，太った男が戸口から入ってくる可能性について私たちが話をしているとしよう．私たちはこの状況を描写している．私たちにはハリーという現実の友達がいて，彼は太っても禿げてもいないとしよう．だが私たちはハリーが太って戸口から入ってくると想像する．「$f$」が指示するのはこの男である．次に，禿の男が戸口から入ってくる可能性について話をしているとしよう．私たちは今度はハリーが禿になって戸口から入ってくると想像する．「$b$」が指示するのはこの男である．「$f$」と「$b$」はどちらもハリーを指示する．ここでも彼らは同一人物である．

　最後に別の種類の例を考えよう．太った男が戸口を通って入ってくる可能性について私たちが話をしているとしよう．私たちはこの状況を描写している．当の男は純粋に想像上のものだ．「$f$」はその男を表示する．この描写は，別の男がその戸口を通ってくるかどうかに関して未決着である．もし「$b$」が現実のある男を表示するならば，$f$ と $b$ は別人である．なぜなら一人は存在し，もう一人は存在しないからだ．そこで「$b$」も想像上の男を表示すると想定しよう．この場合でも依然として $f$ と $b$ は別人である．なぜなら，この状況は，4.5 節で

議論したホームズとペガサスに関する状況と本質的に同じだからだ．$f$ に関わる描写を実現する閉世界を考えよう．そのような世界では，$f$ は太っており戸口にいる，つまり $Ff \wedge Df$ であり，特に $Df$ である．この描写は $f$ と $b$ の両方が戸口にいる，つまり $Df \wedge Db$ を帰結としてもつだろうか．もちろんもたない[12]．さらに，存在する対象に関するなんらかの事実によって，$Df \wedge Db$ が帰結するということが決定されるわけでもない．したがって，自由の原理によって，$Df \wedge Db$ が成り立たないような，それゆえ，$Db$ が成り立たないような世界が存在するだろう．同一性の基準から，$f$ と $b$ は異なる対象である．

このように事情は文脈によってまったく異なってくる．クワインのその他の問いを見てみよう．

- どうやって決めるのか．

非存在対象の異同は，存在する対象の異同を決定するのとまったく同じ仕方で決定される．つまり非存在対象が同じであるのは，それらがあらゆる（閉）世界で同じ性質をもつ場合である．

- その戸口には何人の可能な男がいるのだろうか[13]．

一人もいない．その戸口にいるというのは存在帰結的性質である．したがっていかなる非存在対象もその性質をもつことはできない．

- 可能的な太った男よりも可能的な痩せている男の方が多くいるのだろうか．

そうではない．どちらもいない．

- そのうちのどれだけがお互いに似ているのだろうか．

---

[12] もし疑うならば，形式的な反証モデルで確かめよ．
[13] もちろんこの問いは「その戸口には何人の男が立つことが可能だろうか」という問いとは異なる．この問いに対する答えは，男の大きさにもよるが，約 3, 4 人といったところだろう．

全員が似ている（誰もいないのだから！）．

- それとも，互いに似ているということは，同一だということになるのだろうか．

ならない．似ているというのはいくつかの性質，おそらくいくつかの重要な性質を共有するということだ．しかしこのことはすべての性質を共有するのに十分ではなく，それゆえ同一であるのに十分ではない．

- 可能的なものはどれひとつとして互いに似ているということはないのだろうか．

もちろん二つの可能的なものが似ているということ，つまりそれらがいくつかの重要な性質を共有しているということはありうる．トウィードルダムとトウィードルディーを考えよ訳注2)．

- これは二つのものが似ているということは不可能だと言うことに等しいのか．

そうではない．あるもの $x$ が可能的であると言うことは，大まかには，$x$ の性質が論理法則に反しないと言うことである．$x$ は可能的であるということを $\blacklozenge x$ と書くことにしよう[14]．するといかなる二つの可能的なものも似ているということはないという言明は，次の形式の言明になる．$\neg \mathfrak{S} x \mathfrak{S} y (\blacklozenge x \wedge \blacklozenge y \wedge x \neq y \wedge Axy)$．二つのものが似ているということは不可能だという言明は，次のいずれかの形式の言明である．$\mathfrak{A} x \mathfrak{A} y (x \neq y \supset \neg \Diamond Axy)$ あるいは $\neg \Diamond \mathfrak{S} x \mathfrak{S} y (x \neq y \wedge Axy)$．いずれの言明にしても，いかなる二つの可能的なものも似ていることはないという言明とはまったく別の言明である．

---

訳注2) 『マザーグース』やルイス・キャロルの『鏡の国のアリス』に登場するうりふたつの男．
14) $\blacklozenge x$ を $\Diamond Ex$ と定義したくなるが，これはうまくいかない．たとえば自然数のような抽象的対象は，可能的対象である．しかし第7章で見るように，それらは必然的に非存在である．

- それとも，結局のところ，同一性の概念は，現実化されていない可能者には端的に適用できないのだろうか．

そうではない．同一性概念は可能者にも申し分なく適用できる．二つの非存在対象が同一であるのは，それが（すでに説明した意味において）あらゆる世界で同じ性質をもつ場合である．

- だが，自身と同一であるとも，互いに異なるとも有意味に言えないような存在者について語ることにどんな意味がありうるのだろうか．

対象間の同一性言明は常に有意味である．（曖昧な対象に関する考え方によっては，同一性言明は常に真か偽のいずれかであるわけではないかもしれない．）
　このように，クワインのレトリカルな批判はなんの問題にもならない．

## 5.6　結　論

　マイノング，そしてより一般的に非存在主義の評判を貶めたのは，主にラッセルとクワインである．しかし，評判を貶められたと言われるべきものがあるとしても，それは『数学の諸原理』におけるラッセル自身の見解である．特徴づけの正しい説明が不明確であった間は，特徴づけはマイノングと非存在主義にとって常に困難のもとであった．しかし前章でこの問題は解決済みである．そしてラッセルとクワインが展開した他の議論はと言えば，非存在主義にとって致命的であるとしばしば考えられているが，すでに見たように，根拠のない議論である．
　本章のいくつかの箇所で，抽象的対象，プラトニズムに関する問題やそれに関連する論点が表面化してきた．これらの論点には，第7章で，非存在主義に不利に働くと思われるかもしれない，本章で扱った反論ほどは標準的でないいくつかの反論とともに，取り組むことにしたい．しかしその前に，非存在対象（と一般に思われているもの）の大本命を考察するのが対比に役立つだろう．というわけで次章の主題はフィクションの対象である．

# 第6章
# フィクション

## 6.1 序：フィクションの対象

存在する対象と同様，非存在対象にはいろんな種類がある．本章はそのうちの一つを扱う．非存在主義は，それ自体としては，どの対象が存在しないのかに関するいかなる特定の見解にも与しない．しかしほとんどすべての非存在主義者が同意するような典型例がある．それはフィクションの対象である．ホームズやゼウスといったいくつかのフィクションの対象は，前章までの議論ですでに登場している．本章では，フィクションの対象をより詳しく検討したい．

本章前半では，フィクションの対象の諸性質を見る．後半は，フィクションの対象に関する非存在主義的説明に対してこれまでに提示されてきたいくつかの反論を検討する．

## 6.2 フィクション演算子

フィクションの対象とは，物語や，劇，オペラに登場する対象である．ここに神話と伝説を付け加えることもできよう．この意味で，フィクションの対象が存在することは十分ありうる．たとえば，ナポレオンはトルストイの『戦争と平和』に登場するが，ナポレオンは実在の人物であった．本章の付録である『シルヴァンの箱』は，この論点を例証する別の物語である．これはリチャード・シルヴァンに関する短編で，リチャードも確かに存在していた．しかしほとんどのフィクションの対象は存在しない．あるフィクションの対象が存在しない

場合，その対象は純粋にフィクションの対象（purely fictional objects）と呼べるだろう．

純粋であろうとそうでなかろうと，明らかにフィクションの対象は志向的状態の対象でありうる．私たちはフィクションの対象について考えたり，それに同情したり，それをおかしなやつだと思ったりできる．フィクションの対象の存在上の身分がどんなものかは，このことと無関係である．私たちはその身分を知っているかもしれないし知らないかもしれない．私たちはそれについて間違っているということさえありうる．現象学的には，それはまったく無関係なのだ[1]．

しかし，純粋にフィクションの対象がもつ非志向的性質についてはどうだろうか．フィクションの対象は，それらの対象がそれをもつものとして特徴づけられている性質をもつと，想定したくなる．たとえば，ホームズはベイカー街に，ゼウスはオリンポス山に住む，等々（『マイノングのジャングル』でラウトリーは時折この見解を示唆しているように思われる）．しかしこの見解には反対すべきだ．まず，そのような対象は，それらの対象がそれをもつものとして特徴づけられている性質のすべてを現実でもつことはできない．たとえばドイルの小説では，確かにホームズは存在する探偵である．しかしホームズは存在しない．多くのマイノング主義者がそうするように，真正の特徴づけ性質とそれ以外の性質を区別したとしても，この線で話を進めることはできない．まず，純粋にフィクションの対象がもつ特徴づけ性質の多くは，存在帰結的である．たとえば『シルヴァンの箱』において，ニック（彼は純粋にフィクションの人物ではない）はあるときある箱（これは純粋にフィクションのものだ）を持つ．あなたと箱の両方が存在しない限り，あなたは箱を持つことはできない．したがってニックが箱を持ったということが文字通り正しいということはありえない．最

---

[1] ウォルトンは，主体がある対象についてそれは存在しないと信じている場合，その主体はその対象を本当に賞賛する（ないし恐れる等々）ことはできないと論じている（Walton, 1978）．もしそう信じているなら，それは単なるごっこ遊びに過ぎない．しかしウォルトンにとってさえ，もし対象は存在しないと主体が信じていないならば，その人が非存在対象を賞賛したり恐れたりするということになんの問題もない．またおそらく彼にとって，あなたがある存在する対象を存在しないと信じている場合，あなたはその存在する対象を賞賛することはできない．したがって，存在上の身分は無関係である．

後に，いずれにせよ，そのような言明が文字通り真であると想定すると矛盾が生じる．たとえば，現実世界では，ニックはそんな箱など持っていない．したがって，もしニックがその箱を持ったということが文字通り真であったとすると，彼がそのような箱を持ったということと持たなかったということの両方が文字通り真になるだろう．さて，なんらかの矛盾が真であるかもしれないということを支持するようなどんな議論があるにせよ，非存在主義それ自体には真なる矛盾を要求するようなところはない．（少なくとも本書がここまで述べたあらゆることに照らしても，現実世界はまったく無矛盾であってよい．）非存在主義にこの追加の特徴をもたせるのは間違っているだろう．

実は，事態の正しい理解はすでに第4章で明らかにされている．フィクション，芸術，神話等々の対象は，一定の仕方で特徴づけられている．そしてそれらの対象は，それらの対象がそれをもつものとして特徴づけられている性質（およびそれらの性質からの帰結）を，必ずしも現実世界でもつわけではないが，物語や神話等が描写する（represent）ものごとのあり方を実現する世界においてもつ．たとえば，現実ではニックはそのような箱を持たなかったが，しかし私が『シルヴァンの箱』で描写したものごとのあり方においては，彼はその箱を持ったのである[2]．したがって，$\Phi$ を適切な志向性演算子とすると（4.2節を参照），$\neg A \wedge a\Phi A$ という形式のなんらかの式が成り立つ．そしてたとえば，$P$ が存在帰結的な述語である場合でも，$@ \Vdash^+ \neg Eb \wedge \neg Pb \wedge a\Phi Pb$ となるような解釈は容易く構成できる．

しかしながら，あるフィクションの対象に関係する描写がなんであるかを述べるのは，簡単なことではない．あることがフィクション作品に明示的に言及されていないという事実は，それが描写の一部ではないということを意味しない．たとえば，作者は現実世界から持ち込まれた一定のことがらを，フィクションの中で当然視するだろう．たとえば，読めば分かるように，『シルヴァンの箱』はオーストラリアの出来事である．しかしこのことは書かれていない．実際に

---

[2] 実際には，そして日常語では，志向性演算子はしばしば省略され，文脈的に理解される．たとえば私たちは，正式な「ドイルがホームズのストーリーにおいて描写したものごとのあり方において，ホームズはベイカー街に住んでいる」の代わりに単に「ホームズはベイカー街に住んでいる」と言う．

書かれているのは，それがキャンベラ近郊のバンガンドーで起こったということである．そのバンガンドーやキャンベラがオーストラリアにあるということは書かれていない．このことは単に想定されているだけだ．描写は論理的に閉じているので，その出来事がオーストラリアで起こったと推論することは私たちに任されている．

著者によって明示的に語られるということは，あることが描写の一部であることに十分であると思われるかもしれない．しかしたとえ普通はそうだとしても，それは普遍的に成り立つわけではない．洗練された作家は，（フィクションの中で）実は嘘だったと判明するようなことを書くことができる．たとえば，語り手が作り話をするということがあり，時折語り手が嘘をついていることに気づくことは読者に委ねられているということがある．

物語や芸術作品が与える描写（の一部）とは正確に言ってなんなのかをきちんと説明するのは，困難な課題である．幸いなことに，この課題にここで取り組む必要はない．

## 6.3 対象を創造する

フィクションの作者はフィクションの対象を創造する，というのはよく言われることだ．たとえば，ドイルは当該の物語を書いたときにホームズを創造したと主張されるかもしれない．自然に考えれば，この見解が当てはまるのは純粋にフィクションの対象に限られる．たとえば『シルヴァンの箱』を書いたときに，私がシルヴァンを創造したなどということは断じてない．しかしこの場合でさえ，私は（現実のシルヴァンとは異なる）純粋にフィクションのシルヴァンを創造したのだと示唆されるかもしれない．

解釈の仕方によっては，創造について語ることにはなんの問題もない．ドイルは彼の物語の草稿を文字通り創造した．その草稿には，人や犯罪，場所に関する新しい記述，そして「シャーロック・ホームズ」のような新しい名前までも含まれている．（ここで私は語タイプではなく，語トークンについて語っている．）純粋にフィクションの対象を創造するということで意味されているのがこのことならば，それでよい．しかしドイルはホームズを文字通り創造したのだろう

か.より一般的に言って,非存在対象は,それを想像したり,恐れたり,崇拝したりする認知主体が創造したものなのだろうか.

そもそもどのように問題を立てればよいのかが問題である.ドイルがホームズを創造したという主張を,ドイルがホームズを存在させたということを言っているものと理解するのは自然である.((フィクションにおいて)フランケンシュタインが怪物を存在させたというのと同じ仕方で.)しかしこれは正しくない.ホームズは存在しないのであり,それゆえドイルはホームズを存在させていないからだ.では,論点を反事実的に表現しようとすればどうか.つまり,もしドイルが物語を書かなかったならば,ホームズは存在していなかっただろう,というわけだ.すると,この種の条件文はどのように理解されるべきかという問いが生じる.大まかに言うと,この種の条件文が(現実に)真であるのは,前件を実現する最も単純な仕方でものごとが修正されたということを除けば私たちの世界と同じである世界において,後件が成り立つ場合だ.このような分析のテクニカルな詳細は難解で,また異論も多い[3].だがここでこの問題に深入りするつもりはない.ここではこれらの条件文を直観的に理解しておけば十分である.ドイルが物語を書かなかったという点を除いて私たちの世界と十分に似た世界において,ホームズが存在しないということは成り立つだろうか.答えはイエスである.ドイルが執筆しなかった世界(たとえば彼が生まれてすぐ死んでしまったために)では,ベイカー街とその住人たちはこの世界とほとんど変わりないだろう.特に,そこにはシャーロック・ホームズは存在しないだろう.

確かにその反事実的条件文は真だが,しかしそれはホームズの身分とドイルの活動の間の意図された結びつきを捕らえてはいない.なぜなら,それらの世界におけるホームズの身分はこの世界とまったく同じだからだ.つまりホームズは存在していない.したがって,創造に関する問題を立てるには,存在概念を用いずにそうしなければならない.するとすぐ思いつく候補は次のものである.もしドイルが物語を書かなかったならば,なにかがシャーロック・ホームズだっただろうか($\mathfrak{S}x\, x = h$).この問いに対する答えはイエスだ.ドイルが生まれてすぐに死んだ世界でも,あるものがシャーロック・ホームズである——

---

[3] 論理的に不可能な前件をもった条件文を扱うには不可能世界が必要になる.関連する議論については Priest (2009) を参照.形式的な詳細は本質的に Priest (2001) の 10.7 節のものである.

シャーロック・ホームズはシャーロック・ホームズであるのだから. ホームズは，この世界で自己同一的であるのと同様に，ドイルが生まれてすぐ死んだ世界でも自己同一的である[4].

　では，ドイルの活動がホームズの身分を決定しなかったのだとすれば，ドイルはホームズになにをしたのだろうか. 率直に言えば，ドイルはホームズを想像した最初の人であり，その想像したキャラクターにあの名前——私たちはその名前を使ってそのキャラクターを指示している——を付けた最初の人である. つまり，ドイルは，ホームズとこの特定の志向的関係に立った最初の人であり，そのおかげで私たちはホームズについて想像を巡らしているのである. （いま私たちは，非存在対象の名前はどのように指示するのかという問題からそう遠くないところにいる. この問題は次章で取り上げることにしたい.）

　ある対象を想像するにはなにが必要なのか. ある種の探偵の話を書こうという一般的な意図をドイルが形成した段階では，ドイルはまだ彼を想像していない. ドイルが最初の物語を書き，彼に名前を与えたときにはもう，ドイルは彼を想像していた. 想像は，人のすることがたいていそうであるように，曖昧であるだろう. 私が隣の家の人を恐れているとしよう. その恐れはいつ始まったのか. その隣人について最初に聞いたときだろうか. つまり，その隣人について誰かが私になにかいやなことを言った最初のときだろうか. ほとんどの恐れに関して，それが始まった正確な日時などない. 当の対象を認識し，それからそれに漠然とした不安感をもつようになり，さらにいろいろ知るにつれてやがては冷汗をかくほどまでになる，というように状況は変化しうる. この種の曖昧な概念全般と同様，どこで恐れ——あるいは私たちの事例では想像——が始まったと言うかには，ある程度の恣意性がある.

　しかしひとたびドイルがホームズを想像したならば，彼はさらに進んで，い

---

[4] 実は，世界が違えば領域も異なると考え，さらにホームズは当該領域に含まれていないと考えるなら，この主張には反論の余地がある. たとえば，世界の領域はその世界の住人のうちのあるもの（おそらくその世界で存在しているもの）の活動に依存すると想定されるかもしれない. しかし私の気持ちはこの見解に傾いてはいない. 誰にも書かれることのない本を考えよう. その本はゾーイと呼ばれるピンクのウーパールーパーの本である. この本を誰かが執筆ができ，それゆえゾーイが量化の範囲に入ってくることができたということは依然として成り立っている. しかしあるものについて，それが量化の範囲に入りえたと言えるのは，おそらく，それがすでに入っている場合だけである.

ろんな物語において，他にいろんなことをするものとしてホームズを描写できる．そうする際に，ホームズについてより多くのことを語ることで，彼は特徴づけを変えていき，それゆえ異なる対象について語っていると示唆されるかもしれない．しかしこれは間違いであろう．ある対象について新しいことを想像することは当の対象を変化させない．『シルヴァンの箱』においてシルヴァンが箱を所有していると想像したとき，私が想像していたのは依然としてリチャードであった．ホームズを最初に想像したとき，ドイルは，一定の仕方でホームズを描写した．ホームズは，ドイルが物語の中で描写したものごとのあり方を実現する世界において，その特徴づけ性質をもった．しかしその描写はいろんな仕方で不完全なものであった．最初の物語（これは『バスカヴィル家の犬』ではない）が書かれたとき，その最初の物語を実現する世界には，後にホームズがその犬と出会ったであろう世界もあれば，そうはならない世界もある．物語がどんどん書かれるにつれて，その描写によって世界の集合はしだいにより制限されていく（ただし決して一つの世界に制限されることはないが）．しかし物語が誰についてのものかと言えば，それは依然としてホームズ当人についてのものである．

　世界の集合は分岐することさえある．あなたと私が（ドイルのキャラクターである）ホームズに関する物語を書こうと決心したとしよう．しかし私たちの物語は，ドイルが語ったことはすべて前提しているものの，両立不可能なものである．私の物語では，ホームズには未婚のおばがいるが，あなたの物語ではそうではない．すると，私がホームズを描写した仕方を実現する世界では，ホームズには未婚のおばがいる．しかしあなたがホームズを描写した仕方を実現する世界では，彼には未婚のおばはいない．世界は違うが，しかしホームズはホームズだ．

## 6.4　反　論

　それでは，フィクションの対象に関する以上の非存在主義的説明に対する反論と考えられるだろう四つの問題に取りかかろう．

**問題** 1. 上述の説明は，矛盾を含むフィクション（inconsistent fictions）を明

示的に認めている.たとえば,小説は明示的に矛盾を含むかもしれない.するとその小説は,矛盾を含む世界で実現される.しかし無矛盾でないフィクションは整合的(coherent)ではありえない.矛盾が生じる場合,私たちは著者の決定権を無効にしなければならない.とりわけ,私たちはその描写を極大に無矛盾な部分のようなものに分割し,そのそれぞれを物語の一バージョンと考えなければならない[5].

さて,ときに私たちは著者の決定権を無効化できるというのは確かに正しい.そしてこれが,偶然や見過ごしによって入り込んできた矛盾に対する正しい戦略だということは十分ありうる[6].それにもかかわらず,無矛盾でない,しかも本質的に矛盾を含む物語というものが十分ありうる.本章の付録における『シルヴァンの箱』は,無矛盾でない物語である.しかしそれはたまたま矛盾を含むのではない.その矛盾は話の筋に本質的なものなのだ.とりわけ,寛容の原理を誤適用してその物語を無矛盾な仕方で読む人は,その物語をまったく誤解することになるだろう.そしてその物語の本質は,その物語のどんな無矛盾な部分(を集めたもの)においても完全に失われている.だがそれは整合的な物語だ.話の筋は確定している.それはなんでもありの物語ではない.そして矛盾が生じている場面でさえ,登場人物の行動は合点のいくものある.

実はこの事例からはもっと多くのことが引き出せる.すでに述べたように,描写はなんらかの論理のもとで閉じている.『シルヴァンの箱』における論理は矛盾許容論理,つまり矛盾があらゆることを含意するわけではない論理である.その物語では,ある矛盾が成り立っているが,しかしあらゆることが成り立っているわけではない.私としてはこれを,矛盾許容論理こそが(唯一の)正しい論理だという趣旨の議論と見なしたい.爆発($A, \neg A \vdash B$)を適用して,その物語ではあらゆることが起こったと推論しようとは思う人はまずいない.ただ,私は爆発が妥当ではないと考えているけれども,この事例が爆発の非妥当性を確立しているとは考えていない.おそらくどんな論理についても,その論理を推論の正しい規準(canons)とするような物語を書くことができるだろう.た

---

[5] この種の議論は Lewis (1978) に見られる.特に pp. 274f., 277f を参照(頁数は転載版に従う).
[6] ホームズの物語は実際そうなっている.ワトソンには戦争の古傷が一つある.ドイルは,ある物語ではそれがワトソンの足にあると語り,別の物語ではそれがワトソンの腕にあると語る.

とえば，量子論理（分配則 $A\wedge(B\vee C) \vdash (A\wedge B)\vee(A\wedge C)$ が成り立たない論理）を例に取ろう．思うに，プランク定数がたとえば 143 で，その結果巨視的対象が量子のように振る舞う物語は簡単に作れるだろう．すると，私は二つの扉のうちの一つを通ってある部屋に入ったのだが，しかしそれらの扉の一方を通ってその部屋に入ったわけでも，もう一方を通ってその部屋に入ったわけでもない，ということがありうるだろう．私が思うに，正しい（矛盾許容）論理こそがフィクションの状況に関する推論のためのデフォルトの論理であるが，個々の物語の要求に応えるようにこれをなんらかの仕方で和らげることは可能である．しかしどうやってこの緩和をするのかは，また別問題だ．

**問題 2.** フィクションの対象はある意味で不完全であるとしばしば指摘される．たとえば，ホームズに姉妹がいるということも，彼に姉妹がいないということも真ではない．（ドイルは私たちに教えてくれていない．）もし「フィクションの真理」は文字通り真だと想定するならば，この種の不完全さは，現実世界@に真理値ギャップがあると想定することで扱える．しかしよりたちの悪い不完全さがある（実際のところこれは 4.4 節で論じたものである）．ホームズは，どんな人でもそうであるように，左利きか右利きか（あるいは両利き）のどちらかである．しかしホームズは右利きでも左利きでもない．（ドイルは教えてくれていない．）たとえ真でも偽でもない文があったとしても，$A$ も $B$ も真でない場合には，$A\vee B$ という形式の文は真ではありえない．したがってこの意味論は正しくない．

しかし上述の説明ではこの問題は解決される．ものごとのあり方に関するドイルの描写によれば，ホームズは，左利きか右利きかのいずれかであるが，しかし彼はホームズが左利きだとは描写しなかったし，ホームズが右利きだと描写することもなかった．すると，@ $\Vdash^+ d\Phi(Lh\vee Rh)$ だが，@ $\Vdash^+ d\Phi Lh$ でも @ $\Vdash^+ d\Phi Rh$ でもないような解釈は簡単に構成できる．（$h$ の表示は @$R_\Phi^{\delta(d)} w$ であるようなすべての世界 $w$ で $L$ か $R$ の外延に属するが，ある世界では $L$ の外延に属するが $R$ の外延には属さず，また別の世界では逆が成り立つ．）

同じテクニックで，よりありふれた類いの不完全さも処理される．すると興味深いことに，矛盾を含むフィクションの対象を扱うには矛盾を含む世界が必要となる一方，不完全な世界（つまり真理値ギャップのある世界）は，意味論に

含まれてはいるものの,「不完全な」対象に対処するために必要なわけではない.

**問題 3.** フィクションの対象について自然に言いたくなるだろうことは他にもある.目下の説明では,それらのことがらを正しいものとしてうまく扱える.たとえば,$a$ をある現実の探偵としよう.すると,ホームズ ($h$) は,$a$ より有名だというのは真である.つまりホームズについて聞いたことのある人の方が,$a$ について聞いたことのある人より多い(ここで,「について聞く」は志向性述語である).私たちが使ってきた言語には「……の $x$ の方が……の $x$ より多い」という量化子がないので,その言語でこの文を形式化することはできないが,そのような量化子を含むように言語を拡張し,そこでこの主張を表現するのは簡単である.しかしそのような拡張をせずとも,@で式 $xHa$ よりも式 $xHh$ を充足する人の方が多いような単純なモデルを構成することができる.($H$ は「について聞いたことがある」を表している.)

しかしフィクションの対象に関する真理で,その述語が存在帰結的に思われるようなものについてはどうだろうか.たとえばトールキンによると,ビルボ・バギンズは背が低い(彼はホビットである).プリーストの身長は約 193 センチである.すると,プリーストはビルボよりも背が高いというのは真であるように思われる.しかし「より背が高い」というのは,存在帰結的な述語であるように思われ,したがってこれは偽であるように思われる.私たちはそれが真だということを次のような仕方で処理できるかもしれない.$x$ と $y$ という数がある.$x$ はプリーストの身長,トールキンが描写したものごとのあり方が成り立っている世界ではバギンズの身長は $y$,そして $x > y$ だとする.すると @⊩⁺ $\mathfrak{S}x\mathfrak{S}y(Px \wedge t\Phi By \wedge x > y)$ となるような解釈は簡単に構成できる[7].

もう少しばかり工夫がいるだろうが,同様の事例を同じ仕方で扱うことができる.たとえば,あるフィクションのキャラクターは,(ある現実の文脈における)ある現実の人物よりも,(あるフィクションの文脈で)怒っている,と私たちは言いたくなるかもしれない.怒りの正確な度合いについて語るのは,身長の

---

7) 実際には事態はこんなに簡単ではない.なぜならトールキンはバギンズの身長を特定していないからだ.むしろ,『ホビットの冒険』ではバギンズの身長がその範囲内にあるというような身長の範囲が存在し,その範囲内のどの身長も,プリーストの身長より低い,というのが本当のところだ.しかしこのさらなる複雑化によってなにか本質的な変更が生じるということはここではない.

度合いについて語るのと比べると不自然だと思われるかもしれない．しかしそれでも私には，それはまったく可能に思われる．

**問題 4**．4.3 節で注意を促した問題をここで取り上げよう．私たちがそこで確認したのは，ものごとがそうであると描写されたあり方を現実世界が実現しており，さらに，特徴づけ条件を満たす一意的な対象が現実世界にあるならば，その対象はまさに特徴づけられた対象である，ということである．さてここで私がある物語を語ったとしよう．それはナポレオンと呼ばれる男の物語で，彼はなにかしらのことをする．その物語は，歴史的な背景設定はあるものの，私の知る限り，完全にフィクションだとしよう．ここでさらに，私が語った物語がたまたま現実世界で実現されているということ，そして私の物語の中のナポレオンと同じことをする人——お望みなら，「ナポレオン」と呼ばれているということを含めてもよい——がいると判明したとしよう．すると，私の物語におけるナポレオンはその人物だということが帰結する．しかしこれは奇妙だと思われるかもしれない．私の物語におけるナポレオンと現実の人物の類似性はどれもまったく偶然のものだ．だとしても，もしかするとこの結論を甘んじて受け入れるべきなのかもしれない．確かに私はその物語が彼についてのものだということを意図していたわけではない．しかし意図せぬことが起こるというのはよくあることだ．

しかし別の可能性もある．19 世紀の天文学者がバルカンに関する理論を提示したとき，彼らはそれが現実世界に適用されることを確かに意図していた．しかし私があるフィクションを物語るとき，私は故意にこの可能性を排除するよう意図している．したがって，私たちはこの世界を，その物語が適用される世界の候補から除外すべきである．それゆえ，この場合ものごとの描写に関わる適切な志向的状態 $\Phi'$ は，物語が事実と一致することを意図する際の志向的状態 $\Phi$ とは異なると想定するのは理にかなっている．$a\Phi' A$ は「［目下の主題において］$a$ は $A$ を非現実的に成り立っているものとして描写する」といったようなことだと見なせるだろう．$\Phi'$ については，$@R_{\Phi'}^{\delta(a)}@$ は成り立たない．現実世界は描写された状況を実現する世界の一つではないので，名前「ナポレオン」は現実のナポレオンを指示するという結論が強いられることはない．

## 6.5 結論

本章で私たちは，重要な種類の非存在対象の一つである，純粋にフィクションの対象を考察してきた．非存在主義がフィクションの対象をどのように説明するのかを，そしてその説明はいくつかの比較的すぐ思いつく反論に屈しないということを見た．とはいえ，フィクションの対象が風変わりで多種多様な非存在対象のすべてを尽くしているわけではない．数学的対象やその他の抽象的対象はもう一つの大きなクラスを形成する．次章でこれらを検討したい．そこでは非存在主義に対するさらなる反論をいくつか考察するつもりである．そのうちのいくつかはフィクションの対象にも関係している．だがその前に，本章で提示したいくつかの論点を例証する短編をどうぞ[8]．

## 6.6 付録：『シルヴァンの箱』

そんなことがありうるなんてまだ信じられなかった．リチャードが死んだ．もう彼には会えない．彼と話すことも，同じアイデアや問題，そして一本のワインを分かち合うこともできない．前をゆっくり走る車を追い越すために私はギアを低速に入れる．もし彼が80歳で，忍び寄る老衰に抗えず，ロッキングチェアに座りっきりだったとしたら，こんなふうではなかっただろう．しかし彼はどう見たって元気だった．リチャードはいくつもの哲学プロジェクトを抱えていて，猛烈な勢いで研究に励んでいた．究極のオーストラリア人因習打破主義者．前の車を追い越し，車線を戻す．そう，彼には趣味があった．家を建てることだ．家の設計のことを言っているんじゃない．実際に家を建てること

---

[8] この短編の背景を少し述べておこう．リチャードはリチャード・シルヴァン（もとの名をラウトリー）であり，彼は1996年6月に急逝した．ニックはニック・グリフィン，彼の遺言執行人である．舞台は私のバンガンドー訪問で，実際私は1996年11月にそこを訪れた．言うまでもないがこの短編は，私のバンガンドー訪問の正確な描写ではない．しかしそれはほぼ，実際の訪問に，箱の発見による最小限の修正を加えたものである（ただし，結末は除く）．短編で言及したゼノン風の議論，変化は世界に矛盾を実現するという趣旨の議論は，Priest (1987) の第10, 11章に見られる．フィクションのニックが言及する量子力学に関する議論は，Priest, Routley, and Norman (1989), pp. 376-9 にある．

が彼の趣味だった．彼は毎日だいたい夜明け頃から昼食時まで書き物をしていた．それから彼は出かけていきレンガを運び，梁を動かし，土台を掘った．あの身体の心臓が止まってしまうなんて，とてもじゃないがありそうには思えなかった．突然のことだった．なんの前触れもなかった．だが，事は起こってしまった．

キャンベラからバンガンドーの彼の農場への道のりは短いものだった．少なくとも，最近ブリスベンから走破した1000キロに比べれば．夕暮れ時で，ちょうどマジックタイムだった．太陽が慈悲深くもしばらく身を潜めることに決め，焦がされた大地がほっと安堵のため息をつく時間だ．黄昏色は，彼の愛したオーストラリアの茂みを優しいものにしてくれる．ピンク，藤色，桃色，夕日の色がジョージ湖の穏やかな湖面に反射する．急がなければ．でないと，彼の農家につづく3キロのでこぼこ道を見つけるのが——もちろんそこを通るのは言うまでもなく——難しくなるだろう．

その道を見つけた頃には，日はもうほとんど暮れていた．ヘッドライトが岩のゴロゴロした道を照らしていた．この道をこの貧相な車でなんとか乗りきらなくてはならない．サスペンションはいま自分がなにを相手にしているのか訳が分からないようだった．このドライブがいつまでも続くかのように思われた．道を間違えたと思い，何度も引き返そうとした．だがついには，とりわけ厄介だった道のてっぺんにたどり着いたところで，きらめく光——目的の家屋の地下にある大規模な太陽電池がその電源だ——が私を報いてくれた．

ニックが車の音を聞きつけて，出迎えてくれた．「やあ，グレアム」「やあ，ニック」握手をしてお互いを見つめる．言葉に出さずとも，気持ちは同じだった．

「さあ入って．食事はもう済ませたのかな？」

「いや，ここ何時間か食べてない」と私は言う．

「分かった．なにか用意するよ．私もまだ食べてないんだ．ただ悪いけど簡単なものでいいかな．薪のコンロにまだ慣れてなくてね．鞄は寝室におくといい．私はリビングのソファーで寝るよ．」

部屋は，戻ってくるつもりだったリチャードが出ていったときのままだった．本，彼が楽しんでいたささやかなワインコレクション，工具．欠けているのは，リチャードだけだった．仕事を終えた彼が今にも部屋に入ってきて，しゃがれ

た，でも優しい声で，「迷わずに着いたかい？ ワインを一杯どうだ？」と言うんじゃないかと，信じずにはいられなかった．しかし彼はもういない．

ただ一カ所だけ違うところがあった．ここでリチャードの書類を整理していたニックは，その書類の多くを，箱にまとめるか，あるいは単に山積みにしていた．部屋の中をうろつくには，文字通りリチャードの知的遺産の間をぬって歩くより他なかった．

「散らかっていて申し訳ない」ニックはいかにもイギリス流に言った．「でも本当に量が多くて，整理法と言えば，研究テーマごとに書類を分けるぐらいしかないんだよ．ああ，あと，どこで見つけたのかは書き留めてある．リチャードの整理法は，なんというか，独特なのでね」

彼の言い分とは違って，ニックは素晴らしい食事を用意してくれた．私たちはリチャードのワインを開けて，彼の思い出に乾杯した．

「わざわざ来てくれてありがとう」ニックが言った．

「私にできることがあってうれしいよ」私は言う．「君は一人であの大変な仕事をやってるんだ．大変な仕事だよ」

「ああ，確かにここには考えていたよりもたくさん仕事がある」ニックは言う．「おまけにすぐにカナダに帰らなきゃならない．中身を検討する時間は本当になかった．ただ，資料を整理して，研究者が使える状態にしているだけでね．向こう側の書類の山は全部環境倫理関係，書きかけの本が少なくとも二冊はありそうだ．あの山には多元主義に関する本の作業メモが入っている．あの山は全部矛盾許容論理関連だけれど，実を言えばそこになにを集めたものかあまり分かっていない．その隣の山にあるのは，マイノングとその関連分野で，あそこにある大きい山は全部関連論理に関してだ．ここ何年かリチャードが棚上げにしていた『関連論理とそのライバル』の第二巻の一部と，あと関連論理の応用に関する新しい本の一部がある．他の山はもっと雑多で，書簡とか，旅行記とか，家の設計図がまとめてある．ANU[訳注1]の彼のオフィスの書類に至っては，まだ手をつけたところだ」

「なるほど」と言って，書類の山を見渡す．「で，私はなにをすればいいかな」

---

訳注1) オーストラリア国立大学．

「ああ，私は論理学者ではないので，論理学関係の書類を見て，どんなものがあると思うか，どれを本にすべきか，あるいは誰がそれを研究してくれそうかを教えてほしい．そういったことだね」

量が膨大すぎて，夜のこの時間に手を付ける気にはならなかった．どのみち，私は運転とワインでどうにも疲れていた．ニックには朝に始めるとつげ，私はその場を離れふらふらとベッドに向かった．ニックは腰を据えて夜勤するようだったが，私はすぐに寝てしまった．

日の光で目が覚めた．リチャードはカーテンに頼ることがなかった．仕事に取りかかった方がいいだろうと思った．ニックはまだソファーで寝ているようだったので，なるべくそっとポット一杯の紅茶を作り，いくつか箱をもってベランダに出た．いい天気だ．暖かいが，まだ暑くはない．太陽が眼下のジョージ湖を照らしていた．森のにおいは，紅茶の味と相まって，気持ちをなだめると同時にすっきりさせもする．私は箱の中を調べ始めた．箱はニックが「関連論理」と書いた山からもってきたものだ．そこには実にいろんなものが入っていた．本の草稿，メモ，注釈が書き込まれた他の筆者の論文，暫定的な目次．全部見るには手間がかかりそうだ．だれかがとんでもない量の作業をしなければならないだろう．

二，三時間，あるいはもっとたっただろうか，家の中でニックが起きた気配がしたので中に入った．二人で朝食をとり，目を通した資料について議論した．

「読み通すにはほぼ丸一日かかりそうだ」と私は言った．

彼は言った．「わかった．じゃあ私はキャンベラまで行って，そこの資料を整理しよう．君はここにいてもらっても？」

「もちろん」

ニックが出発する頃にはもう，暑すぎて外で仕事はできなくなっていた．関連論理関係の資料はあとで目を通すことにして，矛盾許容に関する資料を読み始めた．矛盾許容の山も他の山同様メモや論文が一緒くたになっていたが，そこには私からの書簡も入っていた．私はそれをすっかり忘れていた．記憶がどっとよみがえる．私は現在を離れて，過去を追体験する．彼と過ごした時間，彼と交わした議論，彼との共同研究．気がつくと，昼食時になっていた．サンドウィッチを作って論文の続きに取りかかる．どうやらこの山にはそれほど新し

いものはないようだ．昔の仕事の記録があるだけだ．

　最後の一束を元に戻したとき，矛盾許容関連の資料とマイノング関連の資料の間に，小さな箱があるのに気がついた．論文を入れるには小さすぎる箱に思えた．多分また別の書簡が入っているのだろう．私はそれを手に取って調べた．茶色のボール紙でできた粗末な箱で，途上国で作られたものかもしれない．テープでとめられた蓋にはラベルが張ってあった．長年にわたって何人ものタイピストを苦しめてきたリチャードの手書きで，「Impossible Object」と書いてある．「ああ，ニックが，矛盾許容とマイノング，どっちつかずの場所においたのは，このせいか」と思った．側面の一つに字が印刷されている以外には，なんの特徴もない箱だ．印刷はかなり薄れていて，リチャードの手書きよりも判読しにくかった．かろうじて日付を読み取ることができた．たぶん 1979 年だ．

　私は注意深くテープをはがし，蓋を開けた．窓を通って箱の中に差し込んだ日光が，その中身を，あるいは中身の欠如を照らし出す．しばらくの間，私はぽかんと口を開けてただただ中を凝視することしかできなかった．最初は，光のいたずらに違いないと思ったが，よく調べてみるとそれが錯覚などではないということが分かった．その箱は，完全に空っぽなのだが，しかしそこにはなにかが入っている．小さな人形が底に据え付けてあった．木彫りで，中国の影響を受けた，おそらく東南アジアの人形だ．

　私は蓋を閉めて，肘掛け椅子に深く座った．幾分混乱していた．部屋を見つめてみる．変わったところはなにもない．私の感覚は正常なようだ．自分に意識を集中してみた．こっちも変わったところはない．精神異常の兆しはない．たぶんなにかアジアの手品のトリックなんだろうと考えた．そっと蓋をもう一度開け，中をじっと見る．生まれつき目の見えない人に，赤色がどんな風に見えるのかを説明はできない．同じように，あからさまな矛盾を見るというのがどんなことかを説明するのは不可能だ．鉄道旅行をしているとときどき，別の列車と同時に駅に着くことがある．先にその列車が動くと，奇妙な感覚を経験できる．運動感覚によれば静止したままだ．しかし窓の外を見るとどうも動いている．現象学的に，静止した運動のようなものが経験される．この箱の中をのぞくのは，これに似ていた．そこで経験されるのは中身のある空っぽさだった．しかし列車の場合とは違って，これは錯覚ではなかった．その箱は本当に，空っ

ぽであるのと同時に中身があった．触れば確認できた．

　もう一度箱に蓋をし，床においた．それから，リチャードがスコッチをもっていなかったかとうろうろ探して見た．どうも彼はもっていなかったようで，大きなマグカップで紅茶を飲むより他はなかった．たぶんこの方がよかったのだろう．しばらくの間座って紅茶をすすりながら考えてみる．私が見つけたものはほとんどありそうにないもの，それどころか，箱に書いてあるとおり，不可能に思われるものだった．だが，ホレイショよ，この天地の間には，君の哲学では想像もつかぬほど多くのものごとがある．地球，私たちの経験において最も確固たるもの（たまにある地震を除けば）が宙を舞っているなんて，16世紀の人にとっては同じくらい飲み込み難いことだったに違いない．準拠枠に応じて異なる速さで進む——もしかすると戻ることもあるかもしれない——時間についてニュートンがなにを考えていたのかは，誰にも分からない．そしてなんといっても，この発見で一番ショックを受けそうにないのは，他ならぬ私のはずなのだ．

　ニックがランドローバーで帰ってきた音が思考を遮ぎる．気づけば紅茶はすっかり冷めていた．どういうわけか私はうろたえていた．一体全体ニックになんて言えばいいのか．あっという間に，片脇に大きな論文の束，もう片脇に食料品を抱えてニックが部屋に入ってきた．「やあ」と彼が言う．

　「やあ，ニック」できる限り平静を装いながら，私は答えた．

　「仕事ははかどったかい？」彼は言う．彼は私をいぶかしげに見る．「大丈夫か？ ちょっと顔色がよくないが」

　ごまかしてもしようがないと思われた．「ニック……リチャードの所持品の中に，なにか，えーっと，変なもの見つけたか？」

　「いや，見つけたとは言えないな．クモが何匹か本の栞になってたけど，せいぜいそんなものくらいで．それのことか？」

　「いや，そうじゃない」

　部屋の向こう側に行き，今や矛盾許容とマイノングの間にしっくり収まっているあの箱を指差した．「この中身を知ってるか？」と私は言った．

　「いや．中身がなにか分からなかったんで，適当な場所に置いといて，時間のあるときに調べようと思っていた」

「まあ，座ってくれ」そういってニックに箱を手渡す．ニックは箱を見て，私を見てから，蓋を取り始めた．私の鼓動は高鳴る．もしかしたらすぐに私がとんでもない馬鹿だということが分かるのかもしれない．すぐに彼が，病院につれていってくれて，私はおかしくなってしまったと診断されるのかもしれない．

私はニックをじっと見た．数秒の間に，彼の表情は，好奇心から，不可解さ，そして純粋な疑念へと変わっていった——そして，私が思うに，彼はちょっとしたパニックに陥っていた．私もまさにこんな感じだったに違いない．しばらくの間，彼はなにも言えないまま私を見ていた．かなり長い時間がたったような気がした．私はなんとか口を開いて，小さな声で言った．「変，だろ」

「ああ，こんなのは見たことがないね」イギリス人をして帝国を勝ち得させたその冷静さで，彼は応えた．

「悪くない」私は思った．「生活世界（lebenswelt）がめちゃめちゃになってしまったわりには」

少なくともまともに話ができる程度に彼が世界を取り戻せるよう，しばらく彼を一人にしておいた．森を，日の光が残したものの中を散歩すれば，起こったことを少しは整理できるだろう．

小屋に戻ると，ニックが料理の仕上げをしているところだった．「食べよう」と彼は言った．最初は黙々と食べていたのだが，すぐさま議論が始まった．そしていったん始まった議論を止めることは，もはやなにものにもできないように思われた．議論は何時間も続き，その間にリチャードのワインが何本も空いた．あの箱はどこで作られたのか，なぜリチャードは私たちに——あるいは私たちの知るかぎり誰にも——あの箱についてなにも言わなかったのか，あんな対象の存在は論理や形而上学にとってなにを意味するのか，あんな対象はどうやって作られたのだろうか．私たちはこういったことを議論したが，どの議論もあらゆる点で結論のまったくでないものだった．ただ，ひとつだけ分かったことがある．リチャードがその箱を手に入れたのは，おそらくその箱に書かれた日付あたり，あるいはその直後で，たぶん彼の数ある海外旅行のうちのどれかでだろう．リチャードはたいした旅行好きだった．大学があるところ——あるいはひょっとすると大学があるかもしれないようなところ——で，リチャードが訪れていないところはそう多くはない．たぶん彼はあの箱を，インドネシア

かマレーシアで見つけたんだろうと，私たちは踏んだ．

夜更けまで私たちは話し込んだ．ニックは，今日はもういっぱいいっぱいだよと言って，上物のハンターバレーシラーズ——私たちはもうその味がちゃんとわかるような状態ではなかったのだけど——の残りを空けながら，ソファーに向かった．私は眠りたくなかったので，ニックが「マイノングについて」と書いたリチャードの書類の山を寝室に持ち込んで，それを読み始めた．

私は，ニックと長い時間を費やして論じたけれど結局どこにも行き着くことのなかった問題に答える手がかりがなにかないものかと期待していた．だが総じて結果はがっかりさせられるものだった．そこにあったのは，『マイノングのジャングル』のいくつかの章，存在と不可能性に関するいくつかの論文——とても古い論文——のためのメモ，それから，私を含むいろんな人との書簡だった．目下の問題の手がかりとなるようなものはなにもなかった．

ただ，古い手紙のおかげである記憶がよみがえった．最初にリチャードに出会ったとき，私と彼は，現実世界に矛盾がありうるかどうかについて違う意見をもっていた．私は，現実世界に矛盾がありうるだろうと考えていた．しかし彼は，矛盾しうるのは存在しないもの（たとえば命題だとか数学的対象といったもの）だけで，矛盾はどれも，彼のお好みの言い回しを使えば，「Tの埒外」だと考えていた（リチャードは現実世界を「T」と名づけていた）．私とリチャードは何年かの間，断続的にこの問題を議論していた．彼の議論で私が，存在が無矛盾性を含意すべきなんらかの理由があるということに納得することはなかったし，逆に，彼の方も，変化のただ中にあるものは，現実の対象であれ，矛盾を実現しているという私の議論（これはほぼゼノンの議論から失敬したものだ）に納得しなかった．ところが80年代初頭に，彼は，突然，私に分かるような理由もなく，心変わりした．その理由を聞いても彼はただ，「たぶん君が正しいんだろう」と言うばかりだった．私はあまり深く考えることもなく，自分の議論が功を奏したのだと考えていた．だが今振り返ると，もっとありそうな説明ができそうだ．つまり，彼は証拠を手に入れたのだ．

だがすると，なおさら不可解な疑問がでてくる．どうしてリチャードは私にこれを隠していたのだろう．リチャードが自分の間違いを認めることをためらうようなことは決してなかった——実際に誰かがリチャードの間違いを示せた

ことはあまりなかったけれど．あの箱は，矛盾許容に反対する人に対する有無を言わせぬ論駁を与えるに十分なものだ．じゃあ，彼はなぜ黙っていたのか．再びこの問題を考えていると，ジョージ湖の向こうに朝日の最初の一筋が現れはじめ，寝室に差し込んできた．外では，ぼんやりとした木々の輪郭が虹色に染まっていた．いつの間にか私は眠りにおちていった．

　目が覚めたときには，もう日は空高く昇っていた．冷たいシャワーを浴びて，考えをまとめる．すでに予定よりも長く滞在している．明日までにはブリスベンに戻らなければならず，ということは今日中にここを立つ必要があるだろう．自分で持ってきたものをいくつか，不可能世界に関するリチャードのメモ——私が編集して完成した論文にできそうなもの——と一緒にまとめて，車に積み込んだ．

　小屋に戻ると，ニックが部屋の隅に積んであった論文の束に手をつけているのが見えた．「あれがどうなっているか，分かったと思う」と彼は言った．

　「なにが？」と私は答える．

　「分かってるだろう，あの箱だよ」

　「本当か？　教えてくれ」

　「大まかなアイデアだけだけれど，たぶん正しい方向のアイデアだ．君とリチャードが何年も前に書いたものを思い出したんだ．たしか『矛盾許容論理』の中の論文の一つだったと思う．量子力学に関する論文で，特に二重スリット実験を扱っていた．実験設備が整えば，粒子は不可能な振る舞いをする，つまり，一つの粒子が二つの別々のスリットを同時に通過しているように思われる．君たちは，これが粒子の実際の振る舞いだと示唆していた．ミクロのレベルの矛盾は，現実に実現できるわけだ．それで，同じ結果をマクロレベルで実現する方法が見つけられたとしよう．どうやるかは見当もつかない．たぶんシュレディンガーの猫みたいなものだろう．なんらかの量子レベルの出来事によって，あるマクロレベルの状態が成り立つようになっている．あの箱の場合，猫が死んでいて同時に生きているかわりに，中身があって，空っぽなんだ」

　「あの箱が？」私は言った．「あれじゃあちょっとちゃち過ぎないか」

　「じゃあ」幾分気勢をそがれたニックが言う．「なにかもっといい考えがあるかい」

ないと認めざるをえなかった．ニックの考えはむちゃくちゃだったが，考えてみればどんな説明も似たようなものにならざるをえないだろう．

もうすぐここを出なければならないとニックに念を押した．朝食をとっているとき，私の出発が近づいているせいで新たな問題が出てきた．おどろくべきことに，このときまで私たちはどちらもそこに頭が回らなかった．「あの箱，どうしようか」

私たちはすぐに，あの箱を公にすべきだということで意見が一致した．それは論理学，形而上学，そしてニックが正しければ物理学にとって極めて重要なものであるだろう．控えめに言ってそうなのだ．議論の余地はないように思われた．

しかし，公表の結果生じるであろうことがらについてそれぞれが考え始めると，私たちは沈黙した．二枚目のトーストにマーマレードを塗りながら，公表後の生活を想像してみた．その公表は不信をもって迎えられるだろう．多くの専門家に変人のレッテルを貼られるだろう．メディアの注目も間違いなく引きつけるだろう．心理学者，ジャーナリスト，そして本物の変人が首を突っ込んでくるだろう．生活は取り返しのつかないほどに変わってしまうだろう．研究生活も，プライベートも，なんらかの仕方で変わってしまうだろう．しかもよい方に変化するとは限らないのだ．富と名声を望む人は多いが，実際にそれを手に入れた人がそれを後悔しながら人生を送るというのはよくあることだ．不意に，リチャードが箱についてなにも語らなかった理由が分かった．それは彼の愛して止まない平穏をぶちこわしただろう．森の農場の静けさ，一人の時間，ジョージ湖から昇る太陽，鳥のさえずり．

さらに物理学についてニックが正しいとすれば，こんなのはことの発端に過ぎないだろう．箱は誰が所有するのか．その箱から得られる知識を使って，企業は金儲けをしたいだろうし，なにがなんでもそれを手に入れようとする人もでてくるだろう．政府はその秘密を守りたいだろうし，軍はそれを兵器利用しようとするだろう．知識の実はしばしば人にとって酸っぱいものなのだ．

しかし，あの箱の基礎にある物理的メカニズムがどんなものであれ，それがいずれ発見されるということだって——少なくとも科学者たちの間で矛盾許容論理が真剣に考慮されるならば——ありうる．では今箱を伏せておこうとする

ことになんの意味があるのか．

　しばらくの間ニックも私も黙っていた．話をせずとも，ニックの頭の中で同じ考えが巡っているということが分かった．彼の目がそれを物語っていた．たぶん私の目も同じことを物語っていたに違いない．箱はテーブルの上，私たちの間にあった．私たちはなすすべもなくそれを見つめていた．まるで，箱そのものが答えを教えてくれるのを期待しているかのように．ある意味では，箱が答えを教えてくれた．

　私たちは立ち上がる．私は箱を外に持ちだす．ニックは箱を外に持ち出す．私は車のドアを開ける．ニックは鍬をとって穴を掘る．私は箱を車に載せる．ニックは箱を穴の中に入れる．私はドアを閉め，鍵をかける．ニックは，箱に土をかぶせて，踏み固める．私たちはお互いを振り返る．静かに別れの挨拶をする．私は車に乗り込み，私たちにとってはもはや決して同じではないだろう世界に向けて走り出した．

# 第 7 章
# 数学的対象と世界

## 7.1 序：様々な非存在対象

　非存在対象は，純粋にフィクションの対象一種類には尽きない．別の種類の非存在対象として，抽象的対象，特に数学的対象がおそらく挙げられよう．すべての非存在主義者が，抽象的対象を非存在対象と見なしてきたわけではない．第 5 章で述べたように，マイノング自身や，『数学の諸原理』におけるラッセルにとって，抽象的対象は非存在対象ではなく，存立する（subsistent）対象であった．しかしラウトリーは抽象的対象を非存在対象と見なしていた[1]．世界は，存在する対象——これは空間・時間内の具体的対象である——と非存在対象——具体的対象以外の残りはすべてこちらになる——からなるという世界像はとてもすっきりしており，その点で魅力的である[2]．本章ではまず，抽象的対象を非存在対象として取り扱うことの検討から始めよう．

　前章までで私たちは，世界やその性質，関係といった概念を多用してきた．事

---

[1] Routley (2003). ラウトリーのこの論文の前半の論点は，数学は非存在主義的であるだけでなく，非外延的でもあるということだ．この問題について私がここで言うべきことはあまりない．ただし次のことは言っておきたい．数学的対象に関する非存在主義的説明が正しいならば，第 4 章で与えた CP の扱いによって，この問題に関するラウトリーの立場は補強される．その理由は次だ．もし数学が非存在対象に関するものであり，さらにそれらの対象の振る舞いを理解するには，現実世界以外の世界について語らざるをえないのだとすれば，他世界性が数学には組み込まれているということになる．しかし少なくとも現代の標準的な論理的意味論における理解では，そのような世界を本質的に用いるということは，内包性の決定的契機に他ならない．

[2] 本書の序で触れたように，これはラウトリーの世界像そのものではない．彼にとって，現在存在している具体的対象だけが存在する．したがって彼にとって，ソクラテスや地球の終わりは存在しない．私はこの点について彼に従わないつもりである．

実それらの概念は本書が提示する志向性の分析の中核をなしている．すると当然，世界そのものの身分がどんなものかという疑問が生じる．非存在主義を抜きにしても，世界の身分についてはいろんな議論がある．しかしもし非存在主義をとるならば，すぐ思いつくのは，現実世界を唯一の例外として，あらゆる世界は非存在対象だという可能性だ．事実この見解はラウトリーの見解である．非存在対象としての世界は，本章第3節の主題となるだろう．

純粋にフィクションの対象，抽象的対象，世界，これで非存在対象は三種類になる．この分類は網羅的であること（ついでに言えば，排他的であること）を意図されていない[3]．この点については後に述べることもあろう．ただしこれらは最重要な種類の非存在対象の一部である．そしてそれらを議論していくと，非存在主義に対するいくつもの疑問や，ありうる反論が出てくる．たとえば，私たちはそのようなものについてどのように知るのか．非存在主義は実は偽装したプラトニズムなのではないか．本章の残りの部分では，これらの問題を検討したい．

## 7.2 抽象的対象

抽象的対象は哲学における厄介の種として悪名高い．性質や，関係，命題，なにより数学的対象の存在論的・認識論的身分には，かなり問題がある．どんな説明も困難に直面するように思われる[4]．おそらくある種のプラトニズムがデフォルトになっているのであろう．そして確かに非存在主義者はプラトニズム的な説明を支持することができる．マイノング自身一種のプラトニズムに同意していた．すでに見たように彼にとって，抽象的対象は存在しないが，存立する．つまり，それらはある特有のあり方をしている．しかし非存在主義者を誘う，より単純な見解がある．もちろんラウトリーはその誘いにのった．抽象的対象は別種の非存在対象に過ぎない．この見解は少なくとも，日常的な具体的対象と抽象的対象には非常に大きな質の違いがあるように思われるという事実

---

[3) たとえば，摩擦のない平面や完全気体のような，科学における理想的対象は，これらの分類に尽くされない非存在対象の有望な候補である．
[4) その問題の一部を論じたものとして，Priest (1987), 10.4 節を参照．

を説明する．存在と非存在の違いほどに大きな違いがあるだろうか！　問題は，非存在主義的説明はより徹底した検討に耐えるか，ということである．

　手始めに，抽象的対象とは正確に言ってなんなのかという問いを考えよう．この問いに対する答えは決して自明ではない．最初の自然な示唆は，抽象的対象とは，私たち自身との，そしてまた私たちが因果的に相互作用するものとの因果連鎖の一部ではないような対象だ，というものである．しかしこのような説明には問題がある．たとえばルイスのような様相実在論者は現実世界以外の世界がこの条件を満たすと考える．にもかかわらずこれらの世界は抽象的対象ではなく，現実世界とまったく同様に，物理的対象である．非存在主義者には別の問題もある．ホームズやゼウスといった，純粋にフィクションの対象は私たちが関わる因果連鎖の一部ではない．「$x$ がかくかくのことをしたということが原因となって，$y$ はしかじかのことをした」というのは，存在帰結的性質に思われるだろう．純粋にフィクションの対象は存在しないので，それらは私たちと因果関係には立ちえない．しかしそれらは——少なくとも普通考えられているような——抽象的対象ではない．

　非存在主義者にとって，標準的な純粋にフィクションの対象と抽象的対象との主要な相違点は，それらの存在上の身分の様相（$mode$）にあると思われるだろう．ホームズとゼウスはどちらも存在しないが，彼らは存在しえた．ホームズの物語を実現する可能世界があり，そこではホームズは存在する．これに対して抽象的対象であるという身分は，非偶然的だと思われるだろう．存在するとは具体的であるということだ．たとえば 3 が具体的対象であるような世界があるだろうか．ある．第 4 章で見たように，どんなことでも実現可能な世界がある．しかし 3 を手でつかめるような世界が可能世界だとは到底思えない．したがって，抽象的対象は単に存在しないだけでなく，必然的に存在しない，と考えられるかもしれない．

　この考えが示唆するのは，存在上の身分の必然性を，抽象的対象であることの定義的基準と見なすということだ．しかし純粋にフィクションの対象についてすでに述べたことを考慮すると，この説明にも問題がある．『シルヴァンの箱』に登場する箱は矛盾する性質をもっている．それゆえ，その箱が存在するような可能世界はないと想定するのは自然である．しかしその箱は抽象的対象では

ない．それは（その物語において）箱である．矛盾が真になるような可能世界があるという事実を端的に受け入れることで，この特定の反論を回避する人がいるかもしれない（私もそうしそうになる）．しかしここでの論点は，もっと一般的なものだ．どの論理を正しい論理と見なそうとも，論理的に不可能な性質をもつ対象が登場する物語を作ることができる．6.4節で私は，たとえば，分配則に違反するような純粋にフィクションの対象（人物）に言及した．その人物は，条件 $A(x) \land (B(x) \lor C(x))$ は満たすが，条件 $(A(x) \land B(x)) \lor (A(x) \land C(x))$ は満たさない．この対象は（その話の中では）人物であり，抽象的対象ではないが，しかし不可能世界だけに存在する対象なのだ．

　ここまでの二つの提案を事実上組み合わせた反事実的基準を使うと，もっとうまくいくかもしれない．つまり，抽象的対象とは，もしそれが存在していたとしても，それは私たちと因果的に相互作用していなかっただろうような対象である．対して具体的対象とは，もしそれが存在していたならば，それは私たちと因果的に相互作用していただろうような対象である[5]．ホームズは，もし存在していたならば，私たちとの因果連鎖の一部をなしていただろう．私たちはホームズがベイカー街の自室から出入りするのを見ることができただろう．それゆえホームズは具体的対象である．シルヴァンの箱も，もし存在していたならば，私たちとの因果連鎖の一部をなしていただろう．たとえば，その話の中では，ニックはその箱を手に持っている．したがって，シルヴァンの箱も抽象的対象ではない．では，私たちが当然抽象的対象と見なすだろう対象，たとえば数3を考えよう．数3は存在するという主張を斟酌する最も単純な仕方は，世界は伝統的なプラトニストが考えるような世界だと想定することである．非存在主義者が，抽象的対象について正しく（それゆえそれらは存在しない），さらに抽象的対象の存在上の身分が必然的である（それゆえそれらは存在しえない）ならば，そのような世界は可能世界ではない．だが心配無用．この種の世界は，条件文の前件を実現するが，しかしそのような世界でも3は私たちと因果的に関係しないということは依然として成り立っているからだ．普通プラトニストは私たちが3を見たりつかんだりできるとは考えない．もちろん，私たちが3と因果関

---

[5] 反事実的条件文については，6.3節を参照．

係に立つような他の不可能世界があるだろう．たとえば3がネコで，それゆえ3を撫でることができる世界がある．しかしこれらの世界は普通のプラトニズムの見取り図よりももっと奇怪な世界であり，それゆえ反事実的条件とは無関係の世界だ．したがって，もし3が存在したとしても，それは依然として私たちと因果的に相互作用しなかっただろう．つまり，3は抽象的対象である．

するとこの説明は，抽象的対象とはなにかに関するもっともらしい理解を私たちに与える．しかし次のことには注意しておくべきだろう．この説明では，抽象的対象は純粋にフィクションのものでありうる．たとえば，私たちと因果関係に立つことができないような（現実には存在しない）ある対象に関する話を私が作ったとしよう．この対象は純粋にフィクションの対象であると同時に，抽象的対象でもある．その対象が存在したとしても，私たちはそれを見たりそれをつかんだりはできなかっただろう．それゆえ，抽象的対象のカテゴリーと純粋にフィクションの対象のカテゴリーは互いに素ではない．しかしこのことは問題ではない．結局，3や，あるいはなにか別の非存在対象に関する話を作ることは可能であり，これは存在する対象，たとえばシルヴァンについての話を作ることができるのとまったく同じことである．さらに，この説明によると抽象的対象と具体的対象の区別は網羅的ではない，ということにも注意しよう．「もし $x$ が存在したならば，$x$ は私たちと因果的に相互作用しただろう」という条件文か，「もし $x$ が存在していたとしても，$x$ は私たちと因果的に相互作用しなかっただろう」という条件文のどちらか一方が真であると想定すべき理由はない．$x$ が存在していたならば起こったであろうことは，この点に関して不確定であるかもしれない．

## 7.3　世　界

それでは世界の身分に目を向けよう．まずすべきことは，世界そのものと，世界の数学的表象（representation）との区別である．本書第I部で私は，志向性演算子と志向性述語を備えた言語に意味論を与えた．この意味論は，現代論理学においてはおなじみの類いのものであり，それは集合論の道具立てを用いている．この意味論が関わる対象それ自体は数学的対象である．そして，数学的

対象の存在上の身分に関する問題は前節で考察した.

しかし世界そのものと，その数学的表象は別物だ．世界は数学的道具立てが表象するものである．同様に私たちは，空間と時間（そしてその中の対象）を，たとえば数直線や三次元ユークリッド空間といった数学的構造によって表象するかもしれない．これらは数学的構造である．しかし空間と時間は数学的構造ではない（少なくとも，同じ意味では）．数学的表象を空間と時間に適用する場合，私たちがそうできるのは，それら二つが共通の構造をもっているからである．それゆえ，一方の構造（数学的表象の構造）を考察することで，もう一方の構造についてなにかしらのことを学ぶことができる．（この点については本章後半でもっと詳しく述べる必要があるだろう.）同様に，本書第Ⅰ部の数学的意味論が与える表象は，宇宙の表象ではなく，言語および言語外のもの，そしてそれらの間の関係の表象である．もしその意味論が正しいならば，それはなにかを，当の構造を共有しているなにかを表象しているはずである．その関係に立つもののうち，言語外のものの方には，世界そのものや，それらの性質，関係が含まれている.

それでは世界の存在の身分はどうなるだろうか．私の理解する限り，前章までの説明は，この問いに対して人が与えたいと思うかもしれないどんな答えとも両立する．たとえば，ルイス流の実在論を採用して[6]，世界は，私たちの世界と同じ種類の具体的対象であり，単に現実世界でないだけだと見なす人がいるかもしれない．あるいは，非現実世界はある種の抽象的対象，たとえば，文の集合や，命題ないし普遍からなる構成物だと見なす人もいるかもしれない[7]．もちろん，前節での抽象的対象の説明に賛成するならば，結局これは非存在主義的な説明になるだろう．しかしすでに述べたように，非存在主義が抽象的対象に関する別の説明を与える可能性は十分にある.

もちろんすべての世界は同じ身分をもつと想定しなければならないわけではない．現実世界を特殊事例と考えるのは自然である（ただし，様相実在論者が指摘するように，そう考えざるをえないわけではない）．さらにたとえば，可能世界と不可能世界とでは異なる種類の身分をもつと想定する人もいるかもしれない.

---

[6] たとえば，Lewis (1986) を参照.

[7] Priest (2001), 2.5-8 節を参照.

たとえば，可能世界については様相実在論をとりつつも，不可能世界は抽象的対象であると見なすこともできる．しかしながら，種類の違う非現実世界の身分をこのような仕方で区別することを支持する十分な議論を私は知らない——物理的に可能な世界と物理的に不可能な（しかし論理的に可能な）世界の身分を区別する十分な理由がないように思われるのとまったく同様に．それゆえ単純で一様な方針が好ましい[8]．そして，非存在主義の文脈では，現実世界以外の世界はすべて非存在対象と見なすというのが明らかな方針である．

ただしこの方針は，現実世界以外の世界は抽象的対象だということを必ずしも意味しない．事実，前節の基準を適用すれば，少なくとも大部分に関して，世界は抽象的対象ではない．ホームズの物語を実現する世界は，もし存在したならば，標準的な物理的対象であっただろうもの（たとえば人や馬車）で満ちあふれている．こういった住人の住まうこれらの世界が存在したならば，私たちはそれらと因果的に相互作用できたであろう．するとルイスが主張するように，これらの世界は私たちが住む世界とまったく同様である——あるいはもし存在したならばまったく同様であっただろう．もちろん普通でない世界，たとえば，なにも存在しない世界もありうる．この世界が実現したならば，それが私たちと因果関係に立っただろう，ということは明らかではない．するとそのような世界は抽象的対象と見なすべきなのかもしれない．しかしいずれにせよ，現実世界を除くすべての世界は，一様に非存在という身分をもつのである．

世界の性質についてはどうだろうか．前章までで私たちは世界に関する数々の性質を用いてきた．たとえば私たちは，可能世界，不可能世界，開世界を区別した．関係 $\Vdash^{\pm}$（当該の解釈 $\mathfrak{J}$ が事実と一致する（veridical）ものである場合に，形式意味論におけるこの関係によって表象される関係）は，世界とそれ以外のものの間の関係である．より詳しく言えば，この関係に関わる言明は $w \Vdash^{\pm}_s A$ という形式なので，$\Vdash^{\pm}$ は三項関係である．最初の引数は世界，残り二つの引数，つまり $s$ と $A$ はそれぞれ関数と文（タイプ）である．これらは抽象的対象，さらに言えば数学的対象である．さて，今問題になっている性質と関係はどれも存在帰結的ではない．たとえば，世界が可能的であると言うことは，その世界が

---

[8] 可能世界と不可能世界を存在論的に区別することに対するさらなる反論については，Yagisawa (1988) を参照．

存在するということを帰結としてもたない．これは対象が可能的であると言うことが，その対象が存在するということを帰結としてもたないのとまったく同様である．様相的身分の帰属は，同一性言明と同様，論理的な帰属である．さらに ⊩± も存在帰結的ではない．抽象的対象についてここまでで論じたことから，後ろ二つの引数，つまり関数と文に関してこの事実が導かれる．最初の引数，つまり世界についてもまったく同様である．それゆえ，目下考察中のこれらの性質を，世界が現実世界においてもつ性質と見なすことにはなんの問題もない．

## 7.4 五つの反論

ここまでの議論をふまえると，非存在主義，とりわけ抽象的対象に関する非存在主義的説明に対するいくつかの反論に取りかかることができる．以下で議論するのは，次の五つの自然な反論である[9]．

1. 一部の対象が存在しないのならば，それらの対象は私たちと因果関係に立つことはできない．すると，そもそもどのようにして私たちはそれらの対象を指示したり，それらについて語ったりできるのだろうか（明らかに非存在主義も，私たちがその種の指示や語りができるということを要求している）[10]．

2. 同様に，非存在対象が私たちと因果関係に立たないのならば，どのようにして私たちはそれらの対象についてなにかしらのことを知ることができるのだろうか（非存在主義が正しいならもちろん私たちは知ることができる）．

3. ここまでの説明によると，フィクションの対象と数学的対象は，同じ種類の対象，つまり非存在対象である．しかしフィクションの対象と数学的対象はまったく違う種類のものに思われる．たとえば，フィクションの対象については好きなように真理を作り出すことができるが，数学的対象についてはそうは

---

[9] このうちのいくつか，そして数学的対象に関する非存在主義的説明に対するまた別の反論は，Routley (2003) で取り上げられている．

[10] この反論の一バージョンが Walton (1990), 10.1 節に見られる．その節においてウォルトンは，マイノングは非存在対象はあると見なしていたとの誤解を保持している．

いかない．ではどうしてこんなことがありうるのか．

4. 私たちはしばしば数学を応用して，ショッピングや橋，マイクロチップといった具体的対象について知識を得る．だが，非存在対象が存在する対象について私たちになにかを教えるということはどのようにして可能なのか．

5. 非存在主義とプラトニズムは，一部の対象は私たちと因果関係に立たないと主張する．ただそれら二つの立場は，それらの対象が存在するかどうかで意見を異にしている．しかし結局のところこれは用語上の対立に過ぎない．非存在主義があるものが対象だと言うところで，プラトニズムはそれは存在すると言う．非存在主義者がある対象が存在すると言うところで，プラトニズムは，それは具体的対象である（そして存在する）と言う．したがって，非存在主義は偽装したプラトニズムに他ならない．

本章の残りの部分で，これらの論点を順を追って取り上げることにしたい．

## 7.5 指 示

　非存在対象は私たちと因果関係に立たない．これは正しい．すでに述べたように，因果関係は存在帰結的関係である．しかし指示は因果関係を要求しない．確定記述の場合，このことは明らかである．確定記述の場合，私たちは対象を，その対象が一定の条件を満たす唯一の対象であることによって，選び出す．あるものがその条件を満たす唯一の対象であるならば，それに応じて私たちはその対象を指示する．存在はこのことになんの関係もない．不確定記述に関して，あるいは確定記述であっても，その定義条件を現実に満たす唯一の対象がない場合は，事態はこれより幾分複雑である．4.6 節で見たように，その指示は確定的ではない，つまり，意味論を超えた要因が指示を固定する．それらの要因のうち主要なものは文脈であり，特に発話者の意図の働きである．しかしすぐに見るように，それでもなお，因果関係が適切な意図にとって必要だというわけではないのである．

　記述についてはこのあたりでおいておくとして，固有名についてはどうだろうか．固有名がどのように名指すのかは，難問である．名指しの因果説は多くの

問題を抱えているが[11]，今の懸念は特に因果関係に関するものであるから，ここでの議論のために，あるバージョンの因果説が正しいと仮定しておこう．因果説によると，ある対象がある主体 $a$ によって選び出され，$nn$ と命名される．「$nn$」の指示対象は，$a$ と話した任意の人物 $b$，$b$ と話した任意の人物 $c$ 等々によって選び出される．さて，確かに因果関係は名前の指示対象の伝達の一部をなしている．しかしその因果関係は現実の話者の間の因果関係である．いくつかの対象は存在しないと想定することでこの因果関係が脅かされることはない．さらに因果関係は命名に必要ではない．さもないと，未来の対象を指示できなくなってしまうが，私たちはそれができるのだ．もちろん物理的対象を指差すことは可能であり，したがってその対象と因果的な関係をもつことができる．しかし，物理的対象は記述によって選び出すこともできる[12]．その選び出しの後，「$nn$」はそうやって選び出された対象を固定的に指示する．ここでも非存在対象によってこの説明が脅かされることはない．確定記述は，存在する対象を選び出すのに使えるのとまったく同様に，非存在対象を選び出すのにも使える．「ドイルによって，ベイカー街に住んでいる等々と描写された対象」といった記述を考えてほしい．

しかしながら，志向性を真剣に受け止めることで，新たな命名の可能性が出てくる．すでに見たように，命名のために一つの対象を選び出すということは，物理的な指差しだけでなく，心的な指差しによって——端的にその対象について考えるということによって——なされるかもしれない．たとえば，目の前に二人の人がいるとしよう．私は，ただ心を働かせるだけで，その内の一方でなく他方を意図できる．これを**原初的志向性**（*primitive intentionality*）と呼べるかもしれない．もちろんこの場合，意図した人（私）と意図された人の間に因果関係がある．しかしここで因果関係はいかなる本質的な役割も果たしていない．というのも私と意図されなかった方の人の間にも，まったく同じ種類の因果関係があるからだ．さらにいかなる種類の因果関係もないという状況もありうる．たとえば，私は目を閉じ，二人の人がいる場面を想像することができる．純粋な意図の働きによって，私はその二人のうちの特定の一人に焦点を合わせ

---

[11] 因果説に関する一般的議論については，Devitt and Sterelny (1987) ch. 4 を参照．
[12] Kripke (1972), 302.

ることができる．この場合，意図された対象は依然として空間的に識別可能である（少なくとも主観的空間においては）．しかし空間的な識別が成り立っている必要もない．たとえば，あなたが，李と魯という二人の古代中国の哲学者についての話を私にしたとしよう．私は意のままにそのうちの一人を意図することができる．私はその二人の哲学者について，あなたが話してくれたことしか知らないかもしれない．そしてあなたは二人についてまったく同じこと（彼らは哲学者であり，宋朝時代，西安という都市にいたということ）だけを私に話したかもしれない．それでも私はどちらであれ自分が選んだ方を意図できる．この場合，私は少なくとも一人は李であり，もう一人は魯であるということを知っている．しかしこの最小限の識別情報すらないということがありうると私には思われる．純粋な意図の働きは，一つの対象を，それと識別不可能な別の対象がある場合に，意図できる．いったいどうしてこんなことが可能なのか．思うに，人とはそういうものなのだ．だがそれは可能でなければならない．なぜならそれは現に実行されているからだ．4.4 節で述べたように，$-1$ の正の平方根と負の平方根，つまり $+i$ と $-i$ は，複素数算術において完全に識別不可能である．（私たちが今「$+i$」と呼んでいるものを，「$-i$」と呼んだとしても，なんの違いも生じない．逆もまたしかり．）しかし私たちは，$-i$ ではなく $+i$ を意図することができる．もちろん，二つの複素数を区別する名前が今はある．しかしずっとそうであったわけではない．ある時点で，ある数学者ないし数学者の委員会が，これらの対象のうちの一つを任意に選び，それを「$+i$」と呼ぶことにしたはずだ．どうやら，純粋な意図の働きは，非常に強力でありうるようだ．

意図は心的な働きであるので，それはウィトゲンシュタインの私的言語の議論（『哲学探究』§§ 243 以下を参照．）に抵触するという懸念もあろう．しかしそうではない．ウィトゲンシュタインが考察している状況では，指示行為とされているものは，本質的に私的な対象を選び出すことで生じる．すると，間違いに対する公共的な基準がないことになる．ウィトゲンシュタインによれば，このような場合，そもそもいかなる指示も行われていない．しかしながら，非存在対象は私的ではない．非存在対象は存在する対象と同様に公共的である．そして私は，自分の注意を自分の前にいるたくさんの人のうちの一人に向けることができるのとまったく同様に，自分の注意をいくつもの非存在対象のうちの

一つに向けることができる．私があなたに語ることのおかげで，あなたは私と同じものを指示できる．すると私が自分が最初に選び出した対象がどれなのかについて間違いを犯し，その間違いに君が気づく，ということは申し分なくありうる．「昨日僕らは，君が『ホームズ』と呼ぶ対象について話したよね．彼はベイカー街に住んでるとかなんとか．今君は僕に，彼がオリンポスに住んでいて，ネクターを飲んで等々と話している．君の話はここでごっちゃになっている．君が話しているのはゼウスだ」．

パトナムの「モデル論的論証」を論じてこの節を締めくくることにしたい[13]．モデルをもつどんな理論をとってみても，そのモデルと，同型だが異なる領域をもち，したがってそれと初等同値なモデルがある．それゆえ理論それ自体では，それがなにについての理論なのかを決定できない．パトナムはこれを実在論に対する反論として用いている．より最近では，Wang (2004) がこれを使って非存在主義に反論した．その反論は次のようなものだ．任意の理論 $T$ を考える．非存在主義に従って，その理論の解釈の領域にはいくつかの非存在対象が含まれているとしよう．存在する対象が無限個ある限り，$T$ には，領域に存在する対象だけを含むような同型の解釈があるだろう．したがって，非存在主義は，私たちにとって不必要な仮説である．

理論は明らかに異常なモデルをもつという事実は，文の集合だけではその意図された解釈を決定するには至らないということを示している，という点について私は多くの注釈者[14]に同意する．そして王文方が記述するモデルは明らかに異常である．これを理解する一つの仕方は，$T$ には，一部のものは存在しない，つまり $\mathsf{G} x \neg E x$ という趣旨の文が含まれるということに注目することだ．したがって，その理論の正しい解釈は領域中のあらゆる対象が存在するような解釈だという主張は，自己論駁的である．もちろんそれは形式的に矛盾を含むわけではない．というのも，この解釈では，存在述語 $E$ は，存在する対象の一部にのみ適用されるものと解釈されるからだ．言い換えれば，存在述語はその意図された意味をもっていない．しかしこう言ってしまうのは，馬脚を現すに等しい．

もちろんこれは，ある解釈を理論の正しい解釈にするのは一体なにかという

---

13) Putnam (1980). 参照頁数は転載版に従う．
14) たとえば，Devitt (1983), Lewis (1984)（参照頁数は転載版に従う）．

問いに答えてはいない．この問いに対する自然で，私の考えでは正しい答えは，それは指示関係だ，というものである．つまり，理論における名前は正しい対象を指示していなければならない[15]．しかしなにが指示関係を決定するのか．標準的な立場[16]は，指示を決めるのは，おそらく当の名前を用いた命名プロセスにおける，当の言語の話者と当の対象の間のなんらかの因果的結びつきだ，と論じるものである．王が指摘するように，非存在主義者はこの特定の答えを使えない．しかしすでに見たように，私たちが実際に知覚し，それゆえ因果的に相互作用する対象の場合に関してさえ，これ以上のことが関わることがある．私の知覚の領域におけるどの対象をとってみても，私はそのうちのただ一つに自分の心的注意を向けることができる．たとえば，あなたは（たとえばパーティーで）誰かに話しかけているのだが，本当は，自分の背後で交わされている会話を聞きたがっている，ということがある．このような状況下では，その会話は「知覚的に支配的」ではないが，あなたは自分の心的注意をその会話に向けている．まったく同じことが視覚においても可能である．そして，これもすでに考察したことであるが，そのような注意は，因果的にあなたの注意を引きつけないような対象領域においてさえ，一つの対象を命名のために選び出すことができる．

　パトナムが認めるように，もし原初的志向性の力に訴えることができるならば彼の議論は解決できる[17]．しかし彼は原初的志向性を「神秘的な心の能力」と呼び（ルイスは「精神的な視線」[18]と呼んだ），自然主義に立つ（そして思慮ある）哲学者であればそれを拒否すべきだと批判している．しかし私には理由がわからない．心の機能に対する自然主義的根拠があるならば（私はあると予想する），現象学的に私に現前しているものの一部ないし一面に自分の心的注意を向けるという疑いようのない私の能力に対する自然主義的根拠があるはずである．

---

15) Putnam (1980), 18 は，この反論に対して，指示を引き合いに出すことは「単に理論を追加しているに過ぎ」ず，したがって，それ自体再解釈されるだろうと応答している．Lewis (1984), 61f. が正しく指摘するように，この応答は的外れである．制約とは，満たされる必要のあるものであって，真と解釈される必要のあるものではない．

16) たとえば，Devitt (1983).

17) Putnam (1980), 4. 今の文脈に照らすと残念なことに，彼はこれをプラトニズムと呼んでいる．

18) Lewis (1984), 72.

このことが，モデル論的論証がうまくいかないのはなぜかを説明してくれる．

## 7.6　知ること

予告した第二の反論は，私たちは非存在対象と因果的結びつきをもつことができないのだから，私たちは非存在対象についてなにも知りえない，というものであった．もちろん同様の反論がプラトニズムに対してしばしば出される．その反論に対するプラトニストからの応答はどれも（同程度の成功度ないし失敗度をもって）非存在主義者が採用できるだろうものだと思われる．しかし非存在主義者には別の手もある．

非存在対象の性質について知るようになる唯一の仕方といったものはない．当該の対象と性質に依存して，知り方はたくさんある．第一に，私は，（存在しない）隣人は私が恐れている人だということを，内省によって知るようになる．（私はこれが不可謬だと示唆しているのではない．）私は，あなたがその隣人を恐れているということを教えてもらって，知るようになるかもしれない．私は，ドイルがホームズを一定の仕方で特徴づけたということを，その物語を読んで知るようになる．

非存在対象の性質の一部を知るようになる別の仕方は，（クワインが抽象的対象について示唆したように）仮説と検証によるものだ．私たちは，これらの対象の振る舞い方に関する理論を定式化し，単純性，整合性，（誤りでありうる）データに対する適合性などの，理論評価の通常の基準に従ってそれを評価する．後に本章でこの実例を与えるつもりであるので，ここでさらに話を進めることはしない．

非存在対象の性質について知るようになる仕方で，最も顕著に非存在主義的であるのは，特徴づけによるものだ．（存在する対象であれ非存在対象であれ）対象は CP がそれに帰属させる性質，そしてそこから帰結する性質をもつ．私たちがこれらの性質を知るのは，私たちが CP を知っており，そこから推論できるからに他ならない．たとえば，シャーロック・ホームズは，ドイルによって一定の仕方で特徴づけられた．ホームズがそれらの性質をもつことを私たちが知っているのは，それらの性質が当の特徴づけの一部であるからだ．さらに私

たちは，ホームズには医者の友人がいるということを知っているが，これはドイルがこのことを私たちに教えたからではなく，ドイルが私たちに，ワトソンはホームズの友人で，ワトソンは医者だと教えたからである．残りは私たちが推論したのだ．もちろんこれらの性質はホームズがこの世界でもつ性質ではない．すでに見たように，特徴づけられた対象は，描写されたものごとのあり方を実現する世界において，その特徴づけ性質をもつ．ホームズの場合，そこに現実世界は含まれない．しかし他の場合，そこに現実世界が含まれるかもしれない．

数学の知識も特徴づけによって得られるかもしれない．$c$ という数学的対象を考えているとしよう．$c$ はある数学理論によって特徴づけられている，つまり $\mathcal{T}(c)$ である．私たちが CP を把握しているということが $c$ に関する私たちの知識を説明するはずなので，$\mathcal{T}$ はおそらく，把握されうるなにかであるべきだ．すると，特徴づけが公理的であること，つまり実質的には $\mathcal{T}$ が公理の適切な集合であることを要求するのは自然である．たとえば，$\mathcal{L}$ を，ただ一つの定項 0 をもつ，通常の仕方で定式化された算術の言語だとしよう．$\mathcal{T}$ をある算術の公理，たとえばペアノの公理の集合としよう．すると $\mathcal{T}$ は，0 の振る舞いを特徴づける，0 に関する——そしてその他様々なもの（entities）に関する——主張の集合である．同様の説明がその他の数学的対象や理論にも当てはまる．

これらの特徴づけは現実世界で獲得されるのだろうか，それともホームズの特徴づけのように，現実とは別の世界でのみ成り立つのだろうか．ここまで論じてきたことが，数学に関してどちらか一方を強いるということはない．しかしこれらの特徴づけが現実世界で真だと想定することに特別な利点があるようには思われない．したがってこれらの事例は同じように扱えるだろう[19]．

ここで次のように反論するのはもっともである．ゲーデルの第一不完全性定理が私たちに教えるように，少なくとも，算術や集合論，そして同様の理論の場合，いかなる公理系も完全ではないので，特徴づけは，数学的対象の性質に

---

19) このことは，フィクションの対象や数学的対象に関する多くの主張を偶然的なものにする，ということに注意しよう．つまりそれらの主張はある可能世界では真だが，現実世界では真ではない．ただしすべての主張がそうなるわけではない．たとえば，どちらの種類の対象についても，それに関する真な同一性言明は必然的に真である．

関する私たちの理解を説明できない.しかしながら不完全性そのものは問題ではない.算術のある公理系が $\psi(0)$ も $\neg\psi(0)$ も証明できないようなものだとしても,これは単に 0 が不完全な対象だということを示しているに過ぎないだろう.つまり単に 0 は $\psi(x)$ も $\neg\psi(x)$ も充足しないということであって,これはシャーロック・ホームズが「左利きである」も「右利きである」も充足しないというのとまったく同じことである (6.4 節を参照).

しかしゲーデルの定理にはより強いバージョンがあり,それによれば,一定の文は,単にそれが公理系で証明できないだけでなく,証明できないにもかかわらずそれが成り立つことが示せもするようなものである.もしこれが成り立てば,たとえば 0 の性質に関する私たちの理解は,いかなる公理的な特徴づけをも超えたものである.この反論に対する答えとしては,二つの応答がありうる.

第一の応答,これはわかりきった応答であるが,それは私たちの論理は二階の論理だというものである.よく知られているように,算術の二階の特徴づけは範疇的であり,それゆえ問題は生じない.しかし別の応答——こちらはあまりオーソドックスなものではない——もありうる.この応答は,ゲーデルの第一不完全性定理が主張しているのは,無矛盾な (consistent)(一階の) 算術理論が不完全だということだけだと指摘するものである.しかし,すでに述べたように,無矛盾でない (inconsistent) 非存在主義的対象は,言ってみれば,十分に可能である.そして完全でありかつ無矛盾でない算術理論があるということもよく知られている[20].さらに,数学とは人間に学習可能な活動であるということを考えれば,私たちの算術は公理的であり,かつ無矛盾ではないという議論がある.これらの議論は別のところで見ることができるので,ここでこの問題を追求するつもりはない[21].これらの議論が正しいとすると,それらが示しているのは,算術は無矛盾ではなく,その場合,この強いバージョンのゲーデルの定理が提示する問題は無効になるということだ.

次のような示唆があるかもしれない.たとえば数の性質に関する私たちの知識は,特徴づけではなく,クワイン流の仮説と検証から引き出されたものである,と.私はそうだとは考えない.問題は,それに対して理論をテストすべき

---

20) Priest (1997c) および (2000b) を参照せよ.
21) Priest (1987), ch. 3 を参照せよ.

関連するデータはなんなのか，ということだ．純粋数学の場合，私たちの特徴づけと独立したデータがあるとは私は思わない．応用数学の理論をテストする場合には，事情はまったく異なる．この場合私たちには表象された領域に関するデータがある．純粋数学の理論はアポステリオリにはテストできない．この論点は次の反論へと私たちを導く．

## 7.7 アプリオリなこと

　三つ目の反論は，純粋にフィクションの対象と抽象的対象，特に数学的対象とでは，質が大きく違うように思われるという事実を指摘する．とりわけ，前者に関する真理はアポステリオリであるように思われる一方で，後者に関する真理はアプリオリに思われるだろう．これに関してなんと言うべきだろうか．

　数学的対象と純粋にフィクションの対象の身分における相違は，前者は抽象的対象であり後者は（普通は）具体的対象であるという事実によって，部分的に説明される．さらに，7.2節で述べたように，それらはどちらも非存在対象であるが，前者は必然的に非存在対象である一方，後者は（普通は）単に偶然的に非存在対象であるに過ぎない．

　しかしその二種類の対象に関する主張の認識上の身分についてはどうだろうか．第一に，実は，抽象的対象に関する知識がすべてアプリオリなわけではない．あるものはアプリオリであるがそうでないものもある．たとえば，概念〈赤〉[訳注1]（これは抽象的対象である）は概念〈有色〉に包含されるということを私たちはアプリオリに知っている．しかし，これとまったく同様に抽象的な概念間の（抽象的）関係である，概念〈太陽から三つ目の惑星〉は概念〈生命を維持する惑星〉と共外延的であるということになると，私たちはこのことをアプリオリには知らない．フィクションの対象に関する私たちの知識がすべてアポステリオリなわけでもない．ホームズが自己同一的だということはアプリオリである．

　しかし，数学的対象についての知識とフィクションの対象についての知識を

---

訳注1）ここでの〈　〉の用法については，凡例を参照．

比較をするときに通常念頭に置かれる類いの例に焦点を合わせよう．（少なくとも素数に関する理論においては）いかなる素数も最大の素数ではないということはアプリオリに知られるが，（少なくともホームズの物語においては）ホームズはベイカー街に住んでいるということはアプリオリには知られないように思われるだろう．確かにここには違いがあるように見える．しかし事態をもっと詳しく見ていくと，これはそれほど明らかなことではない．

　自然数の性質は特徴づけ，たとえばペアノ公理によって決定される．同様に，ホームズの性質も特徴づけ，つまりドイルが書いたことによって決定される．当該の対象は，適切な描写を実現する世界でこれらの性質をもつ．これはアプリオリな真理のよい候補たる CP であり，どちらの事例においても同じである．さて，これは間違っていると感じられるのももっともである．結局，ホームズの（彼の世界での）性質を知るためには，ホームズの物語を読まなければならないが，数や集合の（それらの世界での）性質を知るためになにかを読む必要はない．別の言い方をすれば，私たちは——あるいは，ともかくドイルは——ホームズの性質を，好きなように自由に作り出すことができる．しかし，私たちは数の性質を好きなように自由に作り出すことはできないし，それは誰にもできないことだ．

　しかしこの見かけはおそらく誤解を招くものである．どちらの場合でも，私たちは対象をまったくの専断で特徴づけるといってよい．そのように特徴づけられた対象がそれらの性質を（ある世界で）もつということはアプリオリに知られる．そしてこのことは，特徴づけが，ドイルの小説において語られたことによって与えられるのか，ペアノ公理によって与えられるのかに関わらずそうなのだ．ドイルはホームズの特徴づけを専断で作り出した．しかしペアノの特徴づけも専断によって成り立っている．もちろんおそらくそれはずいぶん昔に，そして数えたり足したりといった営みにおいてただ暗黙裏になされた専断であろう．しかしそれでも専断だということに変わりはない[22]．

---

[22] 数学のある分野では私たちは特徴づけを明示的な仕方で知るようになる．たとえば，群論の公理は，群論の最初の講義で教えてもらうのが普通である．しかし数に関しては（普通は）そうではない．ペアノ公理は，数えたり，足したりといったことを学ぶ際に暗黙裏に身に付いていくものである．

より詳しく見るためには，二種類の活動をはっきり区別するのが重要である．第一の活動は，特徴づけを指定するという活動であり，第二の活動は，特徴づけからなにが帰結するのかを解明するという活動である．私たちがフィクション（物語の創作）に関して普通考えるのは，第一の活動である．これはまったくのアドリブでなされうるものであり，そしてこの事実こそが，フィクションは自由だという印象を与えるものである．しかしある文脈では，私たちは数学においてもまったく同じことをするということは明らかである．たとえばゲーデルは，集合論における巨大基数公理の研究を始めた．プラトニストであった彼は，私たちの知識と独立に，これらの公理のあるものは真，あるものは偽だと想定していた．しかし非存在主義者の観点からすると，私たちが巨大基数公理を要請するとき，それはホームズの物語の拡張とまったく同様である（6.3節を参照）．そして，集合の特徴づけの拡張に，正しい仕方も間違った仕方もないのは，新しくホームズの物語を作るのに，正しい仕方も間違った仕方もないのと同じである．どんな仕方でも拡張はなされるだろう（あるいは少なくとも，それまでのものと両立可能な仕方であればどんな仕方でも拡張できよう）．

第二の活動，つまり帰結を引き出すという活動は，私たちが普通，数学に関して最初に考えることである．数学的対象の特徴づけはすでに固定されているのが普通である．数学は，そこからなにが帰結するのかを演繹することから成り立つ．この活動にはなんらアポステリオリところはない．帰結は論理法則によって支配されている．これこそが，数学がアプリオリだという印象を与えるものである．しかし私たちがフィクションに関しても同様にこの第二の活動に従事しているということは明らかである．映画を見終わったあと，見たり聞いたりしたことから推論しながら，私たちはその映画のキャラクターについて論じる．実際のところ現象学的には，この議論のプロセスは数学的対象について議論するプロセスとかなり似ている．ただ，フィクションの対象の議論に関わる述語はたいていあいまいであり，それゆえ，興味を引く事例が数学の事例のような仕方で決着済みであるということは滅多にないが．

少なくとももう一つ違いに気づくかもしれない．6.2節で述べたように，標準的には，フィクション作品における描写のすべてが明示的であるわけではない．たとえばドイルが決して書いていない（あるいは彼には決して書けなかった）こ

とであるが，飛行機は存在しないというのは，ホームズの物語における描写の一部である．これは疑いの余地のない事例だが，しかしこれほど明らかではないような事例もあるだろう．たとえばSFものの映画や小説では，作者が私たちに自然法則に関してどんなことを実生活からフィクションに持ち越すよう意図しているのかは，常に明らかであるわけではない．それゆえ，フィクションの作品に関して論じるときに，その描写は正確にはどんなものなのかということが，私たちの論点の一つになる．数学——少なくとも現代数学——ではこんなことは起きない．というのも，数学では公理を超えたものに訴えることは許されないからである．

ここまでの議論から分かったことを要約しよう．フィクションの対象の典型例と数学的対象の典型例との間にはいくつかの重要な相違点がある．その相違点は，とりわけ，それらの存在に関する様相上の身分におけるものである．それらの対象についてのアプリオリな知識とアポステリオリな知識に関しても，いくつかの相違があろう．しかし，二種類の対象の間には，これまでに考えられてきただろうような，根本的な質の違いはない．

## 7.8 数学の応用

四つ目の反論に取りかかろう．どのようにして非存在対象は，存在する対象に関して私たちになにかしらのことを教えるのか．Routley (2003) は，この問題に対する一つの非存在主義的な解決を示唆している．非存在対象に関する事実が存在する対象に関する情報を私たちに与えるのは，現実の対象に関する事実は，非存在対象に関する事実を近似しているかもしれないからである．たとえば，摩擦のない平面を考えよう．これは理想的であるが，非存在の対象である．実際の平面には摩擦があるが，近似的には摩擦のないものでありうる．したがって，適当な条件の下では，$A$ が理想平面について真であるならば，$A$ は実際の平面について近似的に真である．たとえば，$A$ を，ある対象が理想平面上のある距離を時間 $t$ で滑るという主張だとすると，対象は実際の平面上でそれと同じ距離を時間 $t \pm \varepsilon$ で滑ると推論できる（$\varepsilon$ は文脈的に決まる実数とする）．

こういったことが正しいとしても，これは答えの一部に過ぎないということ

がありうる．というのも，多くの場面で，私たちは，非存在対象である数を使って，存在する対象の正確な振る舞い方を知るからだ．一例として，特定の粒子，たとえば電子があるとしよう．その電子は一定の速度 **v** で運動しており，距離 **d** を時間 **t** で移動するとしよう．ここで **v**, **t**, **d** は，特定の物理量である（数学的な量ではない）．しかしなんらかの測定手段によって（時計や定規などを使って），これらの物理量にそれぞれ，一定の数値 $v, t, d$ を割り当てることができる．するとたとえば，次のような距離に関する一群の観察可能な性質 $P_n$ が存在する．

($\star$) $P_n\mathbf{d} \iff d = n$

これは **d** と $d$ の間のある種の相関を確立する．この種の双条件を**橋渡し法則**と呼ぼう．さて，運動法則から次が分かる．

$d = v \times t$

すると，橋渡し法則を通じて，$v = 3$ と $t = 6$ ということが観察によって確立したならば，私たちは $d = 3 \times 6 = 18$, したがって，$P_{18}\mathbf{d}$ と推論する．私たちは純粋に数学的な事実を使って，物理量に関することを推論した．私たちはここで理想的対象を扱っているわけでもない．目下考察中の粒子は，現実の粒子である．

では，非存在対象の性質が存在する対象についてなんらかのことを私たちに教えるという事実をどのように説明すべきだろうか．実はまったく同じ問題がプラトニズムに対しても提起でき，そしてどちらの場合も答えは同じになる．当該の物理量はある性質をもっており，数学的な量は別の性質をもっている．しかし私たちはそれらの間を行き来できる．それはそれらの性質が同じ構造をもっているからであり，特に，橋渡し法則が確立する相関が同型であるからだ．数学的対象は当該の性質を現実世界ではもたないかもしれないので，私たちは，橋渡し法則を特殊な仕方で理解しなければならない．たとえば ($\star$) は次のように理解されなければならない（$w$ は算術の真理を実現する任意の世界とする）．

($\star\star$) $P_n\mathbf{d} \iff w \Vdash^+ d = n$

しかし依然として橋渡し法則は，物理量の性質と数の性質の間を行き来することを私たちに可能にするという機能を果たしている．

この種の説明はきわめて一般的である．科学，あるいはその一分野は，一定の物理量 $\mathbf{q}_1, \ldots, \mathbf{q}_m$ に関わっている．これらの物理量は，($\star\star$) のような類いの橋渡し原理によって決定される数値 $q_1, \ldots, q_m$ と結びつけられている[23]．一定の物理的事態と橋渡し原理のおかげで，私たちはある数学的関係 $F(q_1, \ldots, q_m)$（物理学では，典型的にはこれは微分方程式であろう）を手に入れ，この関係を使って $q_i$ に関する様々な事実を確立でき，そしてそれゆえ，橋渡し原理を通じて，一定の物理的事態に関する様々な事実を確立できるのである[24]．

このように，数学的対象に関する事実を使って物理状態に関する事実を推論できるのは，その二つが同じ構造をもっているからに他ならない．数学的対象の間に一定の関係が成り立つということは，それらの特徴づけからアプリオリに決定可能である．しかしどの物理的関係がどの数学的関係と同型であるのかは，アポステリオリな事実である．その発見は自然法則の発見である．この説明は，物理的値の性質と数学的値の性質の間に一定の相関があるということに依存しているだけで，数値が存在することには決して依存していない．この説明が依存しているのは，数値が適切な世界で適切な *Sosein* をもつということだけである．

数学の応用に関する問題を離れる前に，世界とその性質について振り返っておこう．本書第 I 部の意味論は数学的構造であり，集合論の中で表現されていた．しかしこの意味論を応用して，世界（これは数学的構造ではない）についてなんらかのことを知ることができる．それは私が今まさに記述したのとまったく同

---

[23] 用いられる性質 $P_n$ のすべてが観察可能である必要はない．そのうちのあるものは，推論によってのみ確立されるかもしれない．

[24] 私は空間と時間に関する実在論者であるが，そうでない人は，実際には空間と時間の量は存在せず，それらの量に関する語りは単に空間と時間における対象間の一定の関係について語る一つの方法に過ぎないと想定するかもしれない．こう考える人は私がここで使った特定の事例に反対するかもしれない．しかし，時間と空間に関する実在論者でなくとも，同じ形式の一般的説明を依然として与えることができる．（空間と時間についての語りを，正確に言って，どのように具体化するかに依存して）当該の物理量が違うに過ぎない．

じ仕方で応用される．ただし世界に関する数学理論が表象するものはもはや物理的実在ではなく，一定の非存在対象である．数学的意味論の関連する側面が，世界の関連する側面と同型であるなら，つまり，表象がものごとを正しく捉えているならば，適切な橋渡し原理を通じて，世界に関する事実を，世界の集合論的表象に関する事実から推論できる．では集合論的表象がものごとを正しく捉えているかどうかを私たちはどうやって知るのか．それは任意の応用数学理論をテストするのと同じ仕方によってである．志向的言語に対する別の意味論は確かに可能である．どの意味論を受け入れるのが最も理にかなっているのかは，理論受容に関する通常の基準，たとえば単純性やデータに対する適合性などによって決まる．この場合なにがデータと見なされるのか．それは，志向的な概念を使ってしたくなるような主張，志向的な概念に関して私たちがしたくなるような推論である．これらのデータは，いつものことながら，可謬的であり，全体的整合性の観点から却下されるかもしれない．それにもかかわらず，志向性に関わる事例と私たちが見なすほとんどないし多くの事例を排除するような志向性の説明を受け入れるのは，まさにその点で，理にかなったことではない．

だがなぜ私たちは端的に当該の世界を適当な仕方で特徴づけて，その特徴づけからそれらの世界の性質を推論しないのか，と疑問に思う人もいるかもしれない．答えは次の通りである．実際，思うままに世界と世界の性質を特徴づけることはできる．そのように特徴づけられた世界は，適切な世界でそれらの性質をもつ．しかしその適切な世界は現実世界ではないかもしれない．言い換えれば，これらの性質を帰属させる言明は現実には真ではないかもしれない．しかし意味論に関して言えば，私たちは単に物語ではなくて，真理を求めているのだ．

## 7.9 プラトニズム

それでは最後の反論に取りかかろう．この反論は非存在主義は偽装したプラトニズムに他ならないというものだ．この反論によれば，表7.1の翻訳マニュアルが，非存在主義は，通常と異なる語彙を使ったプラトニズムに過ぎないと

表 7.1

| 非存在主義者 | プラトニスト |
|---|---|
| 対象である | 存在する |
| 存在する | 具体的対象である |

いうことを示している[25]．

　非存在主義とプラトニズムは，ここまでの反論の一部に答える際に，大体同じことを論じることができるという事実は，この反論を強固なものにするだろう．もちろん，非存在主義のプラトニズムへの還元が一般的なものであるには，抽象的対象だけでなく，他のあらゆる非存在対象，つまり純粋にフィクションの対象や世界などに関してもその還元がなされなければならないということには注意すべきである．

　この反論に関して言うべきことはたくさんある．第一に，この翻訳マニュアルは対称的である．したがって，このマニュアルが，非存在主義のプラトニズムへの還元を確立するという想定は，論点先取である（少なくともさらなる議論なしには）．プラトニズムは非存在主義に還元されると言うことがまったく同様に可能であろう．こういった考察なしでは，ラウトリーはプラトニストだったと言うのとまったく同様に，プラトンは非存在主義者だったとも十分言えるのだ[26]．

　次に，二つの立場には，いずれにせよ違いがある．決定的なのは，非存在主

---

[25] ラウトリーの見解はこの翻訳のもとで頓挫するという趣旨の反論は，Lewis (1990) でなされた．Burgess and Rosen (1997), 224 は，ラウトリーの見解を，ルイスの論文に訴えてすぐに却下している．彼らなりの理由があって（p. 188f.），彼らは非存在主義者が存在以外のある種のあり方に訴えているという混乱を維持している（5.2, 5.3 節を参照）．そのうえで彼らは，「がある（there is）」を「あるものについて（for some）」に置き換えてもなんの役にも立たないと論じる．彼らの主張では，「存在する（exist）」と「ある（some）」とにどんな違いがあるのかを理解するのは簡単ではない．だが，次のような文を考えてみれば，「存在する（exist）」と「ある（some）」の違いはすぐに分かるだろう．「僕はあるもの（something）について考えていて，それを君にクリスマスプレゼントとしてあげたいと思っていたんだけど，それを君のために手に入れることはできなかった．だって，それは存在し（exist）ないから」．

[26] 実際には，ここは，この翻訳マニュアルが確かに十分ではない場面の一つである．なぜなら，プラトンは，イデアは単に存在する（実在する（real））だけでなく，具体的対象よりもより存在する（実在する）と考えていたからだ．抽象的対象は具体的対象よりもより存在する対象だと主張した非存在主義者はいない．

義が CP に同意していることだ．プラトニズムは，少なくとも通常の理解では，CP に同意しない．非存在主義は，CP のどんな事例も，申し分なく真正の（ただし非存在であるかもしれない）対象を特徴づけていると主張する．普通プラトニストは，任意の特徴づけが存在する対象を特徴づけるとは言わない．数，集合，幾何学的な線と点，これらはすべて存在する．しかしどんな古い公理系（あるいは物語）も，存在する対象を特定していると想定すべき理由はない．

　しかしプラトニズムの一バージョンには，まさにそう主張するものがある．それは**充溢的プラトニズム**（*plenitudinous platonism*）である[27]．充溢的プラトニズムは，数や幾何学的対象などに関する公理系になんら特権的なところはないと，まさにそう主張する．あらゆる公理系が同等に真正の抽象的対象を特徴づける．（無矛盾な）公理系はすべてモデルをもつという考えは，充溢的プラトニズムにいくらか信憑性を与える．文がモデルをもつという事実は，その文が一定の対象によって実際に充足可能であるということを示していない．たとえば，「∃x(x は既婚である ∧ x は独身男性である)」という一階の存在文に対するモデルを作ることはできるが，しかし x は既婚であり，かつ，x は独身男性であるような存在する対象 x はない．しかしそれでも，モデルは実在と非常に似ており，（無矛盾な）特徴づけはすべてモデルをもつという事実は，少なくとも，どんな特徴づけも（プラトニズムの観点からすると）存在する対象を特徴づけるというのはいかなることなのかに関する，一つの（言ってみれば）モデルを私たちに与えている．

　しかし，非存在主義と充溢的プラトニズムが一致するというのは，依然として正しくない．徹底した非存在主義は，あらゆる特徴づけが対象を特徴づけると主張する．そしてここで「あらゆる」は文字通りあらゆるを意味する．無矛盾でない特徴づけでさえ，対象を特徴づける．単なるプラトニズムのみならず充溢的プラトニズムにとってさえも，おそらくこれは行き過ぎである．プラトニズムは典型的には，無矛盾性と緊密に結びつけられている．したがってこれ

---

[27] この名前は Field (1998) からとられた．Balaguer (1995) がこの見解を支持している．彼はこの見解を「正真正銘のプラトニズム（full-blooded platonism）」と呼んでいる．彼はこのプラトニズムを 7.6 節で見た認識論的反論から擁護しているが，その根拠は，私が 7.6 節で使った特徴づけを用いる根拠と非常に似ている．

は非存在主義と充溢的プラトニズムの重要な相違点である．もちろんさらに別の立場がまだある．それは**矛盾許容的で充溢的なプラトニズム**とでも呼べるようなものに属する．この立場は，古典論理を否認して，矛盾許容論理を支持しようと覚悟したプラトニズムである[28]．このようなプラトニズムは，あらゆる特徴づけが存在する対象を特徴づけるということを，かなり一般的に主張できる．

もちろんこの種のプラトニズムは，特徴づけられた対象はすべてその特徴づけ性質をこの世界でもつと主張することはできない．4.2 節で見たように，CP がこの世界で真ならば，この世界ではあらゆることが証明できる．したがって，矛盾許容的で充溢的なプラトニストは，CP が特徴づける対象の多くはその特徴づけ性質を別の世界でもつと考えなければならない．しかしそれでもそれらの対象はあらゆる世界で存在している[29]．

この時点で，非存在主義とプラトニズムの違いはあっと言う間になくなりつつある．そして言っておかなければならないのは，譲歩をしているのは常にプラトニズムの方だ，ということだ．これこそが，譲歩し尽くしたプラトニズムこそが実は偽装した非存在主義なのであって，その逆ではない，と言うべき理由である．

しかしいずれにせよ，異なる可能世界が関わってきたので，翻訳マニュアルが成り立たないところが依然としてある．どこかと言えば，それは様相文脈，とりわけ様相上の身分に関する主張においてである．たとえば，ホームズは存在しないが，存在していたということもありえたという主張を考えよう．非存在主義はこの主張に同意するだろう．これを翻訳すると，ホームズは具体的対象ではないが，具体的対象だということもありえた，となる．これはとても真だとは思われない．もしホームズが具体的対象でないならば，彼はなになのか．ホームズは集合でも数でも性質でも，その他の抽象的対象でもない．そしてもしホー

---

28) この立場は Beall (1999) で議論されている．
29) 標準的なプラトニズムと本章で説明した類いの非存在主義の相違点は，典型的には，次の点にある．プラトニズムは数学的対象に関するなじみの主張は現実に真であると言う傾向がある．ここで説明した類いの非存在主義については，これは成り立たない．しかしながらこの相違は表面的なものである．非存在主義者は，私が述べてきたことを大幅に変えることなく，標準的な数学的対象はその特徴づけ性質を現実世界でもつと主張できるだろう．そして逆に，ちょうど今見たように，プラトニズムは，数学的対象はそのなじみの性質を現実世界以外の世界でもつと主張できるだろう．

ムズが抽象的対象なのだとすれば，抽象的対象はその様相上の身分を必然的にもつので，ホームズが具体的対象であるということはありえない．

反対に，ラウトリーは存在したが，しかし存在しなかったかもしれない（たとえば，彼の両親が出会わなかったかもしれない）．これを翻訳すると，ラウトリーは具体的対象であるが，しかし具体的対象ではなかったかもしれない，となる．別の可能世界では，彼は集合だったのか．もちろん，ラウトリーが集合であるような世界はある（$x = x$ かつラウトリーは集合である，という特徴づけ条件を考えればよい）．この条件は，他のあらゆる特徴づけ条件と同様，なんらかの世界で実現されている．しかしその世界は可能世界ではない．具体的対象は抽象的対象ではありえないからだ．

同様の論点は，7.2 節での抽象的対象と具体的対象の明示的な特徴づけによっても，述べることができる．数 3 は抽象的対象である．7.2 節での理解によれば，これが意味しているのは，「もし数 3 が存在したとしても，それは私たちと因果的に相互作用しなかっただろう」ということだ．翻訳マニュアルによると，これはさらに次を意味する．「もし 3 が具体的対象だったとしても，それは私たちと因果的に相互作用しなかっただろう」．しかしこれは偽である．もし 3 が具体的対象であったならば，私たちはそれと因果的に相互作用することができただろう．もちろんプラトニズムは，抽象的対象であることの別な基準を作ろうとするかもしれない．しかしそのような試みは問題を抱えがちであるということを私たちは見てきた．そしていずれにせよ，この翻訳ではこの反事実的条件文の真理は依然として保存されないという事実は変わらないのだ．

翻訳によって真理値が保存されないような言明は他にもあるだろう．しかし私たちはもう十分検討した．弱められたプラトニズム，つまり矛盾許容的で充溢的なプラトニズムは，依然として非存在主義とは異なるのである．

## 7.10 結論

本章で私たちは非存在対象としての数学的対象と世界を考察してきた．前章までで論じたこと，とりわけ特徴づけの説明に学びながら，これらの対象や性質，そしてそれらの対象や性質を指示したりそれらについて知ったりする私た

ちの能力をどうやって自然に説明できるのかを検討し，そしていくつかの自然な反論はこの説明には当たらないということを確認した．実は，第5, 6, 7章で，非存在主義に対する標準的な反論の大部分がすでに取り上げられている．しかしながら，まだもう一つ反論がある．この反論は標準的なものではないが，しかし（少なくとも私に言わせれば）最も厄介な反論である．この反論が，次章，つまり最終章の主題である．

# 第8章
# 多重表示

## 8.1 序：表示のパラドクス

　本章では，非存在主義にとって最も厄介だと私が考える問題を説明し，それに対する解決を与える．ただ，多くの人はこの問題にそういった印象をもたないかもしれない——その理由はあとで明らかになるだろう．この問題は，自己言及のパラドクス，とりわけベリーのパラドクスのような表示のパラドクスの一つと関わっている．この種のパラドクスは通常，基底世界@で矛盾が生じるのを認めることによって，とても満足のいく形で解決される．この場合，論理は矛盾許容論理であり，爆発 ($A, \neg A \vdash B$) が成り立たないということが，これらのパラドクスによって生じる矛盾は単に孤立特異点として生じているということを保証する．私たちが本章で検討するパラドクスの特色は，このような仕方では対処できない——少なくとも，最も明白な仕方ではできない——という点にある．

　まずパラドクスを説明し，次にいくつかのありうる解決策が満足のいくものではないということを見る．それから，この文脈で一番もっともらしいと私に思われる解決策を説明する．この解決策は，（ひょっとすると驚くことではないかもしないが）普通考えられている表示の働き方の改訂を要求するだろう．後に見るように，改訂の主要な帰結は，同一性に関わる．この解決策は，次の意味で，明らかに十分なものである．すなわち，パラドクスを生みだす理論は，その理論がここで支持する表示の扱いに基づいていると仮定すれば，矛盾を含む

がトリビアルではない，ということを示すことができる[訳注1]．この事実の証明は，その他いくつかのテクニカルな主張の証明とあわせて，本章のテクニカルな付録で与えられる．

## 8.2 自己言及の意味論的パラドクス

自己言及の意味論的パラドクスは，私たちの意味論的な概念を支配する素朴な原理，特に，真理，充足，そして表示を支配する原理によって生じる．$[\cdot]$ を適当な名前形成関数としよう．それから真理述語を $T$，(一座の) 充足関係を $S$，表示関係を $\Delta$ と書くことにしよう．するとそれらの原理はそれぞれ次になる．

真理原理：$T[A] \dashv\vdash A$，ただし $A$ は任意の（閉じた）文．
充足原理：$S(x, [A(y)]) \dashv\vdash A(x)$，ただし $x$ は置換において自由．
表示原理：$\Delta([t], x) \dashv\vdash t = x$，ただし $t$ は任意の（閉じた）項．

これらの原理の左辺と右辺の関係が正確に言ってどんな性格のものなのかは興味深い問題であるが，しかしここでの議論にとっては重要でない．ここでは，相互に演繹可能という最小限の結びつきで十分であろう．

よく知られているように，これらの原理は，自己言及およびいくつかの単純な論理的推論の原理と組み合わさると，矛盾を生じる[1]．これと比べると十分には評価されていないのは，表示のパラドクスは，真理や充足のパラドクスと異なり，パラドクスを生じるのにある種の記述を必要とするという点で独特なものだということである[2]．私たちが問題にするパラドクスはこの種のパラドクスである．確定記述演算子でも同様にできるのだが，最も単純な手続きは，不確定記述演算子を用いるものである．不確定記述演算子は次の条件を満たすということを思い出してほしい（これは 4.7 節で論じた）．$\varepsilon x A(x)$ が，$A(x)$ 内の $x$

---

訳注1) ここで，理論がトリビアルであるというのは，その理論が任意の命題を定理としてもつ，ということを意味している．
1) たとえば，Priest (1987), ch. 1; (1995a), ch. 10 を参照．
2) このテーマは Priest (2006) でさらに論じられている．

と置換した際に自由であると仮定すると，

**Des**：$\mathfrak{S}xA(x) \vdash A(\varepsilon xA(x))$

## 8.3 ヒルベルトとベルナイスのパラドクス

（私の知る限り）問題のパラドクスが最初に登場したのは，ヒルベルトとベルナイスの『数学の基礎』（$Gruntlagen\ der\ Mathematik$）[3]においてである．そこではこのパラドクスは，無矛盾な理論はその理論自身の表示関数を含むことができないということを示すために用いられている（無矛盾な理論はその理論自身の真理述語を含むことができないということを示すために，タルスキの定理において嘘つきパラドクスが用いられているのと同じ仕方で）．基本的には論証はきわめて単純である．数を指示する項について語っているとしよう．さらに「この項の表示足す 1」（'the denotation of this term plus one'）という項を考えよう．この項はある数 $n$ を表示するが，するとそれは $n+1$ も表示する．したがって，$n = n+1$ であり，$0 = 1$ となる．

論証を一般化し，それをより精緻に述べることにしよう[4]．一階算術の言語を含む言語を想定しよう．したがって私たちはその言語の自己言及力を使うことができるだろう．さらに，適切なゲーデル数化 # があると想定しよう．したがって，$t$ がその言語の任意の項ならば，#$t$ はそのゲーデル数，$[t]$ は #$t$ の数項である．これを使うと，次のことがすぐさま示される．すなわち，任意の項 $t(x)$ について，

**SR** $t' = t([t'])$

を満たす閉項 $t'$ がある．$t'$ は「この項そのものに $t$ を適用したもの」（'$t$ of this very term'）である[5]．

---

[3) Hilbert and Bernays (1939), 263-78.
[4) 以下は Priest (1997b) に従う．
[5) 厳密には，対角化関数が適切な項によってその言語内で表現されるという，さらなる想定が必

するとパラドクスは以下のように形式化される．$f$ を任意の一項関数記号とする．すると **SR** より，次のような閉項 $t$ があるということが分かる．

1. $t = f\varepsilon y \Delta([t], y)$

論証の各ステップにおける推論規則を述べておく．SI は同一者の置換可能性のことである．

| | |
|---|---|
| $t = t$ | 同一性 |
| $\Delta([t], t)$ | 表示原理 |
| $\mathfrak{S}y\Delta([t], y)$ | 汎化 |
| $\Delta([t], \varepsilon y \Delta([t], y))$ | **Des** |
| $t = \varepsilon y \Delta([t], y)$ | 表示原理 |
| $t = ft$ | 1 と SI |

矛盾を導くために，$f$ を後続者関数としよう．すると $t = t + 1$ となる $t$，それゆえ $0 = 1$ が得られる．

## 8.4 いくつかの解決策

以上で問題については十分論じた．では解決策についてはどうか．そしてそもそも，この問題と非存在主義にどんな関係があるのだろうか．

自己言及のパラドクスに対する無矛盾な説明を維持したい人はもちろん，多くの人がまず思いつくだろうことは，おそらく，表示原理は完全に一般的には受け入れられないということだろう．たとえば，意味論的パラドクスに対する

---

要である．$r(x)$ を一つの自由変項 $x$ をもつ任意の項とすると，$r(x)$ の対角化は $r([r(x)])$ である．ここで，$m$ が $n$ という（コードをもった）項の対角化（のコード）ならば $g(\mathbf{n}) = \mathbf{m}$ が証明できる，というような項 $g(x)$ があると想定する．（太字は適切な数項を表す．）すると証明は以下の通り．項 $t(g(x))$ を考えよ．これを $r(x)$ と呼ぼう．その対角化は $t(g([r(x)]))$ である．これを $t'$ としよう．$r$ の対角化は $t'$ なので，$g([r(x)]) = [t']$ である．したがって，$t(g([r(x)])) = t([t'])$ である．しかし左辺は $t'$ に他ならない．

種々の解決を採用すると，私たちの意味論的概念を支配する素朴な原理は，限られた適用例に関してのみ受け入れられる．たとえば，パラドクスに対するタルスキの解決策を支持するならば，$T$-図式およびそれと同種のものは，ある限られた形式においてのみ成り立つことになる．しかしタルスキの解決策が不十分だということはよく知られている．実は，$T$-図式およびそれと同種のものが完全に一般的に成り立つべきだと想定するに十分な理由があるのだ．真理述語の機能の一つは引用解除としての機能だ——真理のデフレ論者にとってはこれが真理述語の唯一の機能である——と想定するならば，$T$-図式へのいかなる限定もまったく動機を欠くものに思われるだろう．もちろんパラドクスの（無矛盾な）解決策には，素朴な意味論原理の完全な一般性を維持するものもある．もし素朴な原理の一般性を維持するならば，その解決策は一定の推論原理を拒否しなければならない．その本命候補は排中律である．しかし目下考察中のパラドクスにおいては，排中律の拒否はなんの役にも立たないだろう．前節の論証はそもそも排中律を使っていない．それどころかその論証は，本当に最低限の論理規則しか使っていないのである．

ともかく，これらの問題は脇においておくとしても，私が思うに，意味論的パラドクスに対する無矛盾な解決策はどれも不十分だという一般的な理由がある．ここはこの問題を論じる場所ではないが[6]，自己言及の意味論的パラドクスに対するどんな十分な解決策も，矛盾が生じることを認めた上で，矛盾許容論理を使ってその矛盾を孤立特異点にしなければならないと私が考えているということは言っておきたい．

ところがこの手段は今の文脈では役に立たない．問題のパラドクスから導かれるのは，単純な矛盾ではなく，$0=1$ である．確かにこれは $0 \neq 1$ という事実と矛盾する．しかし事態はもっと悪い．というのも，$0=1$ があれば，算術においてほとんどなんでも導出可能だからだ．この文はトリビアル性を生みだすものなのだ．

拒否する必要があるのは，これに関係するなんらかの算術の原理だという示唆があるかもしれない．たとえば，私たちは $t=t+1$ を導出したが，$0=1$ と結

---

[6] この問題は Priest (1987) と (1995a) で詳細に論じた．

論するには，引き算に関する様々な原理が必要である．事実，この特定の矛盾は，この仕方で対処できる．$n = n+1$ という形式の真理はあるが，$0 = 1$ は成り立たないような矛盾した算術がある[7]．しかしこの方法でさえ役に立たないだろう．というのも論証を後続者関数に適用するというのは，困難を生みだす一つの方法に過ぎないからだ．より直接的な方法は，それをゼロ関数 $\zeta$ に適用するものだ．たとえば，$x = 0$ のとき $\zeta(x) = 1$，そして $x > 0$ のとき $\zeta(x) = 0$ だとしよう．すると上の論証からは，$t' = \zeta(t')$ となるような項 $t'$ が出てくる．しかしすると，$t' = 0$ のとき，$t' = \zeta(t') = 1$ となり，したがって $0 = 1$ である．さらに $t' > 0$ のとき，$t' = \zeta(t') = 0$ となり，したがってこの場合も同様に $0 = 1$ である．

問題解決を試みる別の仕方は，表示の失敗に訴えるものだ．たとえば，$t$ が $n$ と等しいならば，$t$ は $n+1$ とも等しい．これは「$t$」には表示がないと推論するに十分な理由であるように思われるだろう．標準的な論理は，すべての項が表示すると想定しているが，この想定は，なんらかの自由論理（free logic）を支持することで拒否できる．これで論証がどう阻止されるかは，自由論理が具体的にどう実装されるかに左右される．汎化を犠牲にするのは自然だが，同一性も犠牲になるかもしれない．表示原理の適用も，表示する項だけに制限されるかもしれない．

あいにくこの戦略も思ったほど簡単なものではない[8]．というのも，たとえある記述が表示を保証されていないとしても，私たちはその記述を使って，表示の保証された記述を定義できるからだ．たとえば，$\varepsilon x((\mathfrak{S}yA(y) \wedge A(x)) \vee (\neg \mathfrak{S}yA(y) \wedge x = 0))$．すると論証は以前と大方同じように進んでいく．ただし今度は，少なくとも，この論証は矛盾許容論理の観点から間違っている．というのもこの論証は選言三段論法を用いるからだ．実を言えば，項が表示に失敗することがありうると想定すると，論証に関連する原理をすべて認める矛盾許容論理に基づいた理論は，矛盾するがトリビアルではない，ということを示すことができる[9]．

ここでようやく非存在主義が関係してくる．非存在主義は，この選択肢すら

---

7) この問題については Priest (1997c) でさらに論じた．
8) 以下の議論の詳細については，Priest(1997b) を参照．
9) Priest (1999) を参照．

使うことができない．私たちは一つの対象を自分の思い通りの仕方で特定されたものとして考えることができるので，あらゆる項が表示するはずである．おまけに汎化も保証される．とりうる戦略には非常にわずかな余地しか残されていない．これが非存在主義にとっての難問である．

## 8.5 多重表示意味論

「$t$」がある数$n$を表示するなら，「$t$」は$n$の後続者も表示すると述べた．ここから「$t$」は表示をもたないと推論されるかもしれない．しかし，この推論と同等の正当性をもって，「$t$」には一つ以上の表示があると推論することもできよう．以下本章で探求するのはこの考えである．

事実，目下のパラドクスの文脈では，これは自然な戦略である．よりなじみの自己言及のパラドクスの場合，そこに関わる論証は，文は真か偽のいずれかでなければならず，しかも真かつ偽であってはならないという想定と衝突する．これらのパラドクスの解決策としては，文は真か偽でなければならないという考えを拒否するというものがある．つまり，排中律を拒否するわけだ．この解決が十分かどうかは別にして，真矛盾主義は正反対の方針をとる．どんな文も少なくとも一つ真理値をもつ．そして文は一つ以上の真理値をもつかもしれない．表示に関しても同じ二つの選択肢がある．考察中のパラドクスは，どんな項もただ一つの表示をもつという想定と衝突する．これに対する一つの選択肢は，項には表示をもたないものがあると想定した上で，自由論理に訴えるものだ．この方針の十分さは前節で論じた．もう一つの選択肢として，項は一つ以上の表示をもちうると想定することもできる．これは真矛盾主義の方針と類比的な方針である．したがって，自己言及と素朴な意味論原理が，ひょっとすると私たちの意図に反して，文が一つ以上の真理値をもつことがありうるという事実を私たちに強いるのとまったく同様に，自己言及と素朴な意味論原理は，項が一つ以上の表示をもつことがありうるという事実を私たちに強いるのである．

この状況を扱うために必要なのは，多重表示の論理である．本節で多重表示論理の意味論を与えようと思う．それからその意味論をパラドクスの論証に適用することにしよう[10]．

パラドクスの論証から明らかなように，志向性や世界一般に関する道具立てはまったく関係がない．パラドクスは外延的な結合子，量化子，記述，表示述語だけで生じる．なので以下では，世界のゆえに生じる複雑さはすべて無視して話を単純にしたい[11]．特に，$\Vdash_s^{\pm}$ は解釈と式の間の関係である（解釈への言及は普通省略される）．左辺の世界パラメータはない．

解釈は，構造 $\langle D, \delta, \varphi \rangle$ によって構成される．$D$ は量化の領域，$\delta$ は，通常の仕方で，$D$ 内の表示を個々の定項に，関数を個々の関数記号に，外延と余外延をすべての述語に割り当てる．同一性は標準的な外延をもつ．個々の述語の外延と余外延は，網羅的でなければならないが，しかし排他的である必要はない[12]．

多重表示意味論の解釈とこれまでの解釈との本質的な違いは，選択関数 $\varphi$ の違いに尽きる．すべての $\tau$ について，選択関数 $\varphi_\tau$ は引数の要素ではなく部分集合を選び出す．より正確には，$X \subseteq D$ とすると，

$\varphi_\tau(X) \subseteq X$
$X \neq \emptyset$ ならば，$\varphi_\tau(X) \neq \emptyset$

である．

言語における個々の項 $t$ の表示 $\delta_s(t)$ はもはや単一の項ではなく，項の集合である．したがって，

$x$ が変項ならば，$\delta_s(x) = \{s(x)\}$
$c$ が定項ならば，$\delta_s(c) = \{\delta(c)\}$
$f$ が $n$ 項関数記号ならば，
$\quad \delta_s(ft_1\ldots t_n) = \{\delta(f)(a_1,\ldots,a_n) \ : \ a_1 \in \delta_s(t_1),\ldots,a_n \in \delta_s(t_n)\}$

---

10) この種の意味論は Priest (1995b) でまったく別の文脈で展開されている．
11) 以下の意味論を志向性に関する道具立てを含むように拡張するのは，些末な仕事ではない．
12) これによって矛盾許容論理 $LP$ が与えられる（Priest 1987: ch. 5 を参照）．$LP$ では排中律は妥当である．加えて，外延と余外延が網羅的でないということを認めることもできるだろう．こうすると排中律は妥当でなくなる．しかし現在の文脈では排中律がある方が有利である．というのも，付録の非トリビアル性証明によって，パラドクスのあらゆる変種が排中律がある場合でも成り立たないということが示されるからだ．

4.5節の表示条件を多重表示に一般化する自然な仕方は次のようになる（世界によって加わる複雑さは無視する）．$\tau$ を $\varepsilon x A(x)$ としよう．すると，

$$\begin{aligned}\delta_s(\tau) &= \varphi_{\bar{\tau}}\{d : \Vdash^+_{s(x/d)} A(x)\} \quad &(\text{この集合が空でない場合})\\ &\varphi_{\bar{\tau}}(D) \quad &(\text{それ以外の場合})\end{aligned}$$

必要なものは事実上これによって与えられるだろう．だがしかし，$\varepsilon x A(x)$ が多重表示をもちうるならば，たとえ複数のものが $A(x)$ を実際に充足するとしても，$\varepsilon x A(x)$ がそれらのうちのいくつかだけを表示するはずだとする理由があるだろうか．たとえば「赤いもの」（'a thing that is red'）という記述を考えよう．これはいくつかの赤いものを表示する．だが，この記述が，これに加えて，いくつかの非存在対象（おそらくそれは，どこか別の世界で赤いものだろう）も表示するということはないはずだとする理由があるだろうか．そこで $\tau$ を $\varepsilon x A(x)$ とすると，

$$\delta_s(\tau) = \varphi_{\bar{\tau}}\{d : \Vdash^+_{s(x/d)} A(x)\} \cup \varphi_{\bar{\tau}}(D)$$

とすることにしよう．あらゆる項が空でない表示をもつということに注意しよう．だが，定項，変項，より一般的には，記述を含まないあらゆる項について，その表示は単集合だということにも注意しよう．それゆえ，この種の項は事実上，依然として単一の表示をもっているのだ．この点は変更できるだろうが，記述に多重表示があれば私たちの関心にとっては十分であろう[13]．

表示の条件に次いで，真偽条件を定めよう．原子式 $Pt_1 \ldots t_n$ については，

$$\Vdash^{\pm}_s Pt_1 \ldots t_n \iff \text{ある } x_1 \in \delta_s(t_1), \ldots, x_n \in \delta_s(t_n) \text{ について,}$$
$$\langle x_1, \ldots, x_n \rangle \in \delta^{\pm}(P)$$

---

[13] 定項が多重表示をもつということを認めても大きな変化は生じない．しかし変項が多重表示をもつということを認めると大きな変化が生じる．というのも，この変更は量化子の働き方に影響を与えるからだ．

とする．したがって，（自由変項に対する解釈が与えられたとして）原子文が真（あるいは偽）であるのは，その文に含まれる項の表示のうちのあるものが，述語の外延（あるいは余外延）に含まれるときかつそのときに限る[14]．項の表示が単集合である場合，明らかに，これらの条件は通常の条件になる（$\varepsilon$ を含まない項の場合にはそうなる）．たとえ $\delta^+(P)$ と $\delta^-(P)$ が互いに素だとしても，$Pt_1\ldots t_n$ が真かつ偽だということが十分ありうるということに注意しよう．というのも，それが含む項の表示のあるものが $P$ を充足し，また別のものがその否定を充足するということがありうるからだ．したがって，たとえすべての述語が古典的だったとしても（つまり，排他的かつ網羅的な外延と余外延をもつとしても），真理値過多がありうるだろう．

別の選択肢もある．それは「ある (some)」の代わりに「すべての (all)」を使うものである．

$$\Vdash_s^{\pm} Pt_1\ldots t_n \iff \text{すべての } x_1 \in \delta_s(t_1),\ldots,x_n \in \delta_s(t_n) \text{ について,}$$
$$\langle x_1,\ldots,x_n\rangle \in \delta^{\pm}(P)$$

この選択肢をとると，真理値過多ではなくて真理値ギャップが生じる．この選択肢については後でさらに解説する．

命題結合子および量化子の真偽条件はこれまでと同じである．妥当性はあらゆる解釈のもとでの真理保存によって定義される．

## 8.6　意味論の性質

これらの意味論において実際に変わったのは，記述の振る舞いだけであり，論理の残りの部分に変更点はない（ただし，前述のように，この意味論は矛盾が成り立つ可能性を要求するだろうという点は除く）．記述項についてはどうだろうか．以下に述べる論点はどれも，本章のテクニカルな付録にその証明がある．

この場合，変項と項の表示の関係は，通常の場合よりも幾分トリッキーであ

---

[14] $P$ が命題変数であり，それゆえいかなる $t_i$ もない場合，「ある $x_1 \in \delta_s(t_1),\ldots,x_n \in \delta_s(t_n)$ について，$\langle x_1,\ldots,x_n\rangle$」は単に「$\langle\rangle$」と理解されたい．

る．しかししかるべき事実を確立することは可能で，そうすれば全称例化の妥当性を示すことができる．つまり，$x$ を $t$ で置換したときに $t$ が自由だとすれば，$\mathfrak{A}xA(x) \models A(t)$ である．ただしこの場合，$t$ そのものは $A(t)$ における $\varepsilon$ の作用域の中にはないという追加の制約がある．**Des** も妥当である．つまり $A(x)$ の $x$ を $\varepsilon xA(x)$ で置換したときに $\varepsilon xA(x)$ が自由だとすれば，$\mathfrak{S}xA(x) \models A(\varepsilon xA(x))$ である．ただしこの場合も，$\varepsilon xA(x)$ は $A(\varepsilon xA(x))$ における $\varepsilon$ の作用域の中にはないという仮定が必要だ（パラドクスの論証においてこの仮定は成り立つ）[15]．

これらの制約のもとで全称例化は妥当であるが，特称汎化は成り立たない．つまり，$A(t) \not\models \mathfrak{S}xA(x)$ である（たとえ $t$ が $A(t)$ において自由であり，かつ $\varepsilon$ の作用域の中にないとしても）．このことを確認するには，二つの異なる対象 $a$ と $b$ を領域にもつ解釈を考えるだけでよい．$t$ を $\delta(t) = \{a, b\}$ となるような項，たとえば，$\varepsilon xx = x$ としよう．さらに，$P$ の外延を $\{a\}$，$Q$ の外延を $\{b\}$ としよう．すると $\Vdash^+_s Pt \wedge Qt$ は簡単に確かめられる．しかし $\Vdash^+_{s(x/d)} Px \wedge Qx$ となる $d$ は領域内にない．というのも $a \in \delta^+(P)$ だが $a \notin \delta^+(Q)$ であり，$b$ については逆が成り立つからだ．したがって，$\not\Vdash^+_s \mathfrak{S}x(Px \wedge Qx)$ である[16]．しかしながら，限定されたバージョンの特称汎化の妥当性ならば示せるだろう．とりわけ，$x$ の現れが，原子式の文脈 $Pt_1 \ldots x \ldots t_n$ において示される現れだけならば，$Pt_1 \ldots t \ldots t_n \models \mathfrak{S}xPt_1 \ldots x \ldots t_n$ である．

## 8.7 パラドクス再訪

同一性についてはどうか．同一性は明らかに反射的である．$a \in \delta_s(t)$ としよう．すると $\langle a, a \rangle \in \delta^+(=)$ であり，したがって，$\models t = t$ である．（ただし，$t$ が多重表示をもつ場合，$t = t$ は偽でもあるということに注意せよ．）$\langle a, b \rangle \in \delta^+(=)$ ならば，

---

15) 置換が $\varepsilon$ の作用域内で起こるとこれらの推論が成り立たない理由については，8.10 節の補題 19 を参照．

16) このことゆえに，全称例化と特称汎化の同値性の標準的証明がどこで頓挫するのかが疑問に思われるかもしれない．その答えは，この意味論では対偶が妥当ではない，というものだ．たとえば，任意の項 $t$ について，$\models t = t$ である．したがって，$P$ を命題変数とすると，$P \models t = t$．しかし，$\neg t = t \not\models \neg P$．これを確認するには，$P$ は真だが偽ではない解釈を選ぶだけでよい．この場合，結論は偽だが真ではない．ここで，$t$ は二つの表示 $a$ と $b$ をもつとしよう．すると $t = t$ は真かつ偽，それゆえその否定も，真かつ偽である．

$\langle b, a \rangle \in \delta^+(=)$ なので，同一性は対称的でもある．つまり $t_1 = t_2 \models t_2 = t_1$ である．しかし同一性は推移的ではない．つまり，$t_1 = t_2, t_2 = t_3 \not\models t_1 = t_3$．このことを確認するために，$\delta_s(t_1) = \{a\}$，$\delta_s(t_2) = \{a, b\}$，$\delta_s(t_3) = \{b\}$（ただし $a$ と $b$ は異なる）となる解釈を構成しよう．すると，$a$ は $t_1$ と $t_2$ の両方の表示の要素なので，$\Vdash_s^+ t_1 = t_2$ である．同様に，$b$ は $t_2$ と $t_3$ の両方の表示の要素なので，$\Vdash_s^+ t_2 = t_3$ だ．しかし，$t_1$ と $t_3$ の表示に共通の要素はないので，$\not\Vdash_s^+ t_1 = t_3$ である．同一性の推移性は同一者の置換可能性の特殊例である．したがって，置換可能性もまた成り立たない．別の反例を挙げよう．$t_1 = t_2, Pt_1 \not\models Pt_2$．これの反証モデルとして，$\delta_s(t_1) = \{a, b\}$，$\delta_s(t_2) = \{b\}$，$\delta^+(P) = \{a\}$ となる解釈を選ぼう．前提は成り立つが結論は成り立たないということは簡単に確認できる[17]．

置換可能性が成り立たないので，この意味論が第 2 章のフードを被った男のパラドクスに解決を与えるかどうかを問うのはもっともなことだろう．確かにこの意味論は置換可能性を非妥当にするが，置換可能性が成り立たないのは関係する項が多重表示をもつ場合だけである．2.5 節の議論では，問題の項は記述ではなく定項であり，前節の意味論によるとその表示は一つである．もちろん，意味論に手を加えて，定項も多重表示をもつように，それゆえ定項に関しても置換可能性が成り立たなくすることはできよう．だがたとえそうだとしても，これはパラドクスを処理する正しい仕方だとは思われまい．そもそもこのパラドクスは多重表示の事例には思えない．フードを被った男のパラドクスでは「ネスキオ」と「カイン」は同一人物を指示し，その事例に関する限り，他にはなにも指示しない．

今や話を表示のパラドクスにもどすことができる．8.3 節の演繹を確認すれば分かるように，表示原理は正しいと想定すると，最後のステップを除くどのステップも妥当である[18]．しかし最後のステップは同一者の置換可能性の事例

---

[17] 推移性や置換可能性をもたない同一性概念は，別の文脈でも出てくる．たとえば，あいまいな同一性（fuzzy identity）はこの種の同一性概念である（Priest 1998 を参照）．同一性に自然な二階の定義を与えた場合も，同一性はこのように振る舞う（Priest 2010）．目下考察中の事例にこの二つ目の同一性概念を適用し，この仕方で表示のパラドクスを解決するというのも，とても自然であろう．

[18] これには注 5 で与えた **SR** の証明も含まれる．この証明は SI を使うが，置換に用いられる

であり，したがって，成り立たない．さらにこれにとどまらず，問題となっている類いの論証はどれもこの論理では不可能だということを示すこともできる．表示原理を真にするが，$0 = 1$ やその他算術の標準的なモデルで偽であるような任意の文を真にしない解釈がある（$\varepsilon$ 項内での置換に関する全称例化と **Des** への制約を解除したとしてもこの種の解釈がある）．この非トリビアル性帰結の証明は，持続的なタイプ（persistence-type）の論証である．本章のテクニカルな付録でその証明を与える．このように，多重表示のパラドクスは解決される．そしてあらゆる項は表示をもつので，非存在主義の原理が脅かされることもない．

もう一つの真偽条件，つまり，多重表示に対する全称の真偽条件をとった場合はどうなるだろうか．この場合，置換可能性は成り立つ．実際 $t_1 = t_2$ は，$t_1$ か $t_2$ のいずれかが多重表示をもつ場合真ではない．したがって，もし $t_1 = t_2$ が真ならば，$t_1$ と $t_2$ は同じ単集合の表示をもち，置換可能性は成り立つ．しかしこの条件の場合，論証は別の箇所で頓挫する．特に同一性が成り立たない．というのも，$t$ が多重表示をもつならば，その表示のすべてが同一なわけではないがゆえに $t = t$ は真ではないからだ．同様の理由で，$t$ が多重表示をもつ場合，$\mathfrak{S}xx = t$ は成り立たない．したがって，表示原理が成り立つとすれば，$\mathfrak{S}x\Delta([t], x)$ も成り立たない．したがって，$t$ はなにかを表示するとは言えなくなってしまう．しかしこの場合 $t$ はなにかを表示しているのだ．言い換えると，表示述語は実際の表示に忠実ではない．この事実が，この解釈を，パラドクスの解決としては，もっともらしくないものにする．というのも，多重表示の事例では，あらゆる項は表示するからだ．真偽条件に対する特称アプローチでは，$\mathfrak{S}xx = t$ は論理的真理だということに注意しよう．（$a \in \delta_s(t)$ としよう．すると $\Vdash^+_{s(x/a)} x = t$ であり，したがって，$\Vdash^+_s \mathfrak{S}xx = t$．）したがって，表示原理が成り立つとすれば，$\mathfrak{S}x\Delta([t], x)$ が成り立つ．

## 8.8 確定記述

私たちが扱ってきたパラドクスの論証が成り立たないのは，その論証に決定

---

項は記述ではなく，それゆえそこで使われる SI の事例は正当なものである．

的な項が多重表示をもつからである.ここで,このことは私たちが不確定記述を使ったという事実のせいだと考えるのは自然である.もし確定記述を使っていれば,表示は一意的であり,それゆえ論証は頓挫しなかっただろう,というわけだ.だが本当にそうだろうか.確定記述を使うと,

1. $t = f\iota y \Delta([t], y)$

という閉項が手に入る.すると自然な論証は次のようになる.

| | |
|---|---|
| $t = t$ | 同一性 |
| $\Delta([t], t)$ | 表示原理 |
| $\neg \mathfrak{S} x(\Delta([t], x) \wedge t \neq x)$ | ($\star$) |
| $\Delta([t], t) \wedge \neg \mathfrak{S} x(\Delta([t], x) \wedge t \neq x)$ | 接合 |
| $\mathfrak{S} y(\Delta([t], y) \wedge \neg \mathfrak{S} x(\Delta([t], x) \wedge y \neq x))$ | 汎化 |
| $\Delta([t], \iota y \Delta([t], y))$ | 確定記述の原理 |
| $t = \iota y \Delta([t], y)$ | 表示原理 |
| $t = ft$ | 1 と SI |

排中律が成り立っているとすれば,($\star$) の行は表示原理から帰結する[19].しかしこの論証は不確定記述に関する論証と同様に成り立たない.この論証は最後の行で SI を使っているだけでなく,違法な形式の汎化も使っている.そこでは一つの項が複数回現れているのである.

しかし次のように考えられるかもしれない.論証に出てくる確定記述は一意的な表示をもち,項 $t$ はその記述に関数記号 $f$ を適用することで得られる.したがって $t$ も一意的な表示をもつ.よってこれらの推論ステップはどちらも容認できるものである.

しかし本節の意味論を考慮すると,確定記述は一意的な表示をもたないこと

---

[19] 証明は以下の通り.排中律より,$\neg \Delta([t], x) \vee \Delta([t], x)$.表示原理より,$\neg \Delta([t], x) \vee t = x$.したがって,$\neg (\Delta([t], x) \wedge t \neq x)$ であり,全称汎化より,$\mathfrak{A} x \neg (\Delta([t], x) \wedge t \neq x)$.したがって,$\neg \mathfrak{S} x (\Delta([t], x) \wedge t \neq x)$.

がありうる．第一に，あるものが $A(x)$ を一意的に充足する場合でも，$\iota x A(x)$ はこのものだけでなく，他のものも表示するかもしれない．このことは，与えられた表示条件からの人為的な帰結であり，変更されるべきものだと思われるかもしれない．しかし表示が一意でないのは，もっと根本的な理由による．どの対象も一意に $A(x)$ を満たさないとしても，$\iota x A(x)$ は依然として複数の対象を表示することがありうるのだ．上の論証では，$\mathfrak{S}y(\Delta([t],y) \wedge \neg \mathfrak{S}x(\Delta([t],x) \wedge t \neq x))$ ということが示されているので，この限りではないという応答があるかもしれない．しかしこれは $t$ に対する汎化によって推論されているのであり，したがって結論が保証されるのは $t$ が単一の表示をもつ場合だけである．そして $t$ は当の記述に対する関数記号の適用によって得られるので，$t$ が一意的な表示をもつということが保証されるのは，当の記述が一意的な表示をもつ場合だけである．したがって，表示が一意だという論証は循環しており論点先取である．

ひょっとすると，一意性が成り立たない場合が決して生じないように，当該の記述を修正できると考えられるかもしれない．たとえば，$\mathfrak{S}z(A(z) \wedge \neg \mathfrak{S}x(A(x) \wedge x \neq z))$ を $\mathfrak{S}!zA(z)$ と書き，$\iota^{\star}$ を

$$\iota^{\star}xA(x) = \varepsilon x((\mathfrak{S}!zA(z) \wedge A(x)) \vee (\neg \mathfrak{S}!zA(z) \wedge x = 0))$$

と定義しよう．「0」は一意的な表示をもつので，いずれの場合も，$\iota^{\star}xA(x)$ は一意的な表示をもつ．

しかしこうすると論証は別の箇所で頓挫する．これは，非トリビアル性論証から必ずそうなるはずのことである[20]．$\mathfrak{S}!xA(x) \vdash A(\iota^{\star}xA(x))$ という推論は妥当ではない（たとえ $\varepsilon$ 項の作用域内への置換がない場合でも妥当ではない）．

このことを確認するには，この推論の一例である，$\mathfrak{S}!xPx \vdash P\iota^{\star}xPx$ を考えればよい．解釈としては，領域に自然数 $\mathcal{N}$，$\delta^{+}(P) = \{1\}$，$\delta^{-}(P) = \mathcal{N}$ となるものを選ぼう．$\Vdash^{+}_{s(z/1)} \mathfrak{A}x\neg Px$ なので，$\Vdash^{+}_{s(z/1)} \mathfrak{A}x(\neg Px \vee x = z)$ である．したがって，$\Vdash^{+}_{s(z/1)} \neg \mathfrak{S}x(Px \wedge x \neq z)$ かつ $\Vdash^{+}_{s(z/1)} Pz \wedge \neg \mathfrak{S}x(Px \wedge x \neq z)$．すると，$\Vdash^{+}_{s} \mathfrak{S}z(Pz \wedge \neg \mathfrak{S}x(Px \wedge x \neq z))$，つまり $\Vdash^{+}_{s} \mathfrak{S}!zPz$．しかし，$\Vdash^{+}_{s} \mathfrak{A}z\neg Pz$ なので，

---

[20] 状況は，Priest (1997b) で考察した拡張版のパラドクスの状況と同様である．

$\Vdash_s^+ \mathfrak{A}z(\neg Pz \vee \mathfrak{S}x(Px \wedge x \neq z))$, すなわち, $\Vdash_s^+ \neg \mathfrak{S}z(Pz \wedge \neg \mathfrak{S}x(Px \wedge x \neq z))$, つまり, $\Vdash_s^+ \neg \mathfrak{S}!zPz$. したがって, $\delta(\iota^\star xPx)$ は $\{0\}$ かもしれず, この場合, $\Vdash_s^+ P\iota^\star xPx$ は手に入らない.

明らかなように,問題は,

$$(\mathfrak{S}!xPx \wedge P\iota^\star xPx) \vee (\neg \mathfrak{S}!xPx \wedge \iota^\star xPx = 0)$$

は成り立つが, $\mathfrak{S}!xPx$ は真かつ偽であるかもしれず,その場合, 二つ目の選言肢が成り立つかもしれない, ということである. 証明論的には, 選言三段論法(これは一つ目の選言肢を得るために必要であるだろうものだ)は, 矛盾許容の文脈では非妥当である.

このことは, 次の可能性を浮き彫りにする. つまり, 言語を拡張して, 一意的充足を無矛盾に表現するために必要とされるだろうものを用意するという可能性である. たとえば, 一意的な充足を表現する新しい量化子 $\mathfrak{S}!!$ を言語に加えようという考えがあるかもしれない. すると状況はブール否定に関する状況と非常によく似ている. ブール否定 \$ は, 想定上, 古典的否定と同じ仕方で振る舞う演算子である. 実は, $\mathfrak{S}!!xA(x)$ はブール否定を使って, $\mathfrak{S}x(\$\$A(x) \wedge \$\mathfrak{S}y(A(y) \wedge \$x = y))$ と定義できる. (一つ目の連言肢は, なにかが $A(x)$ を充足するということを無矛盾に表現する. 二つ目の連言肢は他のものはどれも $A(x)$ を充足しないということを無矛盾に表現する.) というわけで, ブール否定について論じることにしたい[21].

\$ は整合的な概念だと想定すべき理由はあるだろうか. これは \$ がどう特徴づけられるかに依存する. 選択肢は二つある. 最初の選択肢は公理論的なものだ. 私たちは単に, ひとまとまりの公理および(あるいは)古典的否定の規則を定めて, 結合子 \$ はこれらを満たすと主張するかもしれない. しかしこれは話の進め方としてはあまり満足のいくものではない. というのも, \$ はこのように特徴づけられると, 調子っ外れの結合子(honky connective)であるという反論, つまりそれは確定的な意味をもたないという反論の余地があるからだ. よく知られているように, 恣意的な要請の集合は演算子になんの確定的な意味を

---

21) この状況は Priest (1990) で論じた. 議論のさらなる詳細についてはこちらを参照されたい.

も与えないことがある．プライアーと結合子 *tonk* のおかげで私たちはこの可能性を十分に承知している[22]．この選択肢では，私たちが手にするのは，ホンキートンクのように調子の外れた結合子なのである．

もう一方の選択肢は，以下のように真偽条件を定めることで，演算子を意味論的に設定するというものである．

$\Vdash_s^+ \$A \iff \Vdash_s^+ A$ ということが成り立たない
$\Vdash_s^- \$A \iff \Vdash_s^+ A$

問題は，「ということが成り立たない」というメタ言語表現をどう理解するかということである．これは対象言語の否定かもしれない（これは整合性のために期待されるだろうことである）．しかしその場合，\$ が古典的に振る舞うという保証はない．なぜなら，私たちは $\Vdash_s^+ \$A$ と $\Vdash_s^- \$A$ の両方を手にすることが十分にありうるからである．代わりに，「ということが成り立たない」というメタ言語表現は古典的に振る舞うのだと主張することはできる．しかし，私たちは今，古典的否定の振る舞いを満たす概念の整合性を論証しようとしているところなのだから，これは明らかに論点先取である．

## 8.9 結論

本章では，非存在主義に対する最も困難な反論と私が考えるもの，つまりあらゆる項は表示をもつということに決定的に依存する表示のパラドクスを検討した．そのために，自己言及のパラドクスを簡単に説明した．私は多重表示の論理を与え，問題の元凶たる項が多重表示をもつと見なすならば，パラドクスの論証は確実に回避できるということが確認された．

私が思うに，これを使えば，非存在主義に対する最後の主要な反論は消えてなくなる．他に反論がないだとか，ここまでで論じた反論について私が述べたことが決定的だなどと思うほど私は愚かではない．もちろん，どの問題をとって

---

[22] Prior (1960) を参照．

みてもさらに論じるべきことがたくさんある．しかし本書の狙いは，志向性の問題に完璧に片を付けようというものではなかった．私は確信しているが，これは世間知らずな狙いであろう．それでも，本書が志向性に関する非存在主義理論の基礎を提供し，この意味で，存在しないものへと私たちを誘うものであるようにと願っている．

この理論——ないしはそれに類するもの——が正しければ，非存在者，つまりないものは確定的で重要な構造をもっているということになる（現実主義者はそれを否定してきたが）．本書で見てきたように，その構造は，多くのことがら，特に志向性の理解の中核をなす．志向性は，第1章の冒頭で論じたように，認知主体の基本的特徴である．そして認知主体とは存在するものだ．存在するものを理解するには，存在しないものを理解しなければならないのである．

## 8.10 テクニカルな付録

この付録では，本章で言及したテクニカルな主張の証明を与える．最初の二つの証明は，変項に関する有用な事実を確立する．

**補題 16** 任意の解釈を考える．$t$ を任意の項，$A$ を任意の式とする．このとき，$s_1$ と $s_2$ が $t$ と $A$ に自由に現れる変項に関して一致する変項の評価であるならば，

1. $\delta_{s_1}(t) = \delta_{s_2}(t)$
2. $\Vdash^{\pm}_{s_1} A \iff \Vdash^{\pm}_{s_2} A$.

**証明** 証明は相互再帰による．1について．
定項については，

$$\delta_{s_1}(c) = \{\delta(c)\} = \delta_{s_2}(c).$$

変項については，

$$\delta_{s_1}(x) = \{s_1(x)\} = \{s_2(x)\} = \delta_{s_2}(x).$$

関数記号については,

$$
\begin{aligned}
b \in \delta_{s_1}(ft_1\ldots t_n) &\iff \text{ある } a_1 \in \delta_{s_1}(t_1),\ldots,a_n \in \delta_{s_1}(t_n) \text{ について,} \\
&\qquad b = \delta(f)(a_1,\ldots,a_n) \\
&\iff \text{ある } a_1 \in \delta_{s_2}(t_1),\ldots,a_n \in \delta_{s_2}(t_n) \text{ について,} \\
&\qquad b = \delta(f)(a_1,\ldots,a_n) \qquad \text{帰納法の仮定より} \\
&\iff b \in \delta_{s_2}(ft_1\ldots t_n).
\end{aligned}
$$

$\tau$ を記述 $\varepsilon y A(y)$ とする. すると,

$$
\begin{aligned}
b \in \delta_{s_1}(\tau) &\iff b \in \varphi_{\overline{\tau}}\{d : \Vdash^+_{s_1(x/d)} A(x)\} \cup \varphi_{\overline{\tau}}(D) \\
&\iff b \in \varphi_{\overline{\tau}}\{d : \Vdash^+_{s_2(x/d)} A(x)\} \cup \varphi_{\overline{\tau}}(D) \qquad 2 \text{ より} \\
&\iff b \in \delta_{s_2}(\tau).
\end{aligned}
$$

2 について. 原子式については,

$$
\begin{aligned}
\Vdash^{\pm}_{s_1} Pt_1\ldots t_n &\iff \text{ある } x_1 \in \delta_{s_1}(t_1),\ldots,x_n \in \delta_{s_1}(t_n) \text{ について,} \\
&\qquad \langle x_1,\ldots,x_n \rangle \in \delta^{\pm}(P) \\
&\iff \text{ある } x_1 \in \delta_{s_2}(t_1),\ldots,x_n \in \delta_{s_2}(t_n) \text{ について,} \\
&\qquad \langle x_1,\ldots,x_n \rangle \in \delta^{\pm}(P) \qquad 1 \text{ より} \\
&\iff \Vdash^{\pm}_{s_2} Pt_1\ldots t_n.
\end{aligned}
$$

(もし $P$ が命題変数ならば,条件は,単に $\langle\rangle \in \delta^{\pm}(P)$ であり,それゆえ $s$ とはまったく独立である.)

結合子と量化子に関しては,1.9 節の補題 1 と同様である. ∎

次の補題は,項を含む文が真であるのは,項のある表示が対応する開放文を充足する場合であるということを示している.詳しく述べると次の通り.

**補題 17**　任意の解釈を考える．$t'(x)$ および $A(x)$ を，$\varepsilon$ の作用域内に $x$ をもたない任意の項および式とする．$t$ を，これらの項と式の $x$ と自由に置換できる任意の項とする．$s$ を，自由変項に対する任意の評価とする．このとき，$d \in \delta_s(t)$ ならば，

1. $\delta_{s(x/d)}(t'(x)) \subseteq \delta_s(t'(t))$
2. $\Vdash^{\pm}_{s(x/d)} A(x) \Rightarrow \Vdash^{\pm}_s A(t)$．

**証明**　証明は相互再帰による．1 について．$x$ は $\varepsilon$ の作用域内にはないので，$t'(x)$ は，変項，定項，関数記号，そして $x$ の自由な現れをもたない $\varepsilon$ 項から作られる．もし $t'$ が $x$ 以外の定項ないし変項であるならば，$t'(x)$ と $t'(t)$ は同一であり，どちらにおいても $x$ は自由ではない．したがって，結論は補題 16 から帰結する．同じことが $x$ の自由な現れをもたない $\varepsilon$ 項にも適用される．$t'$ が $x$ の場合，

$$
\begin{aligned}
b \in \delta_{s(x/d)}(x) &\Rightarrow b \in \{d\} \\
&\Rightarrow b = d \\
&\Rightarrow b \in \delta_s(t)
\end{aligned}
$$

が得られる．$t'$ を $ft_1(x)\ldots t_n(x)$ とする．すると，

$$
\begin{aligned}
b \in \delta_{s(x/d)}&(ft_1(x)\ldots t_n(x)) \\
\Rightarrow\ &\text{ある } a_1 \in \delta_{s(x/d)}(t_1(x)),\ldots, a_n \in \delta_{s(x/d)}(t_n(x)) \\
&\text{について，} b = \delta(f)(a_1,\ldots,a_n) \\
\Rightarrow\ &\text{ある } a_1 \in \delta_s(t_1(t)),\ldots, a_n \in \delta_s(t_n(t)) \text{ について，} \\
&b = \delta(f)(a_1,\ldots,a_n) \qquad\qquad\qquad \text{帰納法の仮定より} \\
\Rightarrow\ &b \in \delta_s(ft_1(t)\ldots t_n(t))．
\end{aligned}
$$

2 について．まず $Pt_1(x)\ldots t_n(x)$ という形式の原子式について考える[23]．ど

---

[23]　$P$ が命題変数の場合，置換は空虚であり，結論は補題 16 から帰結する．

の $t_i$ においても，$x$ は $\varepsilon$ の作用域内にない．したがって，

$$\begin{aligned}
&\Vdash^{\pm}_{s(x/d)} Pt_1(x)\ldots t_n(x) \\
&\Rightarrow \quad \text{ある } x_1 \in \delta_{s(x/d)}(t_1(x)),\ldots, x_n \in \delta_{s(x/d)}(t_n(x)) \text{ について,} \\
&\qquad \langle x_1,\ldots,x_n \rangle \in \delta^{\pm}(P) \\
&\Rightarrow \quad \text{ある } x_1 \in \delta_s(t_1(t)),\ldots, x_n \in \delta_s(t_n(t)) \text{ について,} \\
&\qquad \langle x_1,\ldots,x_n \rangle \in \delta^{\pm}(P) \qquad\qquad\qquad\qquad\qquad 1 \text{ より} \\
&\Rightarrow \quad \Vdash^{\pm}_s Pt_1(t)\ldots t_n(t).
\end{aligned}$$

結合子が関わる事例については簡単に示せる．

最後に量化子について．$A(x)$ が $\mathfrak{S}yB(x)$ の場合，論証は以下の通り．全称量化子の場合も同様．$x$ と $y$ が同一ならば，$A(x)$ と $A(t)$ は同一であり，結論は補題16から帰結する．$x$ と $y$ が異なる場合は，次の通りになる．

$$\begin{aligned}
\Vdash^{\pm}_{s(x/d)} \mathfrak{S}yB(x) &\Rightarrow \text{ある（すべての）} b \in D \text{ について，} \Vdash^{\pm}_{s(x/d,y/b)} B(x) \\
&\Rightarrow \text{ある（すべての）} b \in D \text{ について，} \Vdash^{\pm}_{s(y/b)} B(t) \quad (\star) \\
&\Rightarrow \Vdash^{\pm}_s \mathfrak{S}yB(t).
\end{aligned}$$

$(\star)$ について．$t$ 中のどの変項も置換の結果束縛されることはないので，$t$ が自由な $y$ を含むということはありえない．補題16より，$\delta_{s(y/b)}(t) = \delta_s(t)$ であり，したがって，$s$ が $s(y/b)$ の場合として帰納法の仮定を適用できる． ■

**系18** $x$ が $A(x)$ において $\varepsilon$ の作用域内に現れず，かつ，$\varepsilon x A(x)$ と $t$ は，$A(x)$ の $x$ をそれらで置換した際に自由であるとすると，

1. $\mathfrak{A}xA(x) \vDash A(t)$
2. $\mathfrak{S}xA(x) \vDash A(\varepsilon x A(x))$.

**証明** 1 について．$\Vdash^{+}_s \mathfrak{A}xA(x)$ とする．すると，すべての $a \in D$ について，$\Vdash^{+}_{s(x/a)} A(x)$ である．ここで $a \in \delta_s(t)$ となる $a$ を選ぶと，補題17より，$\Vdash^{+}_s A(t)$.

2 について. $\Vdash^+_s \mathfrak{S}xA(x)$ とする. すると, $\{d : \Vdash^+_{s(x/d)} A(x)\} \neq \emptyset$. 任意の $a \in \varphi_{\overline{\varepsilon xA(x)}}\{d : \Vdash^+_{s(x/d)} A(x)\}$ を選ぼう. すると, $a \in \delta_s(\varepsilon xA(x))$, かつ, $\Vdash^+_{s(x/a)} A(x)$. 補題 17 より, $\Vdash^+_s A(\varepsilon xA(x))$. ∎

次に, これらの推論が限定的な妥当性しかもたないということを示す.

**補題 19** 置換が $\varepsilon$ の作用域内で生じた場合, 系 18 の推論は非妥当でありうる.

**証明** 第一の推論が成り立たないことがあるということを確認するために,

$$\mathfrak{A}xP\varepsilon yRxy \vdash P\varepsilon yRty$$

を考えよう. 次のような解釈を選ぼう.

$$\begin{aligned} D &= \{a,b,c\} \\ \delta^+(P) &= \{a,c\} \\ \delta^+(R) &= \{\langle a,a\rangle, \langle a,b\rangle, \langle b,a\rangle, \langle b,c\rangle, \langle c,b\rangle, \langle c,c\rangle\} \end{aligned}$$

以下の議論のイメージを得るには, $\delta^+(R)$ に関する次の図を心に留めておくとよいかもしれない.

$$\begin{array}{ccccc} \circlearrowright & & & & \circlearrowright \\ a & \leftrightarrow & b & \leftrightarrow & c \end{array}$$

$t$ を次のような閉項とする[24].

$$\delta_s(t) = \{a,b,c\}$$

---

[24] 証明の次の部分において $\tau$ が示すように, このような項はある.

## 8.10 テクニカルな付録 223

任意の $t'$ について，$\varphi_{t'}$ は $t'$ と独立であり，よって添字を省略して，

$$\begin{align*}
\varphi\{a,b\} &= \{a,b\} \\
\varphi\{b,c\} &= \{b,c\} \\
\varphi\{a,c\} &= \{a,c\} \\
\varphi\{a,b,c\} &= \{b\}
\end{align*}$$

とする．すると，

$$\begin{align*}
\delta_{s(x/a)}(\varepsilon y R x y) &= \varphi\{a,b\} = \{a,b\} \\
\delta_{s(x/b)}(\varepsilon y R x y) &= \varphi\{a,c\} = \{a,c\} \\
\delta_{s(x/c)}(\varepsilon y R x y) &= \varphi\{b,c\} = \{b,c\} .
\end{align*}$$

したがって，$d \in D$ ならば，ある $e \in \delta_{s(x/d)}(\varepsilon y R x y)$ について，$e \in \delta^+(P)$ である．すなわち，$\Vdash_s^+ \mathfrak{A} x P \varepsilon y R x y$ である．

しかし，$\delta_s(\varepsilon y R t y) = \varphi\{e : \Vdash_{s(y/e)}^+ R t y\} = \varphi\{e : ある d \in \delta_s(t) について，\langle d, e \rangle \in \delta^+(R)\} = \varphi\{a,b,c\} = \{b\}$．したがって，$d \in \delta^+(P)$ となるような $d \in \delta_s(\varepsilon y R t y)$ はない．すなわち，$\nVdash_s^+ P \varepsilon y R t y$ である．

第二の推論が成り立たないことがあるということを確認するために，

$$\mathfrak{S} x P \varepsilon y R x y \vdash P \varepsilon y R \tau y$$

を考えよう（ただし $\tau$ は，$\varepsilon x P \varepsilon y R x y$ とする）．

上の場合と同じ解釈を選ぼう．すると，$\delta_{s(x/a)}(\varepsilon y R x y) = \{a,b\}$ である．したがって，ある $d \in \delta_{s(x/a)}(\varepsilon y R x y)$ について，$d \in \delta^+(P)$ だ．すなわち，ある $e \in D$ について（つまり $a$ について），$\Vdash_{s(x/e)}^+ P \varepsilon y R x y$ である．したがって，$\Vdash_s^+ \mathfrak{S} x P \varepsilon y R x y$.

しかしすでに見たように，

$$\delta_{s(x/a)}(\varepsilon y R x y) = \{a,b\}$$

$$\delta_{s(x/b)}(\varepsilon y Rxy) = \{a, c\}$$
$$\delta_{s(x/c)}(\varepsilon y Rxy) = \{b, c\}$$

である．したがって，すべての $d \in D$ について，ある $e \in \delta_{s(x/d)}(\varepsilon y Rxy)$ が $e \in \delta^+(P)$ を満たす．それゆえ，$\{d : \Vdash^+_{s(x/d)} P\varepsilon y Rxy\} = \{a, b, c\}$，かつ，$\delta_s(\tau) = \varphi\{a, b, c\} = \{b\}$ である．すると，$d \in \delta^+(P)$ となるような $d \in \delta_s(\tau)$ はない．すなわち，$\nVdash^+_s P\varepsilon y R\tau y$ である． ∎

しかし選択関数を適切に制限すれば，これらの推論を普遍的に妥当なものにできる．

**補題20** すべての $X$ と $t$ について $\varphi_t(X) = X$ ならば，補題17は $\varepsilon$ 項の作用域内での置換に関する制約なしに成り立つ．

**証明** これを証明するには，補題17の証明，特にその1の証明に，$\varepsilon$ 項の内部で置換が生じる場合を扱う部分を追加すればよい．その追加の部分は次の通り．

$t'$ を項 $\varepsilon y A(x)$ とする．$x$ と $y$ が同一ならば，$t'(x)$ と $t'(t)$ は同一であり，$x$ はそのいずれにおいても自由に現れない．したがって結論は補題16から帰結する．そこで $x$ と $y$ は異なるとしよう．そのとき，

$$\begin{aligned}
b \in \delta_{s(x/d)}(\varepsilon y A(x)) &\Rightarrow b \in \{a : \Vdash^+_{s(x/d,y/a)} A(x)\} \cup D \\
&\Rightarrow b \in \{a : \Vdash^+_{s(y/a)} A(t)\} \cup D \quad (\star) \\
&\Rightarrow b \in \delta_s(\varepsilon y A(t)).
\end{aligned}$$

$(\star)$ は，二重に決定されているということに注意しよう．$(\star)$ は端的に $D$ のゆえに成り立つ．しかし，$t$ のどの変項も置換において束縛されないので，$y$ は $t$ に自由に現れない．すると補題16より，$\delta_{s(y/a)}(t) = \delta_s(t)$ であり，したがって，$s$ が $s(y/a)$ の場合として帰納法の仮定を適用できる．（それゆえ，$D$ を他のどんな集合に置き換えたとしても違いは生じない．） ∎

系21 すべての $X$ と $t$ について $\varphi_t(X) = X$ ならば，系18の推論は，$\varepsilon$ の作用域内部での置換に関しても妥当である.

**証明** 証明は系18の証明と同じである．ただし，補題17の代わりに補題20を用いる． ■

すでに見たように，特称汎化は，$\varepsilon$ 項の作用域内での置換がない場合でも，無制限に妥当なわけではない．次に，特称汎化が妥当になる特殊例を示す．

**補題22** $Pt_1 \ldots x \ldots t_n$ における $x$ の自由な現れが，ここで示された通りのものだけならば，$Pt_1 \ldots t \ldots t_n \vDash \mathfrak{S}xPt_1 \ldots x \ldots t_n$.

**証明** $\Vdash_s^+ Pt_1 \ldots t \ldots t_n$ と仮定する．すると
 $\Rightarrow$ ある $a_1 \in \delta_s(t_1), \ldots, a \in \delta_s(t), \ldots, a_n \in \delta_s(t_n)$ について，
  $\langle a_1, \ldots, a, \ldots, a_n \rangle \in \delta^+(P)$
 $\Rightarrow$ ある $a_1 \in \delta_s(t_1), \ldots, a \in \delta_{s(x/a)}(x), \ldots, a_n \in \delta_s(t_n)$ について，
  $\langle a_1, \ldots, a, \ldots, a_n \rangle \in \delta^+(P)$  $(\star)$
 $\Rightarrow$ ある $a_1 \in \delta_{s(x/a)}(t_1), \ldots, a \in \delta_{s(x/a)}(x), \ldots, a_n \in \delta_{s(x/a)}(t_n)$
  について，$\langle a_1, \ldots, a, \ldots, a_n \rangle \in \delta^+(P)$  補題16
 $\Rightarrow$ ある $b \in D$ について，ある $a_1 \in \delta_{s(x/b)}(t_1), \ldots, a \in \delta_{s(x/b)}(x),$
  $\ldots, a_n \in \delta_{s(x/b)}(t_n)$ について，$\langle a_1, \ldots, a, \ldots, a_n \rangle \in \delta^+(P)$
 $\Rightarrow$ ある $b \in D$ について，$\Vdash_{s(x/b)}^+ Pt_1 \ldots x \ldots t_n$
 $\Rightarrow$ $\Vdash_s^+ \mathfrak{S}xPt_1 \ldots x \ldots t_n$.

$(\star)$ については，$\delta_{s(x/a)}(x) = \{a\}$ ということに注意せよ． ■

次に，多重表示論理では，表示原理は，自己言及の能力を完全に保持した算術においても，トリビアル性を生じないということを示す．言語は，一階の算術に記述演算子，表示述語および存在述語を加えたものとする．
以下では，制限された解釈だけを扱うことにする．第一に，解釈の領域は自

然数 $\mathcal{N}$ であり,算術の道具立てはどれも通常の意味をもつ.たとえば,定項 **0** は 0 を,＋ は加法を表示し(等々),＝ は通常の(古典的な)解釈をもち,存在述語の外延は,なんらかの仕方で固定されている.最後に,すべての $\tau$ と $X$ について,$\varphi_\tau(X) = X$ である[25].したがって解釈中で変わりうるのは,$\Delta$ の外延と余外延だけである.

$\mathfrak{I}_1$ と $\mathfrak{I}_2$ を解釈としよう.$\mathfrak{I}_1$ と $\mathfrak{I}_2$ の述語 $\Delta$ の外延と余外延をそれぞれ,$\Delta_1^\pm$ および $\Delta_2^\pm$ としよう.さらに,$\preceq$ を次のように定義する.

$$\mathfrak{I}_1 \preceq \mathfrak{I}_2 \iff \Delta_1^+ \subseteq \Delta_2^+ \text{かつ} \Delta_1^- \subseteq \Delta_2^-$$

ここで重要な単調性を確かめる.$\mathfrak{I}_1$ と $\mathfrak{I}_2$ の表示関数と真偽関係をそれぞれ,$\delta^1$ と $\delta^2$,$\Vdash^{1,\pm}$ と $\Vdash^{2,\pm}$ としよう.このとき,

**補題 23(単調性)** $\mathfrak{I}_1 \preceq \mathfrak{I}_2$ ならば,任意の $t$, $A$, $s$ について,

1. $\delta_s^1(t) \subseteq \delta_s^2(t)$
2. $\Vdash_s^{1,\pm} A \Rightarrow \Vdash_s^{2,\pm} A$.

**証明** 証明は相互再帰による.1 について.$t$ が定項ないし変項の場合が,自明である.$t$ が $ft_1 \ldots t_n$ の場合,

$a \in \delta_s^1(ft_1 \ldots t_n)$
　$\Rightarrow$　ある $a_1 \in \delta_s^1(t_1), \ldots, a_n \in \delta_s^1(t_n)$ について,
　　　$a = \delta(f)(a_1, \ldots, a_n)$
　$\Rightarrow$　ある $a_1 \in \delta_s^2(t_1), \ldots, a_n \in \delta_s^2(t_n)$ について,
　　　$a = \delta(f)(a_1, \ldots, a_n)$ 　　　　　　　　　　帰納法の仮定より
　$\Rightarrow$　$a \in \delta_s^2(ft_1 \ldots t_n)$

---

[25] $\varphi_\tau(X)$ を可能なかぎり大きくとると,生じる矛盾の数も最大になる,ということに注意しよう.このことによって非トリビアル性証明はより重要になる.

となる. $t$ が $\varepsilon x B(x)$ の場合,

$$\begin{aligned}
a \in \delta_s^1(\varepsilon x B(x)) &\Rightarrow a \in \{d : \Vdash_{s(x/d)}^{1,+} B(x)\} \cup D \\
&\Rightarrow a \in \{d : \Vdash_{s(x/d)}^{2,+} B(x)\} \cup D \quad (\star) \\
&\Rightarrow a \in \delta_s^2(\varepsilon x B(x))
\end{aligned}$$

である. ここでも $(\star)$ のステップは, $D$ および 2 についての帰納法の仮定によって過剰決定されている.

2 について. 結合子と量化子の場合は容易である. 原子式, $=$, $E$ の表示は変化しないので, 懸念すべきは $\Delta$ の場合だけである. この場合については,

$\Vdash_s^{1,\pm} \Delta(t_1, t_2)$
$\quad \Rightarrow$ ある $x_1 \in \delta_s^1(t_1), x_2 \in \delta_s^1(t_2)$ について, $\langle x_1, x_2 \rangle \in \Delta_1^{\pm}$
$\quad \Rightarrow$ ある $x_1 \in \delta_s^2(t_1), x_2 \in \delta_s^2(t_2)$ について, $\langle x_1, x_2 \rangle \in \Delta_1^{\pm}$  1 より
$\quad \Rightarrow$ ある $x_1 \in \delta_s^2(t_1), x_2 \in \delta_s^2(t_2)$ について, $\langle x_1, x_2 \rangle \in \Delta_2^{\pm}$  $\mathfrak{I}_1 \preceq \mathfrak{I}_2$ より
$\quad \Rightarrow \Vdash_s^{2,\pm} \Delta(t_1, t_2)$ .

∎

次に, 表示原理のモデルである不動点解釈を構成する. すべての順序数 $\alpha$ について解釈の列 $\mathfrak{I}_\alpha$ を定義する. $\mathfrak{I}_\alpha$ の表示関数と真偽関係をそれぞれ, $\delta^{\alpha,\pm}$, $\Vdash^{\alpha,\pm}$ としよう. さらに, $\delta^{\alpha,\pm}(\Delta)$ を $\Delta_\alpha^{\pm}$ と書くことにしよう. さらに, 項と式のなんらかの算術的なコード化が使えると想定しよう. $t$ のコードは $\#t$ であり, $[t]$ はその数項だとしよう. $a$ が閉項のコードでない場合, 任意の $b$ と $\alpha$ について, $\langle a, b \rangle$ は, $\Delta_\alpha^-$ の要素だが, $\Delta_\alpha^+$ の要素ではない. したがって, 私たちが関心を払う必要があるのは $a$ が閉項 $t$ のコードである場合の問題だけだ. 定義は帰納法による.

- すべての $b$ について, $\langle \#t, b \rangle \in \Delta_0^+$, かつ, $\langle \#t, b \rangle \in \Delta_0^-$.
- 後続者順序数 (successor ordinals) については,
  $\langle \#t, b \rangle \in \Delta_{\alpha+1}^{\pm} \iff \Vdash_{s(x/b)}^{\alpha,\pm} t = x$.

- $\lambda$ が極限順序数（limit ordinal）の場合,
  $\Delta_\lambda^\pm = \bigcap_{\alpha<\lambda} \Delta_\alpha^\pm$.

**補題 24** すべての $\alpha, \beta$ について, $\alpha \leq \beta$ ならば, $\mathfrak{I}_\alpha \sqsubseteq \mathfrak{I}_\beta$.

**証明** 証明は $\alpha$ に関する帰納法による. $\Delta$ の振る舞いは, 最初の要素が閉項のコードではない対に関しては不変なので, 最初の要素が閉項のコードである対だけを考えればよい. $\alpha$ が 0 の場合, 結論は自明である. $\alpha$ を極限順序数 $\lambda$ とし, $\langle \#t,b \rangle \in \Delta_\beta^\pm$ としよう. 帰納法の仮定より, すべての $\gamma < \lambda$ について, $\langle \#t,b \rangle \in \Delta_\gamma^\pm$ であり, したがって, $\langle \#t,b \rangle \in \Delta_\lambda^\pm$ である. 次に, $\alpha$ が後続者 $\gamma+1$ としよう. $\beta$ が $\alpha$ ないし極限順序数の場合, 結論は自明である. そこで, $\beta = \eta+1$ かつ $\langle \#t,b \rangle \in \Delta_\beta^\pm$ としよう. 定義より, $\Vdash_{s(x/b)}^{\eta,\pm} t = x$ である. 帰納法の仮定より, $\mathfrak{I}_\gamma \sqsubseteq \mathfrak{I}_\eta$ であり, したがって, 補題 23 より, $\Vdash_{s(x/b)}^{\gamma,\pm} t = x$, それゆえ $\langle \#t,b \rangle \in \Delta_\alpha^\pm$. ∎

この補題は, 各 $\alpha$ について, $\mathfrak{I}_\alpha$ が実は LP 解釈だ（つまり, $\Delta_\alpha^+ \cup \Delta_\alpha^- = \mathcal{N}^2$ だ）ということを示しているということに注意しよう. このことは 0 については明らかに真である. LP においては排中律が成り立つので, これは, $\alpha$ について真ならば, $\alpha+1$ についても真である. $\lambda$ が極限順序数であり, このことがすべての $\alpha < \lambda$ について真ならば, これは $\lambda$ についても真である. その理由は次の通り. $x \notin \Delta_\lambda^+ \cup \Delta_\lambda^-$ とする. すると, ある $\alpha, \beta < \lambda$ について, $x \notin \Delta_\alpha^+$ かつ $x \notin \Delta_\beta^-$ である. $\gamma$ が $\alpha$ および $\beta$ よりも大きい場合, 補題より, $x \notin \Delta_\gamma^+ \cup \Delta_\gamma^-$ である. すると, 結論は超限帰納法より帰結する.

標準的な集合論的考察により, $\Delta$ の外延と余外延が, 順序数を大きくするにつれて減少し続けるということはありえない. したがって, $\mathfrak{I}_\theta = \mathfrak{I}_{\theta+1}$ となる順序数 $\theta$ が存在しなければならない.

**補題 25** $\mathfrak{I}_\theta$（すなわち, $\mathfrak{I}_{\theta+1}$）は表示原理を真にする（verify）.

**証明** 任意の閉項 $t$ について, $[t]$ が数項であるので, それは一意的な表示, つ

まり $\#t$ をもつということに注意しよう。すると，

$$
\begin{aligned}
&\Vdash_s^{\theta+1,\pm} \Delta([t],x) \\
&\iff \text{ある } a \in \delta_s^{\theta+1}([t]), b \in \delta_s^{\theta+1}(x) \text{ について, } \langle a,b \rangle \in \Delta_{\theta+1}^{\pm} \\
&\iff \text{ある } b \in \delta_s^{\theta+1}(x) \text{ について, } \langle \#t,b \rangle \in \Delta_{\theta+1}^{\pm} \\
&\iff \text{ある } b \in \delta_s^{\theta}(x) \text{ について, } \Vdash_{s(x/b)}^{\theta,\pm} t = x \\
&\iff \text{ある } b \in \delta_s^{\theta}(x), a \in \delta_{s(x/b)}^{\theta}(t), c \in \delta_{s(x/b)}^{\theta}(x) \text{ について, } a = c \\
&\iff \text{ある } b \in \delta_s^{\theta}(x), a \in \delta_{s(x/b)}^{\theta}(t), c \in \{b\} \text{ について, } a = c \\
&\iff \text{ある } b \in \delta_s^{\theta}(x), a \in \delta_{s(x/b)}^{\theta}(t) \text{ について, } a = b \\
&\iff \text{ある } b \in \delta_s^{\theta}(x), a \in \delta_s^{\theta}(t) \text{ について, } a = b \quad (\star) \\
&\iff \Vdash_s^{\theta,\pm} t = x \\
&\iff \Vdash_s^{\theta+1,\pm} t = x.
\end{aligned}
$$

($\star$) についてだが，$t$ が閉項なので，これは補題 16 より帰結する． ∎

**定理 26** 算術を含み，表示原理を充足する（そして **Des** と，系 21 における制限なしの全称例化を充足する）ような多重表示論理の，無矛盾でなく非トリビアルな理論がある．

**証明** $\mathfrak{J}_\theta$ において成り立つ文の集合を考えよ．補題 25 より，この集合には表示原理が含まれる．この集合はトリビアルではない．なぜなら，純粋に算術の文はすべて古典的な値をとるからだ．これが無矛盾でないということを確認するために，$\varepsilon x\, x = x$ という項を考えよ．この項を $t$ と呼ぼう．あらゆるものが $x = x$ を充足する．したがって，$t$ は 0 と 1（そして他のあらゆるもの）を表示する．0 は $x = \mathbf{0}$ を充足し，1 は $\neg x = \mathbf{0}$ を充足するので，補題 17 より，$t = \mathbf{0}$ と $\neg t = \mathbf{0}$ がその理論で成り立つ．最後に，解釈における $\varphi$ の定義のゆえに，**Des** と全称例化は一般に成り立つ． ∎

# 文献一覧

ANDERSON, C. A., and OWENS, J. (eds.) (1990), *Propositional Attitudes: the Role of Content in Logic, Language and Mind*, CSLI Lecrure Notes 20 (Stanford, Calif: CSLI).

ASHWORTH, E. J. (1977), 'Chimeras and Imaginary Objects: A Study in Post-Medieval Theory of Signification', *Vivarium* 15: 57–79.

BALAGUER, M. (1995), 'A Platonist Epistemology', *Synthese* 103: 303–25.

BEALL, J. C. (1999), 'From Full Blooded Platonism to Really Full Blooded Platonism', *Philosophia Mathematica* 7: 322–5.

—— BRADY, R., HAZEN, A., PRIEST, G., and RESTALL, G. (2006), 'Relevant Restricted Quantification', *Journal of Philosophical Logic* 35: 587–598.

BOËR, S. E., and LYCAN, W. G. (1986), *Knowing Who* (Cambridge, Mass.: MIT Press).

BOH, I (1993), *Epistemic Logic in the Later Middle Ages* (London: Routledge).

BOS, E. P. (1983), *Marsilius of Inghen: Treatise on the Properties of Terms* (Dordrecht: Reidel).

BRENTANO, F. (1874), *Psychologie vom Empirische Standpunkt*, tr. A. C. Rancurello, D. B. Terrell, and L. L. McAlister, as *Psychology from an Empirical Standpoint* (London: Routledge & Kegan Paul, 1973).

BRESSAN, A. (1972), *A General Interpreted Modal Calculus* (New Haven, Conn.: Yale University Press).

BURGESS, J. P., and ROSEN, G. (1997), *A Subject with No Object* (Oxford: Clarendon Press).

BURIDAN, J. (1976), *Tractatus de Consequentiis*, ed. H. Hubien (Louvain: Publications Universitaires, and Paris: S.A. Vander-Oyez).

——(2001), *Summulae de Dialectica*, tr. G. Klima (New Haven, Conn.: Yale University Press).

CHISHOLM, R. (ed.) (1960), *Realism and the Background to Phenomenology* (London: Allen & Unwin).

——(1967), 'Identity Through Possible Worlds: Some Questions', *Noûs* 1: 1–8; repr. in M. J. Loux (ed.), *The Possible and the Actual* (Ithaca, NY: Cornell University

Press), ch. 3.

CRANE, T. (1995), *The Mechanical Mind: a Philosophical Introduction to Minds, Machines and Mental Representation* (London: Penguin Books). クレイン（土屋賢二監訳）『心は機械で作れるか』, 勁草書房, 2001.

——(1998), 'Intentionality', in E. Craig (ed.), *The Routledge Encyclopedia of Philosophy* (London: Routledge), v. 816–21.

CURRIE, G. (1990), *The Nature of Fiction* (Cambridge: Cambridge University Press).

DE RIJK, L. M. (1982), 'The Origins of the Theory of the Properties of Terms', in N. Kretzmann et al. (eds.), *The Cambridge History of Later Medieval Philosophy* (Cambridge: Cambridge University Press), 161–73.

DEVITT, M. (1983), 'Realism and the Renegade Putnam', *Noûs* 17: 291–30.

—— and STERELNY, K. (1987), *Language and Reality: An Introduction to the Philosophy of Language* (Oxford: Basil Blackwell).

EBBESEN, S. (1986), 'The Chimera's Diary', in S. Knuuttila and J. Hintikka (eds.), *The Logic of Being* (Dordrecht: Reidel), 115–43.

EDELBERG, W. (1986), 'A New Puzzle about Intentional Identity', *Journal of Philosophical Logic* 15:1–25.

FIELD, H. (1998), 'Which Undecidable Sentences have Truth Values?', in H. G. Dales and G. Olivieri (eds.), *Truth in Mathematics* (Oxford: Clarendon Press), ch. 16.

FINE, K. (1982), 'The Problem of Non-Existents I—Internalism', *Topoi* 1: 97–140.

FITTING, M., and MENDELSOHN, R. (1998), *First Order Modal Logic* (Dordrecht: Kluwer Academic Publishers).

FREGE, G. (1952), 'On Sense and Reference', in P. Geach and M. Black (trs.), *Translations from the Writings of Gottlob Frege* (Oxford: Basil Blackwell). フレーゲ（土屋俊訳）「意義と意味について」『フレーゲ著作集〈4〉哲学論集』, 勁草書房, 1999. 71–102.

GEACH, P. (1967), 'Intentional Identity', *Journal of Philosophy* 64: 627–32; repr. as sect. 4.4 of *Logic Matters* (Oxford: Basil Blackwell, 1972).

GRIFFIN, N. (1998), 'Problems in Item Theory', a paper read at the 1998 meeting of the Australasian Association for Logic.

GUPTA, A. (1980), *The Logic of Common Nouns* (New Haven, Conn.: Yale University Press).

HICKS, R. D. (tr.) (1925), *Diogenes Laertius: Lives of Eminent Philosophers* (Cambridge, Mass.: Harvard University Press).

HILBERT, D., and BERNAYS, P. (1939), *Grundlagen der Mathematik* (Berlin: Springer Verlag), ii. ヒルベルト，ベルナイス（吉田夏彦・渕野昌訳）『数学の基礎』（シュプリンガー数学クラシックス），シュプリンガージャパン（復刻版）, 2007.

HINTIKKA, J. (1962), *Knowledge and Belief: An Introduction to the Logic of the Two Notions* (Ithaca, NY: Cornell University Press). ヒンティッカ（永井成男・内田種

臣訳）『認識と信念——認識と信念の論理序説』, 紀伊国屋書店, 1975.
——(1969), 'Semantics for Propositional Attitudes', in J. W. Davis et al. (eds.), *Philosophical Logic* (Dordrecht: Reidel), 21–95; repr. in Linsky (1971), ch. 10.
HORCUTT, M. O. (1972), 'Is Epistemic Logic Possible?', *Notre Dame Journal of Formal Logic* 13: 433–53.
HOWELL, R. (1998), 'Fiction, Semantics of', in E. Craig (ed.), *The Routledge Encyclopedia of Philosophy* (London: Routledge), iii. 659–63.
HUGHES, G. E., and CRESSWELL, M. (1968), *Introduction to Modal Logic* (London: Methuen). ヒューズ，クレスウェル（三浦聡・大浜茂生・春藤修二訳）『様相論理入門』, 恒星社厚生閣, 1981.
KLIMA, G. (1991), '*Debeo Tibi Equum*: A Reconstruction of the Theoretical Framework of Buridan's Treatment of the Sophismata', in S. Read (ed.), *Sophisms in Medieval Logic and Grammar: Proceedings of the 9th European Symposium for Medieval Logic and Semantics* (Dordrecht: Kluwer Academic Publishers), 333–47.
KNEALE, W., and KNEALE, M. (1962), *The Development of Logic* (Oxford: Clarendon Press).
KRIPKE, S. (1972), 'Naming and Necessity', in D. Davidson and G. Harman(eds.), *Semantics of Natural Language* (Dordrecht: Reidel), 253–355; repr. as *Naming and Necessity* (Oxford: Basil Blackwell, 1980). クリプキ（八木沢敬・野家啓一訳）『名指しと必然性——様相の形而上学と心身問題』, 産業図書, 1985.
——(1977), 'Identity and Necessity', in S. P. Schwartz (ed.), *Naming, Necessity and Natural Kinds* (Ithaca, NY: Cornell University Press), ch. 2.
——(1979), 'A Puzzle about Belief', in A. Margalit (ed.), Meaning and Use (Dordrecht: Reidel), 239–83. クリプキ（信原幸弘訳）「信念のパズル」『現代思想』, 青土社, 1989, 76–108.
LACKEY, D. (ed.) (1973), *Essays in Analysis* (London: Allen & Unwin).
LAKOFF, G. (1970), 'Linguistics and Narural Logic', *Synthese* 22: 151–71.
LEISENRING, A. C. (1969), *Mathematical Logic and Hilbert's $\varepsilon$-Symbol* (London: Macdonald Technical and Scientific).
LEWIS, D. (1968), 'Counterpart Theory and Quantified Modal Logic', *Journal of Philosophy* 65: 113–26; repr. in Lewis (1983), ch. 3.
——(1978) 'Truth in Fiction', *American Philosophical Quarterly* 15: 37–46; repr. in Lewis (1983), ch. 15. ルイス（樋口えり子訳）「フィクションの真理」『現代思想』, 青土社, 1995, 163–179.
——(1983), *Philosophical Papers* (Oxford: Oxford University Press), i.
——(1984), 'Putnam's Paradox', *Australasian Journal of Philosophy* 62: 221–36; repr. in Lewis (1999), ch. 2.
——(1986), *On the Plurality of Worlds* (Oxford: Blackwell).
——(1990), 'Noneism or Allism', *Mind* 99: 23–31; repr. in Lewis (1999), ch. 8.

—— (1999), *Papers in Metaphysics and Epistemology* (Cambridge: Cambridge University Press).

LINSKY, L. (1971), *Reference and Modality* (Oxford: Oxford University Press).

MAIERÙ, A. (1972), *Terminologia Logica della Tarda Scolastica* (Rome: Edizioni dell'Ateneo).

MEINONG, A, (1904), 'Gegenstandstheorie', in A. Meinong (ed.), *Untersuchungen zur Gegenstandstheorie und Psychologie* (Leipzig). Translated into English as 'The Theory of Objects', in Chishoim (1960), ch. 4; the most important part of this is reprinted as 'Kinds of Being', in G. Iseminger (ed.), *Logic and Philosophy; Selected Readings* (New York, NY: Appleton-Century Crofts, 1968), 116–27.

NICHOLS, R. (2002), 'Reid on Fictional Objects and the Way of Ideas', *Philosophical Quarterly* 52: 582–601.

NOLAN, D. (1998), 'An Uneasy Marriage', a talk given at the 1998 meeting of the Australasian Association of Philosophy.

OCKHAM, G. DE (1974), *Ockham's Theory of Terms (Part 1 of the Summa Logicae)*, tr. M. J. Loux, (Notre Dame, Ind.: University of Notre Dame Press). オッカム（渋谷克美訳）『大論理学』注解〈1〉, 第1部, 第1章〜第43章, 創文社, 1999. オッカム（渋谷克美訳）『大論理学』注解〈2〉, 第1部, 語について, 第44章〜第77章, 創文社, 2000.

—— (1979), *Expositio super Libros Elenchorum*, ed. F. del Punta (St Bonaventure, NY: Franciscan Institute Publications).

PARKS, Z. (1974), 'Semantics for Contingent Identity Systems', *Notre Dame Journal of Formal Logic* 15: 333–4.

—— (1976), 'Investigations into Quantified Modal Logic', *Studia Logica* 35:109–25.

——, and SMITH, T. L. (1974), 'The Inadequacy of Hughes and Cresswell's Semantics for Contingent Identity Systems', *Notre Dame Journal of Formal Logic* 15: 331–2.

PARSONS, T. (1980), *Nonexistent Objects* (New Haven, Conn.: Yale University Press).

PAUL OF VENICE (1499), *Logica Magna* (Venice: Bonetus Locatellus for Octavianus Scotus).

—— (1971), *Logica Magna: Tractatus de Suppositionibus*, ed. and tr. A. Perreiah (St Bonaventure, NY: The Franciscan Institute).

—— (1978), *Logica Magna: Secunda Pars, Tractatus de Veritate et Falsitate Propositionis el Tractatus de Significatio Propositionis*, ed. F. del Punta, tr. M. M. Adams (Oxford: Oxford University Press for the British Academy).

—— (1981), *Logica Magna: Prima Pars, Tractates de Scire et Dubitare*, ed. and tr. P. Clarke (Oxford: Oxford University Press for the British Academy).

—— (1990), *Logica Magna: Secunda Pars, Capitula de Conditionali et de Rationali*, ed. and tr. G. E. Hughes (Oxford: Oxford University Press for the British Academy).

PETER OF SPAIN (1972), *Tractatus* (called afterwards *Summulae Logicales*), ed. L. M. De Rijk (Assen: van Gorcum). ペトルス・ヒスパーヌス（山下正男訳）「『論理学綱要』の翻訳」, 山下正男『『論理学綱要』——その研究と翻訳』, 京都大学人文科学研究所, 1981, 111–438.

PRIEST, G. (1979), 'Indefinite Descriptions', *Logique et Analyse* 22:5–21.

——(1987), *In Contradiction* (Dordrecht: Martinus Nijhoff); 2nd (extended) edn. (Oxford: Oxford University Press, 2006).

——(1990), 'Boolean Negation and All That', *Journal of Philosophical Logic* 19: 201–15; substantially repr. in *Doubt Truth to be a Liar* (Oxford: Oxford University Press, 2005), ch. 5.

——(1995a), *Beyond the Limits of Thought* (Cambridge: Cambridge University Press); 2nd (extended) edn. (Oxford: Oxford University Press, 2002).

——(1995b), 'Multiple Denotation, Ambiguity, and the Strange Case of the Missing Amoeba', *Logique et Analyse* 38: 361–73.

——(1997a), 'Sylvan's Box', *Notre Dame Journal of Formal Logic* 38: 573–82.

——(1997b), 'On a Paradox of Hilbert and Bernays', *Journal of Philosophical Logic* 26: 45–56.

——(1997c), 'Inconsistent Models of Arithmetic, I: Finite Models', *Journal of Philosophical Logic* 26: 223–35.

——(1998), 'Fuzzy Identity and Local Validity', *Monist* 81: 331–42.

——(1999), 'Semantic Closure, Descriptions and Non-Triviality', *Journal of Philosophical Logic* 28: 549–58.

——(2000a), 'Objects of Thought', *Australasian Journal of Philosophy* 78: 494–502. プリースト（山口尚訳）「思考の対象」『人間存在論』, 15, 京都大学大学院人間・環境学研究科総合人間学部「人間存在論」刊行会, 2009, 1–12.

——(2000b), 'Inconsistent Models of Arithmetic, II: the General Case', *Journal of Symbolic Logic* 65: 1519–29.

——(2001), *An Introduction to Non-Classical Logic* (Cambridge: Cambridge University Press).

——(2002), 'The Hooded Man', *Journal of Philosophical Logic* 31: 445–67.

——(2003), 'Meinong and the Philosophy of Mathematics', *Philosophia Mathematica* 11: 3–15.

——(2006), 'The Paradoxes of Denotation', in T. Bolander, V. F. Hendricks, and S. A. Pedersen (eds.), *Self-Reference* (Stanford, Calif.: CSLI Publications).

——(2009), 'Conditionals: a Debate with Jackson', in I. Ravenscroft (ed.), *Minds, Ethics and Conditionals: Themes from the Philosophy of Frank Jackson* (Oxford: Oxford University Press), ch. 13.

——(2010), 'Non-Transitive Identity', in R, Dietz and S, Mornzzi (eds.), *Cuts and Clouds: Vagueness, Its Nature and Its Logic* (Oxford: Oxford University Press).

——and READ, S, (1981), 'Ockham's Rejection of Ampliation', *Mind* 90: 274–9.

—— ——(2004), 'Intentionality—Meinongianism and the Medievals', *Australasian Journal of Philosophy* 82: 416–35.

—— ROUTLEY, R., and NORMAN, J. (eds.) (1989), *Paraconsistent Logic: Essays on the Inconsistent* (Munich: Philosophia Verlag).

PRIOR, A. (1960), 'The Runabout Inference Ticket', *Analysis* 21: 38–9; repr. in P. Strawson (ed.), *Philosophical Logic* (Oxford: Oxford University Press, 1967), 129–31.

PUTNAM, H. (1980), 'Models and Reality', *Journal of Symbolic Logic* 45: 464–82; repr. in *Realism and Reason: Philosophical Papers* (Cambridge: Cambridge University Press. 1983), iii. ch. 1. ヒラリー・パトナム（飯田隆他訳）「モデルと実在」,『実在論と理性』, 勁草書房, 1992, 21–61.

QUINE, W. V. O. (1948), 'On What There Is', *Review of Metaphysics* 48: 21–38; repr. as ch. 1 of *From a Logical Point of View*, Cambridge, MA: Harvard University Press. W. V. O. クワイン（飯田隆訳）「なにがあるのかについて」,『論理的観点から——論理と哲学をめぐる九章』（双書プロブレーマタ）, 勁草書房, 1992, 1–29.

——(1956), 'Quantifiers and Propositional Attitudes', *Journal of Philosophy* 53: 177–87; repr. in Linsky (1971), ch. 8.

RANTALA, V. (1982), 'Impossible World Semantics and Logical Omniscience', *Acta Philosopnica Fennica* 35: 106–15.

READ, S. (2001), 'Medieval Theories of Properties of Terms', *Stanford Encyclopedia of Philosophy*, http://plato.stanford.edu/entries/medieval-terms/, accessed 11 Oct. 2004.

ROSS, W. D. (ed. and tr.) (1928), *The Works of Aristotle* (Oxford: Clarendon Press).

ROUTLEY, R. (1980), *Exploring Meinong's Jungle and Beyond* (Canberra: RSSS, Australian National University).

——(1982), 'On What There Isn't', *Philosophy and Phenomenological Research* 43: 151–78; also in Routley (1980), ch. 3.

——(2003), 'The Importance of Nonexistent Objects and of Intensionality in Mathematics', *Philosophia Mathematica* 11: 20–52; parts of Routley (1980), chs. 10 and 11.

—— PLUMWOOD, V., MEYER, R. K., and BRADY, R. T. (1982), *Relevant Logics and their Rivals* (Atascadero, Calif.: Ridgeview), i.

RUSSELL, B. (1903), *Principles of Mathematics* (Cambridge: Cambridge University Press).

——(1905*a*), Review of A. Meinong, *Untersuchungen zur Gegenstandstheorie und Psychologie*, *Mind* 14: 530–8; repr. in Lackey (1973), ch. 2.

——(1905*b*), 'On Denoting', *Mind*. 14: 479–93; repr. in Lackey (1973), ch. 5. ラッセル（清水義夫訳）「指示について」,『現代哲学基本論文集』第Ⅰ巻, 勁草書房, 1986,

47–78.

——(1919), *Introduction to Mathematical Philosophy* (London: Allen & Unwin). ラッセル（平野智治訳）『数理哲学序説』（岩波文庫，青 225），岩波書店，1954.

RYLE, G. (1973), 'Intentionality-Theory and the Nature of Thinking', *Revue Internationale de Philosophie* 27: 255–64.

SALMON, N. (1986), *Frege's Puzzle* (Atascadero, Calif.: Ridgeview).

——(1995), 'Being in Two Minds: Belief with Doubt', *Noûs* 29: 1–20.

—— and SOAMES, S. (1988), *Propositions and Attitudes* (Oxford: Oxford University Press).

SCOTT, T. K. (ed.) (1977), *Sophismata* (Stuttgart-Bad Canstatt: Frommann-Holzboog).

SEARLE, J. R. (1983), *Intentionality: An Essay on the Philosophy of Mind* (Cambridge: Cambridge University Press). サール（坂本百大訳）『志向性――心の哲学』，誠信書房，1997.

SORABJI, R. (1991), 'From Aristotle to Brentano: the Development of the Concept of Intentionality', in H. Blumenthal and H. Robinson (eds.), *Oxford Studies in Ancient Philosophy, Suppl. Vol.: Aristotle and the Later Tradition* (Oxford: Oxford University Press), 227–59.

WALTON, K. (1978), 'Fearing Fictions', *Journal of Philosophy* 75: 5–27.

——(1990), *Mimesis as Make-Believe: On the Foundations of the Representational Arts* (Cambridge, Mass.: Harvard University Press).

WANG, W-F. (2004), 'A Model-Theoretic Argument against Meinongianism and Modal Realism', in E. Leinfellner *et al.* (eds.), *Experience and Analysis: Proceedings of the 27th International Wittgenstein Symposium* (Kirchberg am Wechsel: Austrian Ludwig Wittgenstein Society), 403–4.

YAGISAWA, T. (1988), 'Beyond Possible Worlds', *Philosophical Studies* 53: 175–204.

YI, B. (1999), 'Is Two a Property?', *Journal of Philosophy* 96: 163–90.

ZALTA, E. (1988), *Intensional Logic and the Metaphysics of Intentionality* (Cambridge, Mass.: MIT Press).

# 訳者解説

## 1 はじめに

本書は *Towards Non-Being: The Logic and Metaphysics of Intentionality* (Oxford University Press, 2005) の全訳である．著者のグレアム・プリースト (Graham Priest) は，メルボルン大学 Boyce Gibson 教授およびニューヨーク市立大学特別教授であり，セント・アンドリュース大学では Arché プロフェッショナルフェローを勤めている．ロンドン・スクール・オブ・エコノミクスで PhD，メルボルン大学で D. Litt を取得．専門は，論理学，形而上学，西洋および東洋哲学史である．

プリーストは非古典論理，特に，矛盾から任意の命題が導出できるという原理——これはしばしば爆発原理 (the principle of explosion) と呼ばれ，古典論理や直観主義論理を含む多くの論理において，妥当な推論とされる——を認めない矛盾許容論理 (paraconsistent logic) の第一人者として知られ，この論理学研究を背景に，いくつもの哲学的問題に取り組んでいる．主要な研究領域として，本書で展開される，非存在対象を認めるマイノング主義に基づいた志向性の意味論の他に，真でありかつ偽である文を認める真矛盾主義 (dialetheism) に立った意味論的パラドクスの分析（下記文献 [2][3][4]），そして，非古典論理を用いた仏教思想の分析（下記文献 [4]）を挙げることができる．本書以外の主な著書として，以下のものがある．

[1] (2008). *An Introduction to Non-Classical Logic*, second edition, Cambridge University Press. (First edition was published in 2001.)

[2] (2006). *Doubt Truth to Be a Liar*, Oxford University Press.

[3] (2006). *In Contradiction: A Study of the Transconsistent*, second edition, Oxford University Press. (First edition was published in 1987.)

[4] (2003). *Beyond the Limit of Thought*, second edition, Clarendon Press. (First edition was published in 1995.)

また，ラウトリー（R. Routley）およびノーマン（J. Norman）との共編書として，

[5] (1989). *Paraconsistent Logic: Essays on the Inconsistent*, Philosophia Verlag Gmbh.

が，ジャクソン（F. Jackson）との共編書として，

[6] (2004). *Lewisian Themes: The Philosophy of David K. Lewis*, Oxford University Press.

がある．

## 2　本書の意義

　太郎は，今夜サンタクロースがプレゼントをもってきてくれると信じているが，彼の父親は息子がサンタクロースなんていないということにはやく気づいてほしいと思っている．多くのギリシャ人はゼウスを崇拝していたが，中には，ゼウスを恐れているものもいた．私たちは，シャーロック・ホームズが探偵であることを知っているし，彼がワトソンを少々軽んじていただろうなどと想像したりする……．

　信じるや思う，崇拝する，恐れる，知る，想像するといった心の状態の最も基本的な特徴は，**志向性**――なにかに向けられている，なにかについてのものである，という特徴――だと言われる．そして志向性には，幾人もの哲学者たちを悩ませてきた特徴がある．それは，心的状態が，ときとして，存在しない対象に向けられたもの，存在しない対象についてのものでありうるように思わ

れる，ということである．上の例において，太郎はサンタクロースについてなにごとかを信じているし，ギリシャ人はゼウスを崇拝している．しかし明らかにサンタクロースやゼウスは存在しない．このことはよく考えてみると実に不思議なことである．そもそも存在しない対象となんらかの関係に立つということは本当にありうるのだろうか．なにせ関係項の一方は存在しない，つまりそんなものはないのだ．あるいは，存在しない対象に対してなんらかの心的状態にある（あるいは，存在しない対象についての状態だと少なくとも直観的には思われる心的状態にある）というのは一体どういうことなのだろうか．それは存在する対象について信じたり，想像したりするということとどう違うのか，あるいは両者の間に根本的な相違はないのだろうか．

　このような問いに対する一つの素朴な応答は，私たちは，存在する対象の場合とまったく同様に，存在しない対象についても様々な心的状態をもつことができるということを，ありのまま率直に認めてしまう，というものだ．この応答にとってネックとなるのが，非存在対象の扱いである．この応答は，非存在対象を私たちの心的状態の対象たりうる真正の対象として認めることを含んでいる．非存在対象を真正の対象として認め，それを理論の射程に収める理論は，19世紀の終わりから20世紀初頭にかけて非存在対象の理論を展開したオーストリアの哲学者アレクシウス・マイノングにちなんで，マイノング主義と呼ばれる．そしてマイノング主義は実に評判が悪い．「マイノング主義である」は「間違いである」とほぼ同義であるかのように扱われる向きさえある．

　マイノング主義に対するこうした扱いは，一つには，存在しないけれど真正の対象であるというのはいったいどういうことなのか理解し難い，あるいはかなりいかがわしいということを理由としているのかもしれない．だが，こうした直観的な理解し難さやいかがわしさ以上に，現代の哲学者たちに大きな影響を与え，マイノング主義に対する現代の否定的な評価を決定づけたのは，ラッセルおよびクワインの議論と言えよう．マイノング的な非存在対象の理論が致命的な難点を抱えているということは，ラッセルとクワインの批判によって決定的な仕方で示されたではないか．さらには，ラッセルの記述の理論，そしてクワインによる固有名に対するその応用は，非存在対象を指示するように思われる表現を文中から消去する体系的な手順を示すことによって，一見したところ

非存在対象による分析を必要とするように思われる問題領域においてさえ，非存在対象に訴えない解決が可能だということを示しているではないか．ラッセルとクワインの議論から，マイノング主義は不要であり間違っているということはもはや明らかだ，というわけだ．

だがこうした評価は本当に妥当なものだろうか．ラッセル－クワイン流の分析が，非存在対象が関わるように見えるどんな場面においても適用可能な万能の理論だという保証などどこにもない．実際，非存在対象が関わる事例にはラッセル－クワイン流の分析ではうまく処理できないものがある（本解説 4.1 節）．また，そもそも非存在対象という文脈を離れても，記述や固有名を彼らのような仕方で扱うことには異論がある[1]．そして，もしマイノング主義がラッセルやクワインの指摘した問題（ならびにその他の重要な問題）をクリアし，マイノング主義が容認可能な立場だということが示せるならば，上の素朴な応答は，まさにその素朴さゆえに，魅力的な立場となるのではないだろうか．本書で追求されるのは，この方向の議論に他ならない．本書は，マイノング主義，より正確には，その一種である**非存在主義**（noneism）を果敢に擁護し，それを組み込んだ一つの体系的な志向性理論を構築する試みである．

さて実を言えば，ラッセルとクワインの影響力の大きさにもかかわらず，分析哲学において，マイノング的な非存在対象の研究は着実に進められてきた．特に，80 年代に登場した一連の研究——テレンス・パーソンズ，エドワード・ザルタ，そして本書でもたびたび言及されるリチャード・ラウトリー（シルヴァン）らを代表的な論者として挙げることができよう[2]——は，非存在対象に関して，形式体系の構築も含む，かなり詳細な分析を与えている．本書の理論はもちろんこれらの研究を下敷きにしたものであるが，なかでも，本書の理論は，非存在主義の提唱者であるラウトリーの理論と多くを共有している．ラウトリーとプリーストの理論は，矛盾許容論理（paraconsistent logic）や関連論理（relevant logic）といった非古典論理研究を背景にしているという点において，古典論理上の理論として提示されるパーソンズらのマイノング主義理論と一線を画して

---

1) Cf. Strawson (1950), Kripke (1980).
2) Parsons (1980), Routley (1980), Zalta (1983).

いる[3]．とりわけ，非古典論理に対する意味論として研究されてきた**世界意味論**（*world semantics*）は，非存在主義と並んで本書の志向性理論の根幹をなす．

こうした文脈において，プリーストの理論を興味深いものにしているのは，非存在主義と世界意味論が，志向性の意味論を舞台に，実に自然な仕方で融合されているという点である．志向性の問題に対する本書のアプローチは，「考える」や「知る」のような，志向的心的状態を表す表現（本書では「志向性動詞」と呼ばれる）に対して形式的な意味論を与えるというものである．志向的な語彙に対する標準的な意味論の一つは，ヒンティッカに代表される可能世界の概念を用いた意味論であり，本書の理論もこの系統に属している．この種の意味論の基本的な発想は，個々の可能世界を，志向的状態の内容が構成しうる一つの体系と見なすというものである．たとえば「信じる」という表現に対する可能世界意味論においては，一つの世界は一つのありうる信念体系を，「知る」という表現に対する可能世界意味論においては，一つの世界は一つの知識体系を表している．

本書の目的は，この種の意味論を使って私たちの志向的状態を一般的に扱う理論を提示することにある．この目的のために，本書は，私たちの思考が実に放埒だ，という事実を重視する．すでに見たように，私たちの思考が向けられるのは，存在する対象に限らない．私たちは存在しない対象について考えることもできる．そうした私たちの志向的状態の対象たりうる非存在対象の中には，永久機関のように物理的にありえない対象や，丸い四角のような矛盾した対象さえ含まれる．本書の意味論は，私たちの志向的状態がもつこの種の奔放な内容を表すことのできるような世界を用意する．すなわち，論理法則が必ずしも成り立たず，矛盾が成り立つことさえある**不可能世界**や，さらにはどんなことでも起こりうるなんでもありの世界（**開世界**（*open world*）と呼ばれる）である．

注目すべきは，不可能世界や開世界というアイデアを理論的に実装するために本書で用いられる形式的な道具立ての多くが，志向性の意味論のみならず，矛盾許容論理や関連論理といった非古典論理の意味論と密接に結びついていると

---

[3] ただし，本書の理論においても，非存在主義が矛盾許容論理や関連論理と不可分な関係にあるわけではない．この点については，本解説 3.3 節を参照．

いう点である．たとえば，本書の意味論では，式が真になる条件と偽になる条件を独立に与えることで，ある世界で矛盾が真になる可能性が認められる．このテクニックは，矛盾許容論理を得るための一つの直接的な方法を与える．あるいは，本書の意味論では，どんなことでも起こりうるなんでもありの世界という開世界の性格は，複合式をあたかも原子式のように見なし，個々の複合式のそれぞれに独立に真理値を割り当てるという仕方で，形式的に特徴づけられている．この割り当てのためのテクニック（マトリクスという概念をもちいた真偽条件の定義）は，本書の意味論において，含意「→」を関連論理のそれにする際に重要な役割を果たしている．

このように，本書が提示する志向性の理論には二つの柱がある．一つは，マイノング主義的な非存在対象の理論，もう一つは，非古典論理の意味論を一つのルーツとする世界意味論である．これらはいずれも，かなり大胆かつ刺激的なものであり，そのいずれの主張に関しても，本書の出版後様々な反響があった．これらの反響については，プリースト氏本人による日本語版へのはしがきを参照していただきたい．そこでは，本書を巡る現在の論争状況ならびに本書の理論のさらなる展開に関する簡潔な説明が，いくつかの文献とともに述べられている．以下本解説では，世界意味論と非存在主義という本書の理論の二つの基本的特徴を，より詳しく見ていくことにしたい．まず世界意味論について説明し（3節），その上で非存在主義の主張を確認することにしよう（4節）．

## 3 世界意味論

### 3.1 可能世界意味論と認識論理

本書の意味論は広い意味での可能世界意味論の一バージョンである．可能世界意味論は，必然性を扱う様相論理に対する標準的な意味論である．様相論理の解釈において，あることが必然的であるのは，あらゆる可能世界でそれが成り立つ場合である．可能世界意味論には様々なバリエーションがあり，そのそれぞれにおいて異なる性質をもつ必然性が定められる．中には必然様相が論理的必然性を表すことを意図されていない論理もある．たとえば義務論理においては必然様相は道徳的義務を，時制論理においては時間的持続を，認識論理に

おいては知識や信念を意味することを意図されている．本書においてプリーストは可能世界意味論に基づく認識論理を一般化して，あらゆる命題的態度・志向的心的状態を扱うことを試みている．

認識論理においては「$t$ は $A$ ということを知っている」や「$t$ は $A$ ということを信じている」といった認識的言明が扱われ，それらについて成り立つ推論が研究される．そして現在，可能世界意味論は認識論理において最も標準的な意味論的道具立てである[4]．知識に話を限ると，認識論理における可能世界は直観的に言って一つのありうる知識体系を表している．可能世界にはある認識主体にとって到達可能なものとそうでないものがある．ある主体にとって到達可能な世界とは，その主体がもつ知識全体に照らして，その主体がもつことが論理的に排除されていない知識体系を表す世界である．たとえば私の知識体系にはプリーストがマイノング主義者だということが含まれている．それゆえプリーストがマイノング主義者ではないということが私の知識体系の一部となる可能性は論理的に排除されている．したがってプリーストがマイノング主義者でないような世界は私にとって到達可能な世界ではない．一方，私がこの先なにを知ろうとも，プリーストがマイノング主義者だという知識を私は依然としてもち続けるだろう．したがって私にとって到達可能な世界のすべてにおいてプリーストはマイノング主義者でなければならない．逆に私にとって到達可能なすべての世界で成り立っていることは私が既に知っていることであろう．というのももし私の知らないことであれば，その否定を私が知る可能性が考えられるからである．たとえば私はプリーストがベジマイトを好んでいるかどうかを知らない．したがって私にとって到達可能な世界にはプリーストがベジマイトを好まない世界が含まれていてもよいはずである．以上のような考察に基づいて次の基準が立てられる．

(K) $t$ が $A$ を知っているのは，$t$ にとって到達可能なすべての可能世界で $A$ が成り立つときであり，そしてそのときに限る．

---

[4] Cf. Fagin et al. (1995), ch. 1 および Meyer and van der Hoek (1995), ch. 2.

この基準は認識論理の可能世界意味論で一般的に採用されているものである[5]．しかしここからは**論理的帰結に関する閉包**として知られる問題が生じる．可能世界は論理的に可能な世界，すなわちすべての論理法則が成り立つような世界と考えるのが一般的である．よって $A$ が $B$ を論理的に含意するならば $A$ が成り立つすべての世界で $B$ もまた成り立つ．一方，私が $A$ ということを知っているならば，私にとって到達可能なすべての世界で $A$ が成り立つので，そのようなすべての世界で $B$ もまた成り立つ．このとき (K) より私は $B$ を知っていることになる．しかし私たちは自分たちの知識からの論理的帰結のすべてを知っている訳ではない．たとえば円周率の 10 進法表現で小数点以下 2 兆桁目の数字が何であるかということは，私たちのもっている知識から論理的に帰結する．しかし私たちは現在（2011 年 4 月）それを知らない．同様によく知られた**論理的全知**――あらゆる主体がすべての論理的真理を知っているということ――も論理的帰結に関する閉包の特殊例である．

こういった問題に対して現代の認識論理の先駆者であるヒンティッカは，認識論理が扱う「知っている」は日常言語の「知っている」と同じことを意味するのではない，と説明する[6]．ヒンティッカによれば，認識論理おいて「$t$ は $A$ ということを知っている」という言明は，$t$ が十分に合理的であり，かつ論理的帰結に関する規則をマスターしているならば，論理的証明を超えたいかなる経験的証拠にも訴えることなしに，$t$ に $A$ が真であることを納得させることができる，ということを意味する．確かにこのように解釈すれば，論理的帰結に関する閉包は特に難題を引き起こすものではない．このような解釈は「知っている」という語の日常言語における用法とはかけ離れているかもしれないが，しかし認識論理に限らず，論理体系とは一般に自然言語の特定の側面を抽象化したモデルであり，自然言語を忠実に反映すること意図しているわけではない．逆に，そのように抽象化され限定されたものであるからこそ，論理体系は特定の領域において大きな有用性をもってきたとも言える．認識論理もまた，自然言語との違いにも関わらず，人工知能，通信プロトコル，ゲーム理論などの幅広い分野に応用され，成功を収めている．

---

[5] 本解説注 4 の文献参照．
[6] Hintikka (1962).

このように認識論理のメインストリームが，限定された意味での知識と信念に焦点を当て，それらに特有の推論を研究してきたのに対して，本書は正反対のアプローチをとる．本書は特定の認識状態に特有の推論を極力排除し，知識や信念のみならず，すべての志向的心的状態に当てはまる一般的な推論を研究することを目指している．適用できる対象の範囲を広げればそれだけ成り立つ推論が少なくなるのは道理で，本書の意味論は実際非常に「わずかの推論しか確証しない」（本書第 1 章，注 21）．実用的な観点から言えばこのような論理には大きな有用性はないかもしれない．しかし本書の主眼はむしろ従来の認識論理では妥当とされていた奇妙な推論（その代表が論理的全知と論理的帰結に関する閉包である）を制限できる意味論的道具立てを構築し，それを志向性についての哲学理論に結びつけることにある．

プリーストは上記の難題を解く鍵は，すべての世界を論理的可能世界であると想定したことにあると考える．そこで彼は論理的に不可能な世界，特に論理的帰結に関して閉じていない世界（開世界）を意味論に組み込むことによってこの問題に対処した．それゆえこの意味論は可能世界意味論ではなく世界意味論と呼ばれる．プリーストの開世界は志向的心的状態の恣意性を表現した世界である．プリーストの言葉を借りればそれは「相当にアナーキー」な世界であり，およそいかなることでも起こりうる世界である．

論理的不可能世界による上記のパズルの解決は 70 年代からヒンティッカやランタラなどによって提案されていた[7]が，まさにこのアナーキーさゆえに，知識や信念にある程度の秩序を要求し，そこに成り立つ推論を研究する認識論理の伝統においてはポピュラーなアプローチにはならなかった．これは一つには，そのようなアナーキーな世界が何を表現したものかが十分に説明されないと考えられるためであり，また一つには認識演算子についてある程度の推論が成り立たないとそれを応用する場面がないと考えられるためである．しかし本書では伝統的なアプローチとは異なり，理想化された認識のモデルではなく，まさしくアナーキーな志向的状態のモデルを作ることが目指されている．本書は，そのような志向的状態を表現するモデルには不可能世界を用いるアプローチが有

---

[7] Hintikka (1975) および Rantala (1982).

効であることを示し，認識論理に新たな議論の主題を提供したと言えるだろう．

以下ではこのようなアイデアに基づいた志向的語彙に対するプリーストの世界意味論がどのようなものかを見ていこう．

### 3.2 言語

プリーストが本書で対象にしているのは，「私はホームズが名探偵だと信じている」のような，文を補部にとるタイプの文（いわゆる命題的態度報告文），あるいは「私はホームズを称賛する」のような，文ではなく名詞句を補部にとる文である．前者の文に現れる志向性動詞は志向性演算子と呼ばれる．後者の文に現れる志向性動詞は志向性述語と呼ばれる．たとえば「……ということを信じる」や「……ということを恐れる」などは志向性演算子である．一方，志向性述語には「……を探す」や「……について考える」などがある．また非存在対象はしばしば記述によって指示されるため，記述を含む文に対してどのような意味論を与えるかということも重要な主題になる．

本書でプリーストが意味論を与える言語（以下 $\mathcal{L}$ と呼ぶ）は次のようなものである．

(1) 語彙．通常の様相述語論理と同様，$\mathcal{L}$ は個体変項，個体定項，$n$ 項関数記号，$n$ 項述語記号（$n$ は任意の自然数），結合子，量化子，様相演算子，等号をもつ．これに加えて $\mathcal{L}$ は志向性演算子と二種類の記述演算子 $\varepsilon$ と $\iota$ をもつ．前者は不確定記述，後者は確定記述を作るために使われる．

後述するように非存在主義は量化を存在の主張と切り離して考える（本解説 4.1 節を参照）．つまり量化が作用する対象の範囲は存在する対象の範囲を部分として含み，かつそれより大きい．このことを明確にするために本書の言語では，量化子は通常の $\exists$, $\forall$ ではなく $\mathfrak{S}$, $\mathfrak{A}$ と書かれる．一方，対象が存在するということは述語 $E$ によって表現される．$A(x)$ なる $x$ が存在するということは「$\mathfrak{S}x(Ex \wedge A(x))$」によって表現することができる．「$\exists x A(x)$」という表現はこの式の略記として用いられる．同様に「$\mathfrak{A}x(Ex \supset A(x))$」の略記として「$\forall x A(x)$」という表現が用いられる．

(2) 文法．様相一階述語論理に相当する部分は通常と同様である．志向性演算子と記述演算子については次の構文規則がある．

- $t$ が項, $\Psi$ が志向性演算子, $A$ が式ならば, $t\Psi A$ は式である.
- $x$ が変項, $A$ が式ならば, $\varepsilon x A$ および $\iota x A$ は項である.

$t\Psi A$ という形式の式を本解説中では「志向性文」と呼ぶことにする.

プリーストは, 式と項に対してマトリクスという概念を定義する. それは次のようなものである. すべての変項に対するある正規な並べ方 $v_1, v_2, \ldots, v_n, \ldots$ が与えられているとする. 任意の変項 $v_i, v_j$ に対して, $i > j$ ($i < j$) であるとき, $v_i$ は $v_j$ より大きい (小さい) と言われる. このとき式 $A$ がマトリクスであるのは次の条件が成り立つときである. (i) $A$ は変項以外に自由な項の現れをもたない[8]. (ii) $A$ に含まれるどの自由変項も複数の現れをもたない. (iii) $A$ に含まれる束縛変項のうち, 上記の正規な並べ方に関して最大のものを $v_n$ とすると, $A$ に現れる自由変項は $v_{n+1}, v_{n+2}, \ldots, v_{n+i}$ であり, かつこれらは $A$ の中で左から右にこの順番で現れている. 任意の式 $A$ に対して, マトリクス $\overline{A}$ が一意に定まり, $A$ は $\overline{A}$ の自由変項のいくつかを適当な項によって置換することによって得られる. 項のマトリクスも同様に定められる. 次節で述べるように, 式のマトリクスは不可能世界での様相文と条件文の真偽条件, 開世界での任意の式の真偽条件の定義に使われ, 項のマトリクスは記述に関して量化子が適切に振る舞うことを保証するために使われる.

### 3.3 意味論

言語 $\mathcal{L}$ に対してプリーストが与える意味論がどのようなものであるかを見ていこう. 最も重要なのは志向性文の解釈である. たとえば「私はホームズが名探偵だと信じている」という文は,「私が信じていることが実現されている世界のすべてにおいて, ホームズは名探偵である」と分析される. したがって志向性演算子は主語をパラメータとする, ある種の必然性様相演算子のように働く.

このアイデアを実現するため (そして付随する様々な問題を解決するため) にプリーストは次のような意味論を導入する. 言語 $\mathcal{L}$ に対する解釈は構造

---

[8] 式 $A$ において項 $t$ が自由に現れるというのは, $t$ が $A$ 中で束縛される自由変項をもたないということである. したがって $t$ が自由変項をもたない場合は, $t$ の現れは常に自由である. したがって特に個体定項の現れは常に自由である.

$\langle \mathcal{P}, \mathcal{I}, \mathcal{O}, @, D, Q, \delta, \varphi \rangle$ である.この構造の要素について説明しよう.

(1) 世界:$\mathcal{P}$ は可能世界の集合,$\mathcal{I}$ は不可能世界の集合,$\mathcal{O}$ は開世界の集合と呼ばれる.これらはすべて互いに素である.$\mathcal{C} = \mathcal{P} \cup \mathcal{I}$ は閉世界,$\mathcal{W} = \mathcal{C} \cup \mathcal{O}$ は世界の集合と呼ばれる.$@ \in \mathcal{P}$ は現実世界あるいは基底世界と呼ばれる.志向性演算子に対する意味論という観点から言えば,現実世界以外の世界は,直観的には,ある主体のある志向的態度の内容が実現されている世界である.たとえば世界の中には私の望むことのすべてが実現されている世界,私の危惧していることのすべてが実現されている世界,私の立てた仮説のすべてが実現されている世界,等々がある.通常のクリプキ意味論では,論理的真理は任意の世界で成り立つし,論理的矛盾はいかなる世界でも成り立たない.しかしこの意味論では上述の理由から,論理法則が成り立たない世界(不可能世界),論理的帰結に関して閉じていない世界(開世界)が含まれている.

(2) 対象とアイデンティティ:$D$ は対象領域と見なされるものである.対象領域は世界によって変化しない.ただしもちろん述語「存在する」を充足する対象は世界によって変化する.

$Q$ はアイデンティティの集合と呼ばれる.アイデンティティとはその名の通り,ある対象が何者であるかを示すものである.これが要請されるのは,対象のアイデンティティが世界(ある人の志向的態度の内容)によって異なりうるからである.たとえば明けの明星と宵の明星が異なる対象だと信じている人物を考えよう.彼の信念を実現している世界では,明けの明星と宵の明星は別物である.したがってその世界ではこれらの対象が異なるアイデンティティをもって現れる.このことを意味論において実装する一つの方法は,名前の指示を世界によって変化させることである.しかし本書ではその方法は採られない.プリーストは名前(定項)の指示が世界によって変わらないというアイデアを保持する.その代わりに本書の意味論においては,アイデンティティがプリミティブな概念として解釈に組み込まれ,対象が世界ごとに異なるアイデンティティをもちうるというアイデアは,個体領域の要素を世界からアイデンティティへの関数とするという仕方で形式化される.対象 $d : \mathcal{W} \to Q (\in D)$ が世界 $w \in \mathcal{W}$ でアイデンティティ $q \in Q$ をもつというのは $d(w) = q$ が成り立つということである.たとえば明けの明星を $m$,宵の明星を $e$ としよう.ある人($t$ としよう)

が明けの明星と宵の明星は異なる対象だと信じており，彼の信念が実現された世界の一つが $w$ であるとする．このとき $m(w)$ と $e(w)$ は $Q$ の異なる要素である．したがって $m(w) \neq e(w)$ である．しかし現実世界ではそれらは同一であるので $m(@) = e(@)$ が成り立つ．

(3) 表示：$\delta$ は定項には $D$ のなんらかの要素を，$n$ 項関数記号には $D$ 上の $n$ 項関数を割り当てる．これらの割り当ては世界に依存しない．

$n$ 項述語記号 $P$ には世界によって異なる $Q^n$ の二つの部分集合 $\delta^+(P, w)$ と $\delta^-(P, w)$ が割り当てられる．前者は $P$ の $w$ における外延，後者は $P$ の $w$ における余外延と呼ばれる．簡単のために $P$ は一項述語としよう．外延はその世界でその述語を真にする対象のアイデンティティの集合，余外延はその世界でその述語を偽にする対象のアイデンティティの集合である．通常の意味論では外延と余外延は排他的 ($\delta^+(P, w) \cap \delta^-(P, w) = \emptyset$) かつ網羅的 ($\delta^+(P, w) \cup \delta^-(P, w) = Q$) であるため，外延のみを考慮すればよい．しかし本書の意味論は，ある式がある世界で真でありかつ偽であること（真理値過多）あるいは真でも偽でもないこと（真理値ギャップ）を視野に入れているので，このような道具立てが用意されている．排他性と網羅性の条件をある種の世界（開世界，可能世界以外，現実世界以外，など）で緩めることで，異なる論理を得ることができる．詳しくは本書 1.6 節を参照．

同一性に関しては，可能世界 $w$ においては，同一性述語 $=$ の外延 $\delta^+(=, w)$ は $\{\langle q, q \rangle : q \in Q\}$ であり，余外延 $\delta^-(=, w)$ は $\delta^+(=, w)$ の補集合である．一方可能世界以外では同一性述語も他の述語と同様に振る舞う．

さらに $\delta$ は志向性演算子と $D$ の対象の対に対して，世界の間の関係を割り当てる．上述のように各々の志向性演算子は当の志向的状態にある主体をパラメータとしてもつ必然性様相演算子のように振る舞う．したがって私たちは各志向性演算子と対象の組み合わせごとに到達可能性関係を必要とする．そこで志向性演算子 $\Psi$ と対象 $d \in D$ に対して $\delta(\Psi)(d)$ は $\mathcal{W}$ 上の一つの二項関係を表す．通常 $\delta(\Psi)(d)$ は $R_\Psi^d$ と書かれる．

(4) 選択関数：$\varphi$ は記述項のマトリクスと相対的に一つの選択関数を決める．すなわち各記述項のマトリクス $\tau$ に対して，$\varphi_\tau$ は $D$ のべき集合から $D$ への関数であり，空でない任意の $X \subseteq D$ に対して $\varphi_\tau(X) \in X$ が成り立つ．これを用

いることによって記述項に対する表示が定義される．選択関数には，非存在主義のある重要な原理——特徴づけ原理——に関連してさらなる制約が課されるが，それについては後述する（本解説 4.2 節を参照）．

以上の道具立てから，変項に対する対象の割り当て $s$ に応じて任意の項の表示と任意の式の真偽条件が再帰的に定義される．式の真偽条件はそこに含まれる項の表示に依存し，また記述項の表示はそこに含まれる式の現実世界での真偽に依存している．記述項以外の項については通常通りの定義である．記述項 $\tau = \varepsilon x A(x)$ については，$\tau$ のマトリクス $\bar{\tau}$ に対応する選択関数 $\varphi_{\bar{\tau}}$ を用いて，@ $\Vdash^+_{s(x/d)} A(x)$ を満たす $d \in D$ が存在するときは

$$\delta_s(\tau) = \varphi_{\bar{\tau}}\{d \in D : @ \Vdash^+_{s(x/d)} A(x)\}$$

として，そうでないときは

$$\delta_s(\tau) = \varphi_{\bar{\tau}} D$$

として定義される．すなわちある記述に関連づけられた選択関数は，ある対象がその記述に用いられる式を現実世界で充足する場合には，そのような対象のうちのどれかを，そうでない場合には任意の対象を選び出す．記述項の表示を決定する選択関数が記述項そのものではなく，そのマトリクスに依存して決まるのは，その記述項の表示を，それにどんな自由項が現れるかではなく，それに現れる自由項がなにを表示するのかに依存して決定させるためである．たとえば $T(x, y)$ は「$x$ は $y$ の先生である」という述語，$a$ はアレクサンダー，$b$ はアリストテレスを指示する固有名であるとしよう．このとき記述項 $\varepsilon x T(x, \varepsilon y T(y, a))$ は「アレクサンダーの先生の先生」という記述であり，$\varepsilon x T(x, b)$ は「アリストテレスの先生」という記述である．これら二つの記述は同じ表示をもつことが望ましいが，もし選択関数が記述項ごとに異なっているとすれば，異なる表示をもつかもしれない．一方でこれらは同じマトリクス $\varepsilon x T(x, z)$ をもつ．それゆえに選択関数をマトリクスごとに決めることで，これら二つの記述項が同じ表示をもつことが保証されるのである．その結果，現実世界で，ある対象が $A(x)$

を充足するならば現実世界で $A(\varepsilon x A(x))$ が成り立つ（本書第4章の補題12および補題14を参照）．

原子式の真偽条件は次のように定義される．任意の世界 $w \in \mathcal{C}$ に対して

$$w \Vdash_s^+ P(t) \iff \delta_s(t)(w) \in \delta^+(P, w)$$
$$w \Vdash_s^- P(t) \iff \delta_s(t)(w) \in \delta^-(P, w).$$

上述のようにこの意味論では，真理値過多と真理値ギャップを許すために，真である条件と偽である条件が別々に述べられる．本書では $w \Vdash_s^+ A$ または $w \Vdash_s^- A$ によって，それぞれ式 $A$ が評価 $s$ の下で世界 $w$ において真または偽であることを表す．通常と異なるのは，条件文の真偽，志向性文の真偽，不可能世界での様相文の真偽，閉世界での任意の式の真偽であり，その他のケースは通常の様相述語論理と類比的である．ただし次のことは注意しておこう．第一に，この意味論では様相演算子に関する到達可能性関係は普遍的（すべての世界がすべての世界に到達できる）であり，したがって様相論理の部分では $S5$ である．また可能世界で様相文を評価する際には，部分式の可能世界における真偽のみを問題にし，不可能世界，開世界での真偽は問題にしない．たとえば必然性については $w \in \mathcal{P}$ に対して

$$w \Vdash_s^+ \Box A \iff すべての w' \in \mathcal{P} に対して w' \Vdash_s^+ A$$
$$w \Vdash_s^- \Box A \iff ある w' \in \mathcal{P} に対して w' \Vdash_s^- A$$

と定義される．

$w \in \mathcal{P}$ に対しては条件文の真偽は以下の通りである．

$$w \Vdash_s^+ A \to B \iff すべての w' \in \mathcal{C} に対して w' \Vdash_s^+ A ならば w' \Vdash_s^+ B$$
$$w \Vdash_s^- A \to B \iff ある w' \in \mathcal{C} に対して w' \Vdash_s^+ A かつ w' \Vdash_s^- B.$$

様相文と異なり，条件文の真偽条件は不可能世界にも言及して定義されていることに注意しよう．このことによって $\to$ は関連論理の含意になっている．不可

能世界および開世界における条件文の真偽条件に関しては後述する．

志向性文の真偽条件は以下のように定義される．任意の $w \in \mathcal{C}$ に対して，

$$w \Vdash_s^+ t\Psi A \iff \text{すべての } w' \in \mathcal{W} \text{ に対して } wR_\Psi^{\delta_s(t)}w' \text{ ならば } w' \Vdash_s^+ A$$
$$w \Vdash_s^- t\Psi A \iff \text{ある } w' \in \mathcal{W} \text{ に対して } wR_\Psi^{\delta_s(t)}w' \text{ かつ } w' \Vdash_s^- A.$$

たとえば $\Psi$ が「……と想像する」という演算子であるとしよう．「$t$ は $A$ と想像する」が $w$ で真なのは，$t$ が $w$ において想像していることが実現しているすべての世界（すなわち $wR_\Psi^{\delta_s(t)}w'$ を満たすすべての $w'$）で $A$ が成り立っているときである．志向性文の評価には開世界が言及されることに注意しよう．すぐ後で見るように開世界はあらゆる式が原子式と同様に扱われるアナーキーな世界である．これは人間の志向的態度の内容を実現する世界はほとんどなんでもありな世界でありうる，という直観を反映している．

不可能世界では条件文と様相文は，本質的に原子式と同様に扱われる．これは不可能世界とは論理的に不可能なことが起こりうる世界であり，論理的真理に関する演算子は $\to$ と $\Box$ と $\Diamond$ だと考えられるからである．たとえば $P(f(x)) \to Q(g(y), c)$ という条件文を考えよう（ただし $x, y$ は変項，$c$ は定項とする）．不可能世界ではこの式のマトリクス $P(v_1) \to Q(v_2, v_3)$ に対して，三項述語と同様に外延と余外延が（その構成要素である $P, Q$ とは独立に）与えられる．このマトリクスを $\phi$，$w$ を不可能世界とすると，$w$ における外延と余外延 $\delta^\pm(\phi, w)$ はそれぞれ，アイデンティティの集合 $\mathcal{Q}$ 上の三項関係である．そして，この条件文が（評価 $s$ のもとで）$w$ において真であるのは $\langle \delta_s(f(x))(w), \delta_s(g(y))(w), \delta_s(c)(w) \rangle \in \delta^+(\phi, w)$ が成り立つときであり，偽であるのは $\langle \delta_s(f(x))(w), \delta_s(g(y))(w), \delta_s(c)(w) \rangle \in \delta^-(\phi, w)$ が成り立つときである．さらに開世界においてはすべての式が原子式と同様に扱われる．したがって開世界においてはすべての式のマトリクスに対して任意の外延と余外延が与えられ，それに基づいて式の真偽が与えられる．これらは論理的全知の問題や論理的帰結に関する閉包の問題に対処するために考えられた方法である．以上をまとめると表 1 のようになる．

論理的妥当性 $\models$ は @ における真理の保存によって定義される．すなわち式の集合 $\mathcal{S}$ と式 $A$ に対して，

|  | $\mathcal{W}$ | | $\mathcal{O}$ |
|---|---|---|---|
|  | $\mathcal{C}$ | | |
|  | $\mathcal{P}$ | $\mathcal{I}$ | |
| 条件文 | $\mathcal{C}$ に依存 | 原子式と同様 | 原子式と同様 |
| 様相文 | $\mathcal{P}$ に依存 | 原子式と同様 | 原子式と同様 |
| 志向性文 | $\mathcal{W}$ に依存 | | 原子式と同様 |
| 同一性 | 通常通り | 原子式と同様 | 原子式と同様 |
| その他 | 通常通り | | 原子式と同様 |

表 9.1 世界と真偽条件の関係

$\mathcal{S} \models A \iff$ 任意の解釈と任意の変項の評価 $s$ に対して,
  任意の $B \in \mathcal{S}$ に対して @$\Vdash_s^+ B$ が成り立つならば @$\Vdash_s^+ A$.

### 3.4 本書の論理の特徴

本書の論理の特徴をいくつか挙げておこう.

以下の推論は本書の論理ではすべて非妥当である（本書 1.7 節および 2.9 節を参照）.

1. 論理的全知: $\models A$ ならば $\models t\Psi A$.
2. 論理的帰結に関する閉包: $t\Psi A, A \to B \models t\Psi B$.
3. 志向的バーカン式: $\mathfrak{A}xt\Psi A(x) \models t\Psi \mathfrak{A}xA(x)$.
4. 志向的逆バーカン式: $t\Psi \mathfrak{A}xA(x) \models \mathfrak{A}xt\Psi A(x)$.
5. 志向的文脈での同一者の置換: $a = b, t\Psi A(a) \models t\Psi A(b)$.

論理的全知や論理的帰結に関する閉包が望ましくないのは上に見たとおりである．志向的バーカン式および志向的逆バーカン式については次の例を考えてみればよい．ある人はジョン，ポール，ジョージ，リンゴがリバプール出身だということを知っているが，ビートルズのメンバーすべてがリバプール出身だということを知らないかもしれない（彼はその四人がビートルズのメンバーのすべてだと知らないので）．逆にビートルズのメンバーのすべてがリバプール出身で

あることを知りながら,ジョンがリバプール出身であることを知らない人もいるだろう(ジョンがビートルズのメンバーであることを知らないので).したがって志向的バーカン式および志向的逆バーカン式は妥当であるべきではない.志向的文脈での同一者の置換に関しては,ジョージ・エリオットが『サイラス・マーナー』を書いたことを知りながら,マリアン・エヴァンズが『サイラス・マーナー』を書いたことを知らない人物を考えればよい.これらの推論を非妥当にしたことが本書の大きな成果である.

上述のように本書の量化子 $\mathfrak{S}$ と $\mathfrak{A}$ は対象の存在にコミットしない.したがって志向的文脈の中への特称汎化 ($t\Psi A(t') \models \mathfrak{S}xt\Psi A(x)$) と全称例化 ($\mathfrak{A}xt\Psi A(x) \models t\Psi A(t')$) が成り立つことは望ましいことであり,実際に本書の論理はこれらの推論を妥当にする.一方これらは $\mathfrak{S}$ と $\mathfrak{A}$ を,それぞれ $\exists$ と $\forall$ (本書におけるこれらの記号の定義は本解説 3.2 節を参照) に置き換えた場合には妥当ではないが,これも望ましいことである.たとえば「ルヴェリエはバルカンが水星の近日点歳差を引き起こしていると考えた」から「ルヴェリエはあるものが水星の近日点歳差を引き起こしていると考えた」は推論できるが,しかし「水星の近日点歳差を引き起こしているとルヴェリエが考えたものが存在する」を推論するのは誤りである.

以上が本書の世界意味論の概要である.次節では,プリーストがこの世界意味論の枠組みを用いて展開する非存在主義がどのようなものかを見ていくことにしよう.

## 4 非存在主義(マイノング主義)

マイノングは,1904 年に発表した「対象論について」において,あらゆる対象を包括的,一般的に扱う学問＝対象論(*Gegenstandstheorie*)の必要性を説いた.ここで言う「あらゆる対象」には,この世界に物理的に実在する様々な対象,数や幾何学的図形,命題のような抽象的対象だけでなく,ペガサスやホームズのような実際には存在しない架空の対象,そして丸い四角のような,実際に存在しないだけでなくそもそも存在することが不可能であるような対象までが含まれる.だがそもそもマイノングは,存在する対象だけでなく非存在対象

(これには単に可能的な対象だけでなく,矛盾する対象を含む様々な不可能対象までもが数えられる) も含む放埒な対象領域を要求することで,なにを説明しようとしたのだろうか.

丸い四角 (the round square) を例にとろう.丸い四角は丸いだろうか,四角いだろうか.ここで丸い四角ということで意図されているのは,角のとれたお豆腐のような形をしたものではない (角の取れたお豆腐なら,答えは,丸くもなければ,四角くもない,というものになるだろう).丸い四角ということで意図されているのは,たとえば,真円でありかつ正方形であるようなものである.このような問いに対する一つの (常識的な) 応答は,丸い四角なんてありえないのだから,その問いはナンセンスだ,というものだ.マイノング (そしておそらくすべてのマイノング主義者) はこの応答の前半部分に同意する.そのとおり,丸い四角なんてものはありえず,それは存在しない.しかしマイノングならこう続けるだろう.だからといって,丸い四角は丸いか四角いか,という問い自体がナンセンスになるわけではない.その問いは明確な答えをもった有意味な問いである.マイノングによれば,丸い四角は,丸いし,四角い.なぜなら,それは丸い四角なのだから.

この答えの背景にある基本的な考えは次のようなものだ.第一に,私たちはときに,あるともないともわからないものについてあれこれ考え,さらにそのような考えは,当の思考の対象の存在,非存在に関わらず,その対象がどのような性質をもつのかに応じて,真であったり偽であったりする.第二に,私たちは,思考の対象がどのような性質をもつかを,その対象がどのようなものとして特徴づけられているのかを通じて知ることができる.マイノングが構想した対象論は,このような考えを基礎づける理論である.ここでは,その主要な特徴を,**独立性原理**と**特徴づけ原理**という二つの原理としてまとめておこう.第一に,独立性原理によれば,

> **独立性原理**:対象が存在するということと,その対象が様々な性質をもつということは,独立である.

つまり,対象が様々な性質をもつということ (マイノングの用語では,対象の

*Sosein*) は，その対象が存在するか否かということ（マイノングの用語では，対象の *Sein*) に影響されない．結果，対象は，存在することなく，様々な性質をもちうる．ある対象が存在しないということは，それが様々な性質をもつということを妨げない．第二に，特徴づけ原理によれば，

> **特徴づけ原理**：任意の特徴づけについて，それによって特徴づけられた対象は，その特徴づけに含まれる性質をすべてもつ（その特徴づけを構成する式を充足する）．

特徴づけとは，様々な性質の組み合わせ（あるいは自由変項を少なくとも一つもつ任意の式）のことである．たとえば，丸いという性質と四角いという性質の組み合わせは一つの特徴づけである．丸い四角とは，丸さと四角さからなる特徴づけによって特徴づけられた対象である．すると特徴づけ原理から，丸い四角は丸いということ，そして丸い四角は四角いということが帰結する．

マイノングの対象論の基礎にあるこの二つの考えは，現代のマイノング主義にとっても主要な原理となっている．そこで以下では，独立性原理と特徴づけ原理が，前節で見た世界意味論の枠組みにどのように組み込まれているのかを軸に，本書の非存在主義の基本的特徴を概観したい．その過程で，ラッセルとクワインによる影響力のあるマイノング主義批判に対してプリーストが提示する応答も確認しよう．（続く 4.1 節および 4.2 節では，議論を簡潔にするために，アイデンティティの集合 $Q$ を含まないモデルを考える．$D$ は関数ではない個体の集合，$n$ 項述語の外延および余外延は，$D$ の $n$ 乗の部分集合であり，真偽条件もアイデンティティを含まない仕方で定義されているものとして理解されたい．)

## 4.1 独立性原理と存在中立的な量化

独立性原理によれば，対象は，その存在／非存在（あるいはその *Sein* / *Nichtsein*) に関わらず，様々な性質をもつことができる．対象についての私たちの思考や判断は，その対象がどんな性質をもつのかに応じて真であったり，偽であったりするのであり，当の対象が存在するかどうかは判断の真偽と無関係である．

対象の存在／非存在という点に関して，本書の理論は，マイノング自身の考

えよりも次の点でシンプルなものである．マイノングは，*Sein*（あること）と*Nichtsein*（ないこと）を区別し，さらに *Sein* の下位区分として，存在（*Existenz, existieren*）と存立（*Bestand, bestehen*）の区別を設けた．マイノングによれば，この世界に実在する具体的対象は存在する．数や命題のような抽象的対象は存在しないが存立する．黄金の山のように単に可能なだけの対象や，あるいは丸い四角のような不可能な対象は，存在も存立もしない，すなわちそれらはない（*Nichtsein* をもつ）．本書の非存在主義は，あるということに存在と存立の区別のような下位区分を設けない．あるものはすべて存在し，その逆もまたしかり．そして，存在する（すなわち，ある）のは具体的対象だけであり，その他の対象は存在しない（すなわち，ない）[9]．

マイノング主義に対してしばしば提示される批判に，マイノング主義は，存在しないもの（ないもの）もある意味では存在する（ある），というまったく理解し難い主張をしている，というものがある．しかしこれは，少なくともマイノング自身，そして本書の非存在主義に関して言えば，誤解に基づいた批判である．存在しないものについての判断，とりわけ，単称否定存在判断（たとえば「ホームズは存在しない」）が真であるならば，その判断の対象はなんらかの意味で存在しなければならない，という（ラッセルがマイノングに帰した）立場は，マイノングの立場でもなければ，本書の非存在主義の立場でもない．マイノングは，真なる単称否定存在判断の対象である *Nichtsein* をもつ対象がある意味で *Sein* を有する（それは存在とも存立とも異なる三種類目の *Sein* をもつ）のであり，それゆえ *Nichtsein* は *Sein* とは対立しないという「馬鹿げた」見解を，はっきりと拒否している（Meinong, 1904, pp. 492-494）[10]．本書の理論も同様

---

9) それゆえ，プリーストの非存在主義においては，抽象的対象のような，存在しないが存立する，それゆえ *Sein* を有するとマイノングが見なした対象は，非存在対象に区分されている．なお，本書の非存在主義に限らず，現代のマイノング主義の多くは，存在と存立の区別を理論に組み込んでいない（cf. Jacquette, 2009, p. 32）．さらに言えば，マイノングについての歴史的研究に携わる研究者の間でも，存在と存立の区別に哲学的意義を認めずに議論が進められることは稀ではない．その一例として，マイノングの思想の発展に関する包括的な研究である Chrudzimski (2007) がある．

10) マイノングは，対象の存在，非存在に関わらず，その対象についての真なる判断がありうるということを認めるために要請されるのは，その対象がなんらかの形式の *Sein* を有するということではなく，*Sein* および *Nichtsein* は，対象の内的性質（その対象の本質的なあり方を決定するような特徴）を構成しないということだと主張する．彼によれば，この意味で，対象そのものは

である．プリーストによれば，非存在対象はいかなる意味でも存在しない．

では，独立性原理はどのように形式化されるのだろうか．この点に関して，現代のマイノング主義には，確立された手法がある．その手法とは，量化子を存在に関して中立的なものとして扱い，対象が存在するかどうかは量化子とは別建ての一階の存在述語によって表現するというものだ．本書の非存在主義もその例に漏れない．すでに見たように本書では，対象の存在は，特称量化子「$\mathfrak{S}$」ではなく，一階の一項述語「$E$」によって表現される．本書の意味論では，存在述語「$E$」は，その他の述語とまったく同様の仕方で，世界に相対的に外延と余外延が割り当てられる．とりわけ，現実世界を含むどの世界 $w$ においても，「$E$」の外延が量化の領域 $D$ に等しくなければならない（つまり，$\delta^+(E, w) = D$）というような制約はない．それゆえ，本書の意味論では，必ずしもすべての対象が存在するわけではない（$\not\models \mathfrak{A}xEx$）．

量化が存在に関して中立だとすることで，マイノング主義は，量化に関して現在広く受け入れられている考え——存在するとは束縛変項の値になるということに等しい——に重要な変更を要求している．つまり，クワインに反して，存在するということと束縛変項の値になりうることは独立なのである．この反クワイン的な仕方での量化の理解は，仮に，非存在対象を指示する（とマイノング主義者なら見なすだろう）記述をラッセル-クワイン流の分析によって消去したとしても，無用にはならない，ということに注意しよう．たとえば次の文を考えよう（本書 5.4 節を参照）．

(1) マイノングは，丸い四角は丸いと信じていた．
    Meinong believed that the round square is round.

これは真である．ラッセル-クワイン流の分析によれば，この文は記述「丸い四角」の作用域をどうとるかに応じて次の二つの仕方で読まれる（「マイノング」を「$m$」，「$x$ は丸い」を「$Rx$」，「$x$ は四角い」を「$Sx$」，「$x$ は $A$ ということを信じていた」を「$B(x, A)$」と書くとする．一意性条件は省略した）．

---

「*Sein* と *Nichtsein* の彼岸」（*jenseits von Sein und Nichtsein*）に属す，あるいは，対象は「*Sein* の埒外」（*ausserseiend*）である（Meinong, 1904, p. 494）．

(2) a. $\exists x(Rx \wedge Sx \wedge B(m, Rx))$
    b. $B(m, \exists x(Rx \wedge Sx \wedge Rx))$

存在するということと束縛変項の値になるということが等しいのだとすれば，これら二つの読みはどちらも偽である．丸くて四角いものは存在しないし，マイノングは丸くて四角いものが存在すると信じてはいなかった．このように，非存在対象についての判断の真偽に関する私たちの直観を捉えるには，非存在対象を指示するように見える指示表現を含む文を，その指示表現を含まない量化文として分析するだけでは不十分である．

　本書の理論が，独立性原理をあらゆる性質に関して成り立つ一般的な原理としては受け入れていない，ということに注意しよう．本書の理論においても，対象 $a$ が世界 $w$ で性質 $F$ をもつために，$a$ はその世界で存在していなければならないという制約（つまり，$\delta(a) \in \delta^+(F, w)$ ならば $\delta(a) \in \delta^+(E, w)$ という制約）が，一般的な制約として解釈に課されることはない．それゆえ現実世界においてさえ，ある対象は存在することなしにある性質をもつことができる（あるモデルで @ $\Vdash^+ \mathfrak{S}x(\neg Ex \wedge Fx)$）．ただしプリーストによれば，ある種の性質は，とりわけ現実世界において，この制約を満たさなければならない．その種の性質をプリーストは**存在帰結的性質**と呼んでいる．非存在対象は，少なくとも現実世界では，存在帰結的性質をもつことはできない（本書 3.3 節を参照）．どのような性質が存在帰結的なのかという点について，プリーストは明確な答えを提示していないが，たとえばあるものを掴むといった，物理的対象との接触や，しかじかのものと因果関係に立つといったことが，存在帰結的であるとされる．本書の理論では，独立性原理は，少なくとも現実世界においては，存在帰結的でない性質に限って成り立つ，限定的な原理なのである．

## 4.2　世界に相対化された特徴づけ原理とラッセルの反論

　もう一つの原理である特徴づけ原理についてはどうか．実は特徴づけ原理には，非常にやっかいな問題がある．特徴づけ原理をどう扱うかが，プリーストの非存在主義の核心をなすので，この点については丁寧に見ていこう．特徴づけ原理によれば，任意の特徴づけ $A(x)$ について，それによって特徴づけられた

対象は $A(x)$ を満たす．これは素朴には，任意の式 $A(x)$ について，$A(\varepsilon x A(x))$ が成り立つという仕方で，形式化できるだろう．しかし，特徴づけ原理をこの素朴な形で受け入れることはできない．というのも，素朴な形の特徴づけ原理は，ラッセルがマイノングの理論に対して指摘した問題の元凶になっているからだ．第一に，ラッセルによれば，マイノングの理論からは，明らかに存在しないものの存在が帰結する．存在する黄金の山（the existent golden mountain）を考えよう．特徴づけ原理より，それは存在し，黄金であり，山である．しかし世界のどこを見ても黄金の山など存在しない．第二に，ラッセルによれば，マイノングの対象論が認める対象には，それから矛盾が帰結するような対象が含まれる．たとえば，丸い四角（the round square）がそうだ．特徴づけ原理より，丸い四角は丸い．同様にして，丸い四角は四角い．ところで四角いものはすべて，丸くない．したがって，丸い四角は丸くない．よって丸い四角は丸くかつ丸くない．これは矛盾である．特徴づけから矛盾が生じるということをより端的に見て取るには，丸くない丸を例にとればよい．これら矛盾を導く推論のステップに用いられる推論規則（全称例化，モードゥス・ポネンス）を受け入れるならば，矛盾が生じる原因は，特徴づけ原理にあるということになる[11]．本書で指摘されるように（4.2節），事態はさらに深刻で，任意の式 $A$ について $x = x \land A$ は特徴づけであり，これに特徴づけ原理を適用すれば，$\varepsilon x(x = x \land A) = \varepsilon x(x = x \land A) \land A$ が得られ，ここから $A$ が論理的に帰結する．つまり特徴づけ原理からは，任意の式 $A$ が証明できてしまう．

---

[11] 丸い四角の事例に対しては，四角さが丸くなさを含意するということの一般性を否定する——それは幾何学的に可能な対象についてのみ成り立つ含意関係に過ぎない——という道がマイノング主義者には残されている（cf. Parsons, 1980, sec. 2.3）．実は，この種の応答は，丸くない丸の問題に対しても応用可能である．テクニカルには矛盾とはある式とその式の否定の連言（$A \land \neg A$）である．あるものが丸くかつ丸くないということから，この意味での矛盾が帰結するのは，あるものが丸くないという性質をもつということが，それが丸いということの否定を含意すると考えられるからである．マイノング主義は，この含意関係を否定することができるかもしれない．すなわち，ある対象が丸くないという性質をもつということ（対象がなんらかの否定的な性質をもつということ）と，ある対象が丸いということはないということ（対象がある性質をもつということの否定）は，区別を要する別個の事態であり，特に，あるものが丸くなさという性質をもつということは，それが丸いということはないということを含意しない，と論じることができるかもしれない．Parsons (1980) の「核否定」（nuclear negation）は，まさにこの種の応答を試みたものである．

## 4 非存在主義（マイノング主義）

このように素朴な形の特徴づけ原理は重大な問題を抱えており，現代のマイノング主義は，この問題に，特徴づけ原理を修正することで応答している．有力な方法の一つは，Parsons (1980) に代表されるように，特徴づけ原理の適用を一定の限られた性質に制限するというものである．この方法によれば，存在する黄金の山の問題は，存在するという性質には特徴づけ原理が適用できず，したがって，特徴づけ原理から，存在する黄金の山は存在するということは帰結しないという仕方で解決される．同様に，丸くない丸の問題は，丸くないという性質が，特徴づけ原理の適用範囲外にあるという仕方で解決される．

これに対してプリーストは，いくつかの理由から，特徴づけ原理は，どんな性質に関しても適用可能な一般的な原理であるべきだと考える（本書4.2節）．とりわけ，特徴づけ原理が，判断や思考の対象に関わる原理だということ，そして，私たちはどんな性質の組み合わせに関してもそれを満たす対象について考えることができるということを考慮すれば，特徴づけ原理が適用可能な性質に制限を設けるのは望ましくない．そこでプリーストは，特徴づけ原理を，任意の特徴づけに関して成り立つ一般的な原理として，理論に組み込もうと試みる．では彼はどのようにしてラッセルの指摘した問題を回避するのだろうか．

彼の提案は，特徴づけ原理を，現実世界を含む様々な世界に相対化する，というものだ．すなわち，任意の特徴づけについて，それによって特徴づけられた対象は，その特徴づけが指定するあらゆる性質を，どこかの世界——それは現実世界である必要はなく，現実世界とは別の世界かもしれない——でもつ．ではその別の世界とはどのような世界だろうか．プリーストによれば，当該の対象の特徴づけを含む**描写**（representations）を実現している世界である．たとえば，コナン・ドイルは『ホームズ』シリーズを執筆する際に，そして私たちはそのシリーズを読む際に，様々な仕方でものごとを描写する．たとえば，その描写によれば，「ロンドン」と呼ばれる都市があり，それは現実世界におけるヴィクトリア朝時代のロンドンにとてもよく似ている．極めて頭脳明晰な探偵で，ベイカー街に住んでおり，アヘンとバイオリンを好む，といったホームズの特徴づけは，この描写の一部である．描写が関わるのは物語の執筆に限られない．たとえば物理学者の理論構築もまたある仕方での世界の描写である．あるいはもっと身近に，あなたがなにか想像上のものを恐れたり，あるいはなんら

かの事態を望んだりする場合でも，あなたは恐れたり望んだりしているものを
ある仕方で描写している．プリーストの基本的なアイデアは，どんな特徴づけ
についても，その特徴づけを含む描写が実現されているような世界があり，そ
こである対象がその特徴づけを満たすというものである．このようにして，特
徴づけ原理は，任意の特徴づけについて成り立つ一方で，描写を実現する世界
に相対化される．

> **世界に相対化された特徴づけ原理**：任意の特徴づけについて，それによっ
> て特徴づけられた対象は，その特徴づけを含む描写を実現するあらゆる
> 世界で，その特徴づけに含まれる性質をすべてもつ（その特徴づけを構成
> する式を充足する）．

この特徴づけ原理は，形式的には，解釈に対する制約として理論に組み込まれ
る．まず描写はある種の志向的状態と見なされる．たとえば，人はあることを
信じたり，あることを欲したりするのと同様に（そしてそうするのと同時に），あ
ることが成り立っているものと描写する．本文と同様，ここでも $\Phi$ を描写を
表す志向性演算子としよう．「$a\Phi A$」は「$a$ は $A$ ということが成り立っている
と描写する」と読まれる．このとき解釈は次の条件を満たすものでなければな
らない．$A(x)$ を任意の特徴づけ，$\Phi$ を $A(x)$ を含むある描写を表す描写演算子，
$\delta_s(\varepsilon x A(x)) = d$ とする（つまり，$d$ は $A(x)$ によって特徴づけられた対象だとする）
と，任意の $e$ について，

@$R_\Phi^e w$ ならば $w \Vdash^+_{s(x/d)} A(x)$

が成り立つ（本書 4.5 節）．この制約によって，本書の意味論においては，任意
の特徴づけ $A(x)$ について，$\models a\Phi A(\varepsilon x A(x))$ が成り立つ（ただし，$\varepsilon x A(x)$ 内の
いかなる自由変項も，$A(x)$ の $x$ を $\varepsilon x A(x)$ によって置換した際に束縛されないとす
る．本書 4.9 節補題 15）．

　この制約が満たされるには，特徴づけがどんなものであっても，それがある対
象によって充足されるような世界を意味論が用意できるのでなければならない．

## 4 非存在主義（マイノング主義） 265

本書の意味論は，解釈がこの制約を満たすのに十分な道具立てを用意している．ラッセルが反例として挙げた二つの特徴づけをまず考えよう．第一に，「存在する黄金の山」の事例のように，現実には存在しないものの存在を要求するような特徴づけがある．すでに見たように，本書の意味論では，存在述語には，他の述語とまったく同様の仕方で，世界と相対的に外延と余外延が割り当てられる．特にこの意味論では，ある対象が，現実世界では存在述語の外延に含まれないが，しかし別の世界では存在述語の外延に含まれるような解釈を構成することができる．第二に，「丸くない丸」の事例のように，矛盾が成り立つことを要求するような特徴づけがある．本書の意味論では，述語の解釈は，外延と余外延という二つの構成要素からできており，否定は，その基礎においては，（対象が外延の要素ではないということではなく）対象が余外延の要素であるということによって定義される．さらにある種の世界では，述語に対する外延と余外延は排他的でなくてもよい．そのような世界の中には「丸い」という述語の外延と余外延の両方に同じ対象が含まれていてよい．$a$ をそのような対象とすれば，その世界では，$a$ は丸く，かつ，$a$ は丸くない（「丸い」という述語を $R$ と書くとすると，その世界では $Ra \wedge \neg Ra$ が成り立つ．本書 1.5 節）．最後に，特徴づけ $x = x \wedge A$（$A$ は任意の式）を考えよう．$A$ がどんな式であれ，ある世界である対象がこの特徴づけを満たすような解釈を作ることできる．というのも，結局のところ開世界では，すべての式を原子式のように扱うことができるからだ．実際，$w$ を開世界，$x = x \wedge A$ は，マトリクス $C(x_1, \ldots, x_n)$ から，その変項を $x, x, t_3, \ldots, t_n$ によって適切に置換した結果得られるとすると，$\langle \delta_s(x), \delta_s(x), \delta_s(t_3), \ldots, \delta_s(t_n) \rangle \in \delta_s^+(C, w)$ となる解釈を構成することができ，したがって，その世界で $x = x \wedge A$ が成り立つ（本書 1.7 節）．

　以上を踏まえてプリーストは，素朴な特徴づけ原理が抱える問題に対して次の解決策を提示している．どんな特徴づけであれ，それによって特徴づけられた対象はその特徴づけを，必ずどこかの世界で充足する．しかしこのことから，その対象がその特徴づけを現実世界で充足するということは帰結しない．存在する黄金の山は，どこかの世界に存在し，そこでは黄金の山である．しかしその世界は現実世界である必要はない．したがってこのことは，この現実世界に存在するあらゆるものを見ても，黄金でありかつ山であることはない，というこ

ととと両立する．丸い四角や丸くない丸についても，基本的には黄金の山の場合と同様の仕方で問題は解決される．丸い四角は，どこかの世界で丸くて四角い．しかし丸い四角が丸さと四角さという性質を同時にもつ世界は，現実世界以外の世界——それは幾何学的に不可能な世界であろう——であってよい．このことは現実世界，あるいは幾何学的に可能なあらゆる世界を通じて，いかなる対象も丸さと四角さを同時にもつことはない，ということと両立する．丸くない丸についても同様である．丸くない丸は，どこかの世界で，丸さと丸くなさという性質を同時にもつ．その世界は，現実世界以外の世界であってよい．この場合，丸くない丸が丸くて丸くない世界は，矛盾が成り立つ世界である．このことは，現実世界でいかなる矛盾も生じていないということと両立する．$x = x \land A$（$A$ は任意の式）という条件から生じる問題も，これまでの問題とまったく同様の仕方で処理される．その条件によって特徴づけられる対象を $c_{x=x \land A}$ とすれば，ある世界では，$c_{x=x \land A} = c_{x=x \land A} \land A$ は，成り立ち，したがって，$A$ は真である．しかしその世界は現実世界ではないかもしれない．したがってこのことは，$A$ が現実世界で成り立っていないということと両立する，つまり，現実世界はなんでもありの世界ではないということと両立する．このように，描写を実現する世界に相対化された特徴づけ原理からは，現実世界において，任意のものが存在するということや，矛盾が成り立つということ，あるいは任意の式が成り立つということは帰結しないのである[12]．私たちが思い描く世界のあり方は実に様々であり，それがどんなものであれ，そのあり方は，どこかの世界で実現されている．しかし，そのあり方は，必ずしも現実世界のあり方と一致するとは限らないのである．

　最後にプリーストが描写に要求するもう一つの重要な特徴を見ておきたい．プリーストによれば，描写演算子は，他の多くの志向性演算子とは異なり，なん

---

12) 存在する黄金の山を例にとれば，このことは次のように形式的に表現できる．存在する，黄金である，山であるという三つの性質を表す述語をそれぞれ $E, G, M$ とすると，$@ \Vdash_s^+ a\Phi(E(\varepsilon x(Ex \land Gx \land Mx)) \land G(\varepsilon x(Ex \land Gx \land Mx)) \land M(\varepsilon x(Ex \land Gx \land Mx)))$ かつ $@ \nVdash_s^+ \mathfrak{S}x(Ex \land Gx \land Mx)$ となる解釈と評価は簡単に構成できる．たとえば，次の通り（上述の通り，簡便のためアイデンティティのないモデルを考える）．$@, w \in \mathcal{P}$, $\mathcal{I} = \emptyset$, $\mathcal{O} = \emptyset$, $D = \{0,1\}$, $\delta(a) = 0$, $s(x) = 1$, $R_\Phi^0 = \{\langle @, w \rangle\}$, $R_\Phi^1 = \emptyset$ $\delta^+(E, @) = \{0\}$, $\delta^-(E, @) = \{1\}$, $\delta^+(E, w) = \{1\}$, $\delta^-(E, w) = \{0\}$, $\delta^+(G, @) = \emptyset$, $\delta^-(G, @) = \{1\}$, $\delta^+(G, w) = \{1\}$, $\delta^-(G, w) = \{0\}$, $\delta^+(M, @) = \emptyset$, $\delta^-(M, @) = \{1\}$, $\delta^+(M, w) = \{1\}$, $\delta^-(M, w) = \{0\}$, $\varphi_{\overline{\varepsilon x(Ex \land Gx \land Mx)}}(D) = 1$.

らかの論理的帰結関係に関して閉じていなければならない.すなわち,$\vdash_L$をなんらかの論理的帰結関係とすると,任意の描写演算子 $\Phi$ について,

すべての $A \in \mathcal{S}$ に対して,$@\Vdash_s^+ a\Phi A$ かつ $\mathcal{S} \vdash_L B$ ならば,$@\Vdash_s^+ a\Phi B$

が成り立たなければならない(本書 4.3 節).これは,私たちがある特徴づけによって描写されたものごとについて様々な推論を行うことができるという事実を捉えるための要求である.たとえば,あるときホームズはロンドンにいたということ,そしてホームズの世界には飛行機はないはずだということから,ホームズがその数時間後にパリにいたはずはない,と推論することができるように思われる.あるいはルヴェリエは,水星の近日点歳差に関する自説に基づいて,バルカンについて様々なことがら——たとえば,ある時点におけるバルカンの位置——を推論したはずだ.あるいは,プリーストは,数学の公理を一種の特徴づけと見なす(本書 7.7 節).そして私たちは,たとえば ZF 集合論の公理系から集合がもつ様々な性質を推論する.$\vdash_L$ としてなにをとるかは,描写に依存する.デフォルトの想定は,本書の論理が定める $\models$ である.しかしそうである必要はない.矛盾が成り立つ世界,たとえば,からっぽでありかつ中身に入った箱が登場する『シルヴァンの箱』(本書 6.6 節)の描写を実現する世界を例にとろう.この世界がなんらかの論理的帰結のもとに閉じていなければならないということ,他方でこの世界はトリヴィアルではない(つまり任意の命題が真であるような世界ではない)ということから,この世界の論理は,矛盾許容的でなければならない.仮に $\models$ が矛盾許容的であれば,特別な問題は生じないだろう.他方で,このような世界は,$\models$ が矛盾許容的であるということを必ずしも要求しない.本書の意味論では,可能世界と不可能世界は,$\models$ のもとで閉じているが,開世界はそうではない.現実世界の論理が矛盾許容論理でないのならば,『シルヴァンの箱』を実現する世界は,なんらかの矛盾許容論理の帰結関係に関して閉じているような付値を与えられた,開世界である.

## 4.3 非存在対象の同一性とクワインの反論

マイノング主義に対する反論として,ラッセルの反論に並んで強い影響力を

もつのは，クワインが「なにがあるのかについて」(Quine, 1948) で展開した反論である．クワインの反論は，非存在対象には明確な同一性の基準がなく，明確な同一性の基準をもたないような対象を私たちは認めることはできない，というものだ．これに対して，プリーストは，ラウトリーの議論に全面的に依拠しつつ，二つの仕方で反論している．第一に，明確な同一性の基準をもたない対象を認めるべきではないという前提は強すぎる．たとえば，私たちは山や雲について，その明確な同一性の基準をもち合わせていない（「この空には，一体何個の雲が浮かんでいるのか」）．しかしこのことから，私たちは山や雲のような対象を認められないということは帰結しない．第二に，クワインの主張に反して，非存在対象にも明確な同一性の基準を定めることができる．存在する対象にも非存在対象にも一般的に適用される同一性の基準として，本書が提示するのは次のものである（本書 4.4 節）．

対象 $d$ と $e$ が同一の対象である $\iff$ すべての $w \in \mathcal{C}, s, A(x)$ について，$x$ が志向性演算子の作用域になければ，$w \Vdash^+_{s(x/d)} A(x) \iff w \Vdash^+_{s(x/e)} A(x)$

これは，$d$ と $e$ が同一の対象であるのは，$d$ と $e$（の各閉世界におけるアイデンティティ）が，各閉世界において，まったく同じ原子的性質をもつということに他ならない．（上の定義から明らかなことであるが，この同一性の基準は，一つの対象が異なる閉世界 $w_1$ と $w_2$ において異なる性質 $F$ と $G$ をもつということを妨げない．この基準が要求しているのは，$d$ と $e$ が同一の対象であるには，それらが $w_1$ でもつ性質はまったく同じであり，かつ，それらが $w_2$ でもつ性質もまったく同じでなければならない，ということであって，$w_1$ と $w_2$ で同じ性質をもつということではない．）たとえばジャック・スパロウとドラえもんはもちろん同一の対象ではない（少なくとも私たちは常識的にはそう考える）．上の同一性の基準からは，このことが正しく帰結する．『パイレーツ・オブ・カリビアン』シリーズの描写を実現するあらゆる閉世界において，ジャック・スパロウは海賊である．ドラえもんが海賊であるということは，当シリーズの描写に含まれていないし，またその論理的帰結でもない．したがって，『パイレーツ・オブ・カリビアン』シリーズの描写を実現する閉世界には，ドラえもんが海賊であるような世界もあ

れば，ドラえもんが海賊ではないような世界もある[13]．したがって，『パイレーツ・オブ・カリビアン』シリーズの描写を実現するある閉世界で，ジャック・スパロウは海賊であり，かつ，ドラえもんは海賊ではない．したがって，上の同一性の基準より，ジャック・スパロウとドラえもんは同一の対象ではない．

　クワインの有名な問い，「戸口に立っている可能的な太った男は戸口に立っている可能的な禿の男と同一か」はどのように扱われるのだろうか．プリーストによれば，確かにこの問いには確定的な答えはない．しかしそれは，非存在対象に明確な同一性の基準がないからではない．この問いに確定的な答えがないのは，「戸口に立っている可能的な太った男」や「戸口に立っている可能的な禿の男」という記述がなにを指示するのかが，当の問いが発話される文脈（とりわけ，その発話者がその発話によってなにを指示しようと意図しているのか）に依存してのみ決まるからである．このことは，「これはあれと同じである」という文の発話が，その発話の文脈が特定され，「これ」と「あれ」でなにが指示されているのかが決定しない限り，確定的な真理値をもたないというのと同じことに過ぎない．一度文脈が特定され，それらの記述の指示が定まれば，「戸口に立っている可能的な太った男は戸口に立っている可能的な禿の男と同一か」という問いには確定的な答えを与えることができる．たとえば，家の戸口に名探偵ポアロとジャン＝リュック・ピカード（『新スタートレック』の主人公．彼は禿げている）とが立っているという仮想の状況について私とあなたが話しているとしよう．このとき私がポアロを指示するつもりで「戸口に立っている可能的な太った男」を用い，ピカードを指示するつもりで「戸口に立っている可能的な禿げた男」を用いたとしよう．さらに，あなたが，「戸口に立っている可能的な太った男」と「戸口に立っている可能的な禿げた男」で私が指示したのと同じ対象を指示することを意図して，「戸口に立っている可能的な太った男は戸口に立っている可能的な禿の男と同一か」と尋ねたとしよう．この場合，この問いの答えは「同一ではない」である．ポアロとピカードは別人だからだ．しかし，私が「戸口に立っている可能的な太った男」と「戸口に立っている可能的

---

[13] これは，非存在対象が，特徴づけ性質（およびその論理的帰結である性質）以外にどのような性質をもつかに関するプリーストの見解からの帰結である．この点については，本書4.4節を参照．

な禿の男」の両方を，ポアロを指示するつもりで用いているならば，同様のあなたの問いに対する答えは，「同一である」ということになる．

## 5 まとめ

　以上で見てきたような世界意味論と非存在主義の理論によって，本書では志向性にまつわる様々な問題が解決されている．また本書では，志向性の問題以外にも，フィクションに登場するキャラクターや，数のような抽象的対象に対する非存在主義の観点からの分析が提示されている．これらの解決や分析の具体的な内容については，本文に譲りたい．

　本書の「はしがき」にある通り，マイノング主義は現代では決してポピュラーな立場ではない．それどころかマイノング主義はもはや決定的に論駁された過去の遺物のようにすら捉えられている．このような状況を生みだしている要因はいくつか考えられる．ラッセルやクワインのような影響力のある論者がマイノング主義に反対してきたということ，思考可能なあらゆる対象を真正の対象として認めることが直観的に余りに放埓すぎるように思われるということ，マイノング主義者が一般に要請する特徴づけ原理からはパラドクスが帰結するように思われるということ，などである．

　読者は本書を読み進めるうちに，これらの要因がことごとく説得力のある仕方で取り除かれていくことに気づくだろう．従来のマイノング主義批判，あるいはマイノング主義に代わって提案される理論はどれも決定的なものではない．志向的態度を扱う言語に対して与えられる本書の意味論において，マイノング主義は自然で直観に合致する哲学的基礎を提供している．そして特徴づけ原理のパラドクスや表示のパラドクス（本書第8章を参照）など，マイノング主義が直面すると思われる重大なパラドクスは回避することが可能である．

　しかし本書の重要性はマイノング主義に対する様々な反論を論破したことだけではない．そもそもここで描写されている世界像は，志向性を扱う論理体系の形而上学的な基礎を与えることを意図して提示されたものである．この論理体系は，可能世界意味論に基づく従来の認識論理が抱えてきた数々の問題に対して解決を与えている．そしてそれらの解決に貢献する意味論の特徴がそれぞ

れ著者の哲学的な見解と結びついており，意味論全体として一つの統一的な世界像を表現しているのである．ここでは論理学のテクニックによる言語哲学の問題の解決とその背景となる哲学が，理想的な形で結びついているのを見ることができる．

最後に本書を読む上で参考になる日本語の文献を紹介しておこう．本書の意味論を理解する上では，可能世界意味論に関する基本的な知識が必要である．これについては小野寛晰『情報科学における論理』（日本評論社，1994）が，その哲学的な側面を扱ったものとして飯田隆『言語哲学大全 III 意味と様相（下）』（勁草書房，1995）がある．マイノング主義に関して日本語で読める文献は多くはないが，三浦俊彦『虚構世界の存在論』（勁草書房，1995）に現代の代表的なマイノング主義者の一人であるパーソンズの理論の簡潔な説明がある．本書の非存在主義と比較する上でも，一読をお勧めしたい．

## 参考文献

[1] Chrudzimski, A. (2007). *Gegenstandstheorie und Theorie der Intentionalität bei Alexius Meinong*, Springer.

[2] Fagin, R. et al. (1995). *Reasoning about Knowledge*, Cambridge and London: The MIT Press.

[3] Hintikka, J. (1962). *Knowledge and Belief: An Introduction to the Logic of the Two Notions*, Ithaca, N. Y.: Cornell University Press.

[4] Hintikka, J. (1975). 'Impossible possible worlds vindicated', *Journal of Philosophical Logic*, 4(3): pp. 475–484.

[5] Jacquette, D. (2009). 'Logic for Meinongian Object Theory Semantics', in Dov M. Gabbay and Woods, J. (eds.) (2009), *Handbook of the History of Logic, volume 5: Logic from Russell to Church*, Elsevier B. V., pp. 29–76.

[6] Kripke, S. A. (1980). *Naming and Necessity*, Harvard University Press. （1985，八木沢敬・野家啓一訳，『名指しと必然性』，産業図書）

[7] Meinong, A. (1904). 'Über Gegenstandstheorie,' in his *Abhandlungen zur Erkenntnistheorie und Gegenstandstheorie, Gesamtausgabe*, vol. II, Rudolf Haller (ed.), Graz: Akademische Druck- u. Verlagsanstalt, 1971. (Originally published in *Untersuchungen zur Gegenstandstheorie und Psychologie*, Alexius Meinong (ed.), Leipzig: J. A. Barth, 1904.)

[8] Meyer, J.-J. Ch. and van der Hoek, W. (1995). *Epistemic Logic for AI and Computer Science*, volume 41 of *Cambridge Tracts in Theoretical Computer Science*, Cambridge: Cambridge University Press.

[ 9 ] Parsons, T. (1980). *Nonexistent Objects*, New Haven and London: Yale University Press.
[10] Rantala, V. (1982). 'Impossible world semantics and logical omniscience', *Acta Philosophica Fennica* 35: pp. 106–15.
[11] Routley, R. (1980). *Exploring Meinong's Jungle and Beyond*, Canberra: RSSS, Australian National University.
[12] Strawson, P. F. (1950). 'On Referring', *Mind*, New Series, Vol. 59, No. 235. 320-344.
[13] Zalta, E. (1983). *Abstract Objects: An Introduction to Axiomatic Metaphysics*, Dordrecht: Reidel.

# 訳者あとがき

　訳者が初めてプリースト氏とお会いしたのは 2004 年の夏に氏が京都大学に来られたときのことだった．背が高く，気さくで，深みのある声で丁寧な話し方をするのが印象的だった．以来，プリースト氏は度々京都に来られ，また訳者を含む京都大学の人間もメルボルンを訪ねるなどして，交流を続けている．2008 年には，プリースト氏は約半年のあいだ京都に滞在され，そのときには京都大学の哲学研究室の学生たちが毎週行っていた *An Introduction to Non-Classical Logic* の読書会に，著者本人に出席して頂くという贅沢な経験をした．私たちはプリースト氏との交流から多くのことを学んだ．論理学の知識や技術はもちろん，その背景にある哲学や，そのスケールの大きさ，視野の広さも——私たちがそれをどれだけものにできているかは別にして．プリースト氏と接していると訳者はホイットマンの次の言葉を思い出す．

　　私が矛盾していると？
　　結構，ならば私は矛盾しているのだ，
　　（私は大きく，多くを含む）
　　　　　　　　　　　——ウォルト・ホイットマン「私自身の歌」

　作業の分担に関して，下訳は第 I 部を久木田，第 II 部を藤川が担当し，その後に両者でお互いの原稿をチェックして仕上げを行った．解説は，世界意味論に関する部分を久木田が，非存在主義に関する部分を藤川が主に執筆し，その後相互にチェックを行った．

　本翻訳の出版に至るまでに訳者は多くの方々の助力に恵まれた．そもそもこの翻訳は「なにか翻訳してみないか」という京都大学の出口康夫先生のご提案

を受け，藤川が久木田を誘って企画し，その企画を出口先生が勁草書房に紹介して下さったところから始まった．勁草書房の土井美智子氏には訳稿と訳者解説を細かく丁寧に校正して頂き，文が読みやすくなるように助言を頂いた．またなかなか作業の捗らない訳者を折に触れ根気強く励まして頂いた．第3章の特に中世哲学に関する箇所に関しては京都大学の川添信介先生に，第8章の特にテクニカルな箇所に関しては産業総合研究所の矢田部俊介氏に助言を頂いた．大阪大学の佐金武氏，京都大学の山口尚氏には第Ⅰ部の原稿と訳者解説を，立正大学の植村玄輝氏，千葉大学の吉沢文武氏には訳者解説をチェックして頂いた．お世話になった皆様にこの場を借りてお礼を申し上げる．ただしもちろん本翻訳に含まれるいかなる誤りについても訳者が全面的に責任を負う．

　最後に，訳者が一番多くを負っているのはプリースト氏にである．私たちは頻繁に本書の内容や表現について，Eメールであるいは直接にお会いして，プリースト氏に質問をした．その都度，氏は非常に丁寧に私たちの質問に答えて下さった．また昨年，京都大学の学生たちが大挙してメルボルン大学に滞在した際，お忙しい中とても手厚く遇して頂き，不便がないようにはからって頂いたことも忘れられない．併せてここでお礼を申し上げる．本翻訳がプリースト氏の哲学をより一層日本に広める一助となれば幸いである．

　　　2011年4月

久木田水生<br>藤 川 直 也

# 索　引

## あ　行

RM　Routley/Meyer　　18
アイデンティティ　identity　　54-9　→「フードを被った男のパラドクス」も参照
　　——と世界　and worlds　　54-9
　　——の変化　variation of　　56-7, 58
　　開世界における——　at open worlds　　56-8
　　対象の——　of objects　　54-9
　　不可能世界における——　at impossible worlds　　56
　　閉世界における——　at closed world　　56, 116-8
アシュワース, E. J.　Ashworth, E. J.　　104
アペラチオ　appellation　　101-3
　　——と代示　supposition　　102-5, 105
　　——と不確定性　and indeterminacy　　102-5
　　ビュリダンと——　Buridan and　　104, 105
アリストテレス　Aristotle　　2, 3-4, 91 (n. 23), 98
あること（と存在）　being: and existence　　14-5, 139-40
一意的な表示　unique denotation　　214-5, 228
意味表示　signification　　88, 101
意味論　semantics
　　可能世界——　possible-world　　4, 15
　　可変領域——　variable domain　　13, 14, 15
　　世界——　world　　4, 8-13
　　多重表示——　multiple denotation　　207-10
　　定領域——　constant domain　　12
因果　causation　　181-6
ウィトゲンシュタイン, L.　Wittgenstein, L.　　4, 183
ウィリアム, シャーウッドの　William of Sherwood　　91
ウォルトン, K.　Walton, K.　　152 (n. 1)
嘘つきのパラドクス　Liar paradox　　39
エウブリデス　Eubulides　　37, 39
　　——のパラドクス　paradox of　　39-40, 40-46
　　フードを被った男のパラドクス　Hooded Man paradox　　39
エレクトラのパラドクス　Electra paradox　→「フードを被った男のパラドクス」を参照
演算子　operator
　　開世界での——　at open worlds　　23, 24, 29

志向性―― intentional　3–36, 37, 45–6, 56
フィクション―― fictional　151–4
様相―― modal　8, 12, 20, 31
オッカム，ウィリアム　Ockham, William of　4, 88, 106 (n. 56)
　代示について　on supposition　89
　置換可能性について　on substitutivity　97–101
　不確定性について　on indeterminacy　94–7
　付帯性の誤謬について　on fallacy of accident　97–8

## か　行

開世界　open worlds　23–29
　――とアイデンティティ　and identity　56, 58–9
　――と SI　and SI　52–4
　――と CP　and CP　115
　――と同一性　and identity　38
　――とフードを被った男のパラドクス　and Hooded Man paradox　52–9
拡大　ampliation　89–93, 96–97
　――に関するビュリダンの見解　Buridan on　90 (n. 18), 91, 92
確定記述　definite descriptions　58, 124–6, 181, 213–7
　――と一意的な表示　and unique denotations　214–5
　――と話者の意図　and speaker-intention　124, 145–7
　非存在主義と――　noneism and　124–5
　ラッセルの――の理論　Russell's theory of　141–2
確定的代示　determinate supposition　94, 96, 97
可能世界　possible worlds　4, 16–21, 22, 24, 27
　――における同一性　identity at　37
可能的対象　possible objects　vi, 91, 148 (n. 14)
カント, I.　Kant, I.　16
記述　descriptions　109, 210–1
　――と SI　and SI　46
　――と固定指示子　and rigid designators　46–7
　――の性質　properties of　126–7
　――の振る舞い　behaviour of　130–1
　確定――　definite　58, 124–6, 141–2, 145–7, 181, 213–7
　非固定指示子としての――　as non-rigid designators　46
　不確定――　indefinite　121–4, 181
ギーチ, P.　Geach, P.　84 (n. 12)
気づかれない男　Unnoticed Man　→「フードを被った男のパラドクス」を参照
『詭弁論駁論』（アリストテレス）　De Sophistics Elenchis (Aristotle)　24, 98–9
逆バーカン式　Converse Barcan Formula　13, 24
共通的代示　common supposition　89, 94–5, 96
具体的対象　concrete objects　137, 176, 181, 189, 199
クリプキ, S.　Kripke, S.　48, 58 (n. 17)

同一性について　on identity　　120
クワイン, W. V. O.　Quine, W. V. O.　　v, viii, 4, 149
　　同一性について　on identity　　143
　　「なにがあるのかについて」　'On What There Is'　　viii, 135, 139–43
　　非存在主義に対する反論　arguments against noneism　　139–41
　　非存在対象について　on non-existent objects　　143
　　マイノング主義の「論駁」　supposed demolition of meinongianism　　v, viii
ゲーデル, K.　Gödel, K.　　188, 191
現実世界　actual world　　22–3, 57(n. 16), 161, 178–80
項辞論者　terminists　　88
個体的代示　personal supposition　　89
固定指示子　rigid designators　　46, 58, 61, 123
　　——と記述　and descriptions　　46–7
個別的代示　discrete supposition　　89, 96

## さ　行

*Sein*　　vii, 109
サモン, N.　Salmon, N.　　44 (n. 5)
志向性　intentionality　　3–4
　　——についての中世の説明　medieval accounts of　　85–107
志向性演算子　intentional operators　　32, 35
　　——と SI　and SI　　56, 66–9
　　——と開世界　and open worlds　　23–9
　　——と同一性　and identity　　37
　　——とパラドクス　and paradoxes　　45–6
　　——に対する意味論　semantics for　　8–13, 26, 28
志向性述語　intentional predicates　　7, 71
　　——と SI　and SI　　78–80
　　——と非存在　and non-existence　　72–75
　　——と不確定性　and indeterminacy　　81
　　——に対する非存在主義的意味論　noneism semantics for　　76–7
　　マイノングと——　Meinong and　　74
志向性動詞　intentional verbs
　　——と拡大　and ampliation　　90, 96
　　多義的な——　ambiguous　　6
　　演算子　operators　　6
　　述語　predicates　　5
　　補部　complements　　6–8
志向的逆バーカン式　intentional Converse Barcan Formula　　13, 25
志向的バーカン式　intentional Barcan Formula　　13, 27
自己言及　self-reference
　　——の意味論的パラドクス　semantic paradox of　　202–4, 204–5, 207, 212–3
　　意味論的パラドクスの解決　solutions of semantic paradox　　204–7

指示　reference　　181–6
質料代示　material supposition　　89
私的言語の議論（ウィトゲンシュタイン）　private language argument (Wittgenstein)　　183
集合論（ゲーデル）　set theory (Gödel)　　191
自由の原理　Principle of Freedom　　118, 147
述語　predicates
　　志向性――　intentional　　5, 6, 7, 71–80
　　外延と余外延　extension and co-extension　　9
シルヴァン, R.　Sylvan, R.　→「ラウトリー, R.」を参照
『シルヴァンの箱』　*Sylvan's Box*　　151, 162–72, 175
真矛盾主義　dialetheism　　23, 207
数学的対象　mathematical objects　　177–8, 187–8
　　――の特徴づけ　characterization of　　187, 189–92
　　――の非存在　non-existence of　　173, 175, 180
　　非存在主義と――　noneism and　　192–5
数学の応用　mathematics, applying　　192–5
ストロード, R.　Strode, R.　　93 (n. 32)
砂山のパラドクス　Heap paradox　　39
世界　worlds　　16–21, 112–3　→「閉世界」および「開世界」も参照
　　――とアイデンティティ　and identity　　45–59
　　――と性質　and properties　　116–7
　　――と存在帰結的述語　and existence-entailing predicates　　77, 179–80
　　――と抽象的対象　and abstract objects　　176–7
　　――と同一性　and identity　　37–8, 116–7, 119
　　――の数学的表象　mathematical representation of　　177–8, 194–5
　　――の身分　status of　　177–80
　　可能――　possible　　4, 16–21, 22, 24, 27
　　現実――　actual　　22–3, 57 (n. 16), 161, 178–9
　　抽象的対象としての――　as abstract objects　　178–9
　　非存在対象としての――　as non-existent objects　　174, 177–80, 194–5
　　不可能――　impossible　　vi, 16–21, 21, 24, 38, 55
　　無矛盾ではない――　inconsistent　　115
世界意味論　world semantics　　4, 8–13
ゼノン　Zeno　　38, 40
全称例化　Universal Instantiation　　21, 211
選択関数（と表示）　choice functions: and denotation　　124–6
*Sosein*　　vii, 109–110
想像すること　imagining　　156
ソライティーズ・パラドクス　Sorites paradox　　39
存在　existence　　136–7
　　――とあること　and being　　14–5, 139–40
　　――に関するラッセルの見解　Russell on　　136–7
　　特徴づけと――　characterization and　　110–1

存在帰結的述語　existence-entailing predicates　76–7, 160, 179
存在述語　existence predicate　vi, 14, 16
存在する対象　existent objects　76, 192–5
存立　subsistence　vi, 15, 136, 173
存立する対象　subsistent objects　173

## た　行

対応者理論　counterpart theory　59 (n. 18)
代示　supposition　89–92, 94–7, 103
　——に関するオッカムの見解　Ockham on　97–101
　　アペラチオと——　appellation and　101–2
　　確定的——　determinate　94
　　共通的——　common　89, 94
　　個体的——　personal　89
　　個別的——　discrete　89, 94
　　質料——　material　89
　　単純——　simple　89
　　ビュリダンと——　Buridan and　89 (& n. 17), 90, 101–2
　　不確定的——　confused　94
対象　objects　14　→「非存在対象」も参照
　——とアイデンティティ　and identity　54, 59
　——と同一性　and identity　111, 116–8, 143–7
　——の創造　creation of　154–7
　　可能的——　possible　vi, 91, 148 (n. 14)
　　具体的——　concrete　vi, 137, 176, 181, 189, 199
　　CPと——　CP and　vii–viii, 110–3, 186–7, 189–92
　　数学的——　mathematical　173, 174, 179, 180, 187–8, 189–92, 192–5
　　存在する——　existent　192–5
　　存立する——　subsistent　173
　　抽象的——　abstract　vi, 137, 148 (n. 14), 173, 174–7, 177–80, 189, 199
　　特徴づけられた——　characterized　117–9
　　フィクションの——　fictional　151–7, 157–61, 175–7, 180, 189–92
　　不可能——　impossible　vi, 91, 140
対称性　symmetry
　　同一性と——　identity and　120–1
『大論理学』（オッカム）　Summa Logicae (Ockham)　99
多重表示　multiple denotation　207–10, 212–3
単純代示　simple supposition　89
単調性　monotonicity　226–7
知識　knowledge　44–6, 186–92　→「フードを被った男のパラドックス」も参照
　　アプリオリな——　a priori　189–92
　　数学の——　mathematical　187–9
抽象的対象　abstract objects

――としての世界　worlds as　　177-80
　――の身分　status of　　vi, 136-7, 148( n.14), 173, 174-7, 189, 199
　世界と――　worlds and　　175-7
角の生えた男のパラドクス　Horned Man paradox　　39
同一者の置換可能性（SI）　substitutivity of identicals (SI)　　38, 130, 212-3
　――と開世界　and open worlds　　52-4
　――と志向性演算子　and intentional operators　　56, 66-9
　――と志向性述語　and intentional predicates　　78-80
　――と *de re* 論証　and *de re* argument　　60
　――と同一性の推移性　and transitivity of identity　　212
　――と表示のパラドクス　and paradox of denotation　　212-3
　――に関するオッカムの見解　Ockham on　　97-101
　――に関するビュリダンの見解　Buridan on　　78, 103-7
　――の不成立　failure of　　48-50, 57, 78-80, 212-3
　アペラチオと――　appellation and　　103
　アリストテレスと――　Aristotle and　　3
　記述と――　descriptions and　　46
　フードを被った男のパラドクスにおける――　in Hooded Man paradox　　40-6
　フレーゲと――　Frege and　　50-2
同一性　identity　　76, 116-21, 130　→「フードを被った男のパラドクス」も参照
　――と志向性演算子　and intentional operators　　37
　――と世界　and worlds　　116-9
　――と対称性　and symmetry　　120-1
　――と表示のパラドクス　and denotation, paradox of　　211-3
　――に関するクリプキの見解　Kripke on　　120
　――に関するクワインの見解　Quine on　　143-4
　――に関するラウトリーの見解　Routley on　　144
　――に対する意味論　semantics for　　37, 64-9
　――の推移性　transitivity of　　212
　開世界における――　at open worlds　　38
　可能世界における――　at possible worlds　　37
　貫世界――　trans-world　　120
　性質と――　properties and　　116
　対象の――　of objects　　111, 116-7, 143-7
　非存在対象と――　non-existent objects and　　116, 144-9
　不可能世界における――　at impossible worlds　　38, 55
　閉世界における――　at closed world　　116-7
同一性の推移性　transitivity of identity　　212-3
特称汎化　Particular Generalization　　21, 46, 58, 211
戸口に立っている可能的な太った男　possible fat man in the doorway　　143-9
特徴づけ原理（CP）　Characterization Principle, CP　　vii-viii, 16, 137, 186-7
　数学的対象と――　mathematical objects and　　187, 189-92
　非存在主義と――　noneism and　　110

描写と―― representations and　110-3
プラトニズムと―― platonism and　197-8
特徴づけ問題　characterization problem　vii, viii, 149

## な　行

名指しの因果説　causal theory of naming　181-2
「なにがあるのかについて」（クワイン）　'On What There Is' (Quine)　viii, 135, 139-43
「なにがないのかについて」（ラウトリー）　'On What There Isn't' (Routley)　viii, 135, 144
Nichtsein　→「非存在」を参照

## は　行

バーカン式　Barcan Formulas　13, 24, 29
バージェス, J. P.　Burgess, J. P.　196 (n. 25)
排中律　excluded middle, law of (LEM)　17, 22, 23, 208 (n. 12)
パウルス・ウェネトゥス　Paul of Venice　91, 93, 105 (n. 53)
禿げた男（砂山）のパラドクス　Bald Man (the Heap) paradox　39
パトナム, H.　Putnam, H.　184, 185
バラゲー, M.　Balaguer, M.　197 (n. 27)
パラドクス　paradoxes
　――と志向性演算子　and intentional operators　45-6
　嘘つきの――　the Liar　39
　エウブリデスと――　Eubulides and　38-40, 40-6
　自己言及の――　of self-reference　201-7, 207-8, 211-3
　ゼノンと――　Zeno and　39, 40
　ソライティーズ――　Sorites　39
　角の生えた男の――　the Horned Man　39
　禿げた男（砂山）の――　the Bald Man (the Heap)　39
　表示の――　of denotation　201-207, 208, 211-3
　ヒルベルトとベルナイスと――　Hilbert and Bernays and　203-4
　フードを被った男の――　the Hooded Man　39, 40-6, 50-2, 52-4, 54, 57
パラフレーズ　paraphrase　49-50
非固定指示子　non-rigid designators　46, 58
非存在　non-existence　72-7, 88-93
　――に関するマイノングの見解　Meinong on　73, 136-7
　数学的対象の――　of mathematical objects　173, 175, 180
　非存在主義と――　noneism and　73-4
非存在者　non-being　→「非存在」,「非存在対象」を参照
非存在主義　noneism　vi, ix, 14-6, 53, 76
　――と確定記述　and definite descriptions　124-5
　――と CP　and CP　111
　――と指示　and reference　181-6
　――と数学　and mathematics　192-5
　――と対象の身分　and objects, status of　189-92

282　索　引

　　——と知識　and knowledge　　186–9
　　——と非存在　and non-existence　　73–4
　　——と非存在対象　and non-existent objects　　84, 138–9, 192–5
　　——と不確定性　and indeterminacy　　84
　　——とプラトニズム　and platonism　　195–9
　　——に対するクワインの反論　Quine's arguments against　　139–40
非存在対象　non-existent objects　　15, 77, 109
　　——と CP　and CP　　186–7
　　——と指示　and reference　　181–6
　　——としての世界　worlds as　　173–4, 177–80, 194–5
　　——と知識　and knowledge　　186–9
　　——とラッセルの確定記述の理論　and Russell's theory of definite descriptions　　141–3
　　——に関するクワインの見解　Quine on　　143
　　——の種類　kinds of　　173–4
　　——の同一性　identity of　　116, 145–9
　　——の不確定性　indeterminacy of　　84
　　アリストテレスと——　Aristotle and　　91 (n. 23)
　　存在する対象と——　existent objects and　　192–5
　　非存在主義と——　noneism and　　84, 138–9, 192–5
否定　negation　　21–3
ブール——　Boolean　　216
ビュリダン, J.　Buridan, J.　　4
　　——とアペラチオ　and appellation　　104–6
　　意味表示について　on signification　　88, 101
　　拡大について　on ampliation　　90 (n. 18), 91
　　代示について　on supposition　　89 (& n. 17), 90, 101–2
　　置換可能性について　on substitutivity　　78, 103–4, 104, 106
　　非存在について　on non-existence　　72, 90–1
　　不確定性について　on indeterminacy　　81, 96, 101
表示　denotation　　55, 131, 206
　　——のパラドクス　paradox of　　201–8, 211–3
　　一意的な——　unique　　214–5, 228–9
　　固定指示子　rigid designators　　43, 46, 58, 61, 123
　　選択関数と——　choice functions and　　124–6
　　多重——　multiple　　206–10, 212–3
　　非固定指示子　non-rigid designators　　46, 58
描写　representations　　117, 123–4
　　——とフィクション　and fiction　　152–4, 160–1
　　特徴づけと——　characterization and　　110–6
表象　representations
　　心的——　mental　　74
　　数学的——　mathematical　　177–8, 194–5
ヒルベルト, D.　Hilbert, D.　　203–4

ヒンティッカ, J.　Hintikka, J.　4, 42 (n.4)
フィクションの対象　fictional objects　151–4, 175–7, 180, 189–92
　——と真理　and truth　160
　——と描写　and representation　153–4, 160–1
　——と不完全さ　and incompleteness　159–60
　——と無矛盾でないこと　and inconsistency　157–9
　——の創造　creation of　154–7
　現実世界と——　actual worlds and　160–1
　存在帰結的述語と——　existence-entailing predicates and　160
フードを被った男（エレクトラ，気づかれない男）のパラドクス　Hooded Man (the Electra, the Unnoticed Man) paradox　40–6, 57
　エウブリデスと——　Eubulides and　39, 40–6
　SI と——　SI and　40–7
　開世界と——　open worlds and　52–9
　フレーゲと——　Frege and　50–2
de dicto 論証　de dicto argument　59–62
de re 論証　de re argument　59–63
ブール否定　Boolean negation　216
不確定記述　indefinite descriptions　121–4, 181
不確定性　indeterminacy　81–7
　——に関するオッカムの見解　Ockham on　94–7
　——に関するビュリダンの見解　Buridan on　81, 95, 101–2
　アペラチオと——　appellation and　101–2
　量化と——　quantification and　84–6
不確定的代示　confused supposition　94, 95
不可能世界　impossible worlds　16–21, 21, 24
　——におけるアイデンティティ　identity at　56
　——における同一性　identity at　38, 55
不可能対象　impossible objects　vii, 91, 140
不完全性　incompleteness
　ゲーデルの——定理　Gödel's theorem　187–8
　対象の——　of objects　159–60
複数的述定　plural predication　52 (n.10)
複数的量化　plural quantification　52 (n.10)
付帯性の誤謬　fallacy of accident　98–100
普遍者の存在　existence of universals　142
ブラウワー, L. E. J.　Brouwer, L. E. J.　23
プラトニズム　platonism　174, 177, 181
　——と CP　and CP　197–8
　——と非存在主義　and noneism　195–9
　充溢的——　plenitudinous　197–9
　矛盾許容的で充溢的な——　paraconsistent and plenitudinous　198–9
フレーゲ, G.　Frege, G.　4, 24, 106

──とフードを被った男のパラドクス　and Hooded Man paradox　50-2
ブレンターノ, F.　Brentano, F.　3-4
閉世界　closed worlds　8, 17
　　──とアイデンティティ　and identity　56
　　──と同一性　and identity　116
　　──における真理条件　truth conditions at　26
　可能世界　possible worlds　4, 16-20, 22, 24, 27, 37
　不可能世界　impossible worlds　vi, 16-20, 21, 24, 38, 55
ペトルス・ヒスパヌス　Peter of Spain　98
ベルナイス, P.　Bernays, P.　203-4
ボーア, S. D.　Boër, S. D.　42 (n. 4)

## ま　行

マイノング, A.　Meinong, A.　vi, 4
　　──とプラトニズム　and platonism　174
　　──に対するクワインの「論駁」　Quine's supposed demolition of　v, viii
　　──に対するラッセルの批判　Russell's critique of　137-9
　*Sein* について　on *Sein*　vii, 104
　志向性述語について　on intentional predicates　74
　*Sosein* について　on *Sosein*　vii, 109
　非存在について　on non-existence　73, 136-7
マイノング主義　meinongianism　15
　　──に関するラウトリーの見解　Routley on　v-vi, viii
　　──に対するクワインの「論駁」　Quine's supposed demolition of　v, viii
　ラッセルと──　Russell and　136-7
マトリクス　matrices
　項の──　of terms　122
　式の──　of formulas　19-20
マルシリウス，インヘンの　Marusilius of Inghen　92-3
矛盾許容　paraconsistency　22, 158-9, 206, 216
　『シルヴァンの箱』　*Sylvan's Box*　162-72
矛盾許容的で充溢的なプラトニズム　paraconsistent plenitudinous platonism　198-9
無矛盾でないこと　inconsistency　157-9　→「矛盾許容」も参照
無矛盾ではない世界　inconsistent worlds　115
無矛盾律　non-contradiction, principle of　17, 22
モデル論的論証（パトナム）　model-theoretic argument (Putnam)　184-6

## や　行

様相演算子　modal operators　8, 12, 20
様相実在論　modal realism　175, 178
様相論理　modal logic　12-3

ら 行

ライカン, W. G.　Lycan, W. G.　42 (n. 4)
ライル, G.　Ryle, G.　v
ラウトリー, R. (後にシルヴァン)　Routley, R. (later Sylvan)　145 (n. 11), 173-4
　『シルヴァンの箱』　Sylvan's Box　162-72
　同一性について　on identity　144
　「なにがないのかについて」　'On What There Isn't'　viii, 135, 144
　マイノング主義について　on meinongianism　v-vi
Routley-Meyer (RM)　18
ラッセル, B.　Russell, B.　v, 4, 149
　——のマイノング主義　meinongianism of　136-7
　確定記述の理論　theory of definite descriptions　141-3
　存在について　on existence　136
　存立　subsistence　136, 173
　非存在対象と確定記述の理論　non-existent objects and theory of definite descriptions　141-3
　マイノング批判　critique of Meinong　137-9
リード, S.　Reid, S　xi, 72 (n. 1)
量化　quantification　53-4
　——と不確定性　and indeterminacy　84-6
　複数的——　plural　52 (n. 10)
量化子　quantifiers　15, 19, 28
　——と意味論　and semantics　30-6, 221
　——の振る舞い　behavior of　128-9
　存在中立的な——　as existentially neutral　vi, 14-5
ルイス, D.　Lewis, D.　175, 178-9, 185, 185 (n. 15)
レイコフ, G.　Lakoff, G.　86
ローゼン, G.　Rosen, G.　196 (n. 25)
論理的帰結　logical consequence　29, 114
論理的帰結に関する閉包　Closure Under Entailment　13, 24, 25, 27, 29
論理的真理　logical truth　16
論理的全知　Logical Omniscience　13, 23, 25
論理的妥当性　logical validity　12

わ 行

話者の意図　speaker-intention　124, 145-7
王文方　Wang, W-F.　184-5

**原著者略歴**

グレアム・プリースト（Graham Priest）
1948 年生まれ．ロンドン・スクール・オブ・エコノミクスにて Ph.D.，メルボルン大学にて D.Litt. を取得．メルボルン大学 Boyce Gibson 哲学教授，およびニューヨーク市立大学特別教授．専門は論理学，形而上学，西洋および東洋哲学史．主著に *In Contradiction* (Oxford University Press), *Beyond the Limits of Thought* (Oxford University Press), *An Introduction to Non-Classical Logic* (Cambridge University Press) ほか．

**訳者略歴**

久木田水生（くきた　みなお）
1973 年生まれ．2005 年，京都大学文学博士号取得．京都大学文学研究科研究員．主論文に「ラッセルの論理主義における非基礎付け主義」（『哲学研究』，2006 年），「数学における公理，証明，定理の役割」（『アルケー』，2011 年）．

藤川直也（ふじかわ　なおや）
1980 年生まれ．2010 年，京都大学文学博士号取得．日本学術振興会特別研究員（首都大学東京）．訳書に『セックス・アンド・デス』（共訳，春秋社），主論文に「エヴァンズのパラドクスと思考における固有名のはたらき」（『科学哲学』40-2，2007 年）．

存在しないものに向かって
志向性の論理と形而上学

2011年6月25日 第1版第1刷発行

著 者　グレアム・プリースト
訳 者　久木田水生
　　　　藤　川　直　也
発行者　井　村　寿　人
発行所　株式会社　勁　草　書　房
112-0005　東京都文京区水道2-1-1　振替 00150-2-175253
　　（編集）電話 03-3815-5277／FAX 03-3814-6968
　　（営業）電話 03-3814-6861／FAX 03-3814-6854
三秀舎・牧製本

©KUKITA Minao, FUJIKAWA Naoya 2011

ISBN978-4-326-10207-5　Printed in Japan

JCOPY　〈(社)出版者著作権管理機構　委託出版物〉
本書の無断複写は著作権法上での例外を除き禁じられています。
複写される場合は、そのつど事前に、(社)出版者著作権管理機構
（電話 03-3513-6969、FAX 03-3513-6979、e-mail: info@jcopy.or.jp）
の許諾を得てください。

＊落丁本・乱丁本はお取替いたします。
http://www.keisoshobo.co.jp

柏端達也・青山拓央・谷川卓編訳
現代形而上学論文集　　　　　　　　　　　　3570 円

デイヴィッド・ルイス／吉満昭宏訳
反事実的条件法　　　　　　　　　　　　　　3990 円

岡本賢吾・金子洋之編
フレーゲ哲学の最新像　　　　　　　　　　　3990 円

清塚邦彦
フィクションの哲学　　　　　　　　　　　　2940 円

柏端達也
自己欺瞞と自己犠牲　　　　　　　　　　　　3150 円
　　非合理性の哲学入門

ティム・クレイン／植原亮訳
心の哲学　　　　　　　　　　　　　　　　　3360 円
　　心を形づくるもの

ティム・クレイン／土屋賢二監訳
心は機械で作れるか　　　　　　　　　　　　4305 円

野本和幸
フレーゲ入門　　　　　　　　　　　　　　　3150 円
　　生涯と哲学の形成

日本科学哲学会編／野本和幸責任編集
分析哲学の誕生　　　　　　　　　　　　　　4095 円
　　フレーゲ・ラッセル

＊表示価格は 2011 年 6 月現在．消費税は含まれております．